认同与融合

——一项基于“飞地移民社区”的文化研究

黄 惠 著

东南大学出版社
SOUTHEAST UNIVERSITY PRESS
·南京·

内 容 提 要

本书以梅山社区为落脚点，以社区中的上海人为研究对象，综合运用多种社会学及人文科学研究方法和技术路径，描述和分析了梅山上海人的择偶、婚姻与家庭、代际传承、人际交往等，并从社会学的视角分析梅山上海人在遭遇金陵乡土文化过程中产生的冲突与调适、认同与融合。

图书在版编目(CIP)数据

认同与融合：一项基于"飞地移民社区"的文化研究 / 黄惠著. — 南京：东南大学出版社，2018.12(2020.3 重印)

ISBN 978-7-5641-8200-7

Ⅰ.①认… Ⅱ.①黄… Ⅲ.①移民-社区文化-研究-泉州 Ⅳ.①D632.4

中国版本图书馆 CIP 数据核字(2018)第 292918 号

认同与融合——一项基于"飞地移民社区"的文化研究

Rentong Yu Ronghe—Yixiang Jiyu"Feidi Yimin Shequ"De Wenhua Yanjiu

著　者	黄　惠	**责任编辑**	刘　坚
电　话	(025)83793329　**QQ**:635353748	**电子邮件**	liu-jian@seu.edu.cn
出版发行	东南大学出版社	**出 版 人**	江建中
地　址	南京市四牌楼 2 号(210096)	**邮　编**	210096
销售电话	(025)83794561/83794174/83794121/83795801/83792174/83795802/57711295(传真)		
网　址	http://www.seupress.com	**电子邮件**	press@seupress.com
经　销	全国各地新华书店	**印　刷**	虎彩印艺股份有限公司
开　本	787mm×1092mm　1/16	**印　张**	9.75　**字　数**　231 千字
版　次	2018 年 12 月第 1 版	**印　次**	2020 年 3 月第 2 次印刷
书　号	ISBN 978-7-5641-8200-7		
定　价	58.00 元		

目　录

第一章 绪 论

一、研究的缘起

费孝通先生认为，“社区相比于街道，它与市民日常生活各个方面有着更为广泛而深入的联系。它直接联系着社区居民的衣食住行、生老病死。社区由于更注重自下而上的运行逻辑，因此它提出的日常问题往往会超出街道组织管辖的范围。”①社区作为社会缩影及最小单元的社会，其生命周期、新陈代谢与更深层次的社会整体结构、变迁进程息息相关，也与社区中人们的生活紧密相连。

人们生活在社区中，也生活在文化中。美国学者罗伯特·E. 帕克将文化融合视为“群体和个人相互渗透和融合的过程，即个人与群体从其他群体获得记忆、情感、态度，并且共享他们的经历和历史，逐渐融会成共同的文化生活”②。可见，社区作为个人和群体的生活场所，连接着个人、群体乃至民族的文化认同，有着挥之不去的文化烙印，同时深深影响着每个社区成员。

社区是人们生活的场所，也是社会学研究的基本单位，而社区研究一直是促进中国社会学研究本土化的重要力量，吴文藻、李安宅、费孝通、林耀华都曾大力提倡社区研究，致力于将社会学的理论与方法同中国社会实际相结合。在费孝通先生学术生涯最后几年的实地调查中，专门用于社区研究的实地调查次数相当多。他在 2000 年进行的 9 次外出调查中，有 6 次的主题是社区研究，这是费孝通先生 90 岁以后重点研究的课题之一。他曾说过，乡镇企业是“草根工业”，社区发展就是“草根民主”。费孝通先生对城市社区建设问题的考虑，始于 20 世纪 90 年代初。当时，他预感到中国的城市化进程将会造成社会生活的大变化，带来很多新事物③，如“单位人”转变为“社区人”就给人们的生活带来了巨大变化。

美国著名经济学家、诺贝尔奖获得者斯蒂格利茨曾说过，“在 21 世纪推进世界经济增长有两个重要的力量，第一是美国的高科技，第二是中国的城市化。”20 世纪 80 年代以来，随着城市化进程的加快，中国开始进入城市化快速增长期，发展社区和建构社区制逐步成为推动

---

① 张冠生. 乡土先知[M]. 北京：北京大学出版社，2006.

② Robert E. Park, Ernest W. Burgess. Introduction to the Science of Society[M]. Chicago: University of Chicago Press, 1967.

③ 张冠生. 乡土先知[M]. 北京：北京大学出版社，2006.

中国城市社会发展的基本策略。

社会正在变革，人们从农村走向城市，与个人生活密切相关的社区形态呈现出多样化发展趋势，随之新型社区形态与社区问题也大量涌现：城市中心区居住社区绅士化(gentrification)现象[①]、城市空间分异的居住极化现象[②]、城中村问题凸现、新型"飞地式"移民社区的出现、传统单位式社区的衰退、城市郊区社区的飞速发展以及城市移民社区引发的文化认同与群体融合问题等。

这些问题是我们无法回避的，但也不失为是一种契机，为我们带来了许多崭新的研究课题。

复杂的现实状况迫切需要我们在前人的研究基础上针对中国当前的社区类型、社区变迁、社区发展趋势以及文化认同与融合进行更细致的探测与研究，正如芝加哥大学社会学系的创始人阿尔比恩·斯莫尔(Albion Woodbury Small)认识到居住条件对社会关系的重要性一样，他要求研究者去做实地调查和直接观察，而不是沉湎于坐在"安乐椅里"进行理论思考，鼓励学生们去观察他们生活于其中的社区，去分析这个"小世界的镶嵌画"，去研究它们的历史，去画出它们的环境图[③]。

芝加哥学派领军人物帕克也曾对学生们说，"去坐在豪华旅馆的大堂里，也坐在廉价客店的门阶上；坐在高级住宅的沙发里，也坐在贫民棚屋的地铺上；坐在庄严堂皇的大音乐厅里，也坐在粗俗下流的小歌舞厅中。简单说吧，去做实际研究，把你屁股上的裤子坐脏(In short, go and get the seat of your pants dirty in real research)。"[④]

那么，究竟哪类社区是值得我们离开安乐椅把裤子坐脏去深入探究的呢？哪一个才是我们要分析的"小世界的镶嵌画"？

(一) 城市社区的复杂化与多样性

费孝通先生在《乡土中国》一书中提到，"以全盘社会结构的格式作为研究对象，这对象并不能是概括性的，必须是具体的社区，因为联系着各种社会制度的是人们的生活，人们的生活有时空的坐落，这就是社区。每个社区有一套社会结构，各制度配合的方式。因之，现代社会学的一个趋势，就是社区研究，也称作社区分析。"

诚然，社区是一个相当复杂的系统，社会学对社区的分类，可运用不同的标准分为各种

① 在城市中心区更新背景下，收入相对富裕者对城市中心衰败的邻里和社区进行重构，原先低收入阶层居住的社区被高收入阶层社区所取代。

② 居住极化是建立在社会极化现象之上的，社会极化可以理解为贫富差距的拉大，居住极化则指居住出现贫富分化的现象。

③ 阿兰·库隆. 芝加哥学派[M]. 郑文彬，译. 北京：商务印书馆，2000.

④ 布赖恩·特纳. Blackwell社会理论指南(The Blackwell Companion to Social Theory)[M]. 李康，译. 2版. 上海：上海人民出版社，2003.

社区，一般来说有纵向和横向两种考察角度。纵向考察是将生产力发展水平和时间的序时性作为划分标准，将人类社会出现的社区大致分为传统社区、发展中社区和现代社区三种类型。传统社区多指前资本主义的生产和生活方式；发展中社区是指传统社区向现代社区转型中的社区形式，含有传统社区和现代社区的特征；现代社区是乡村发展水平达到或超过城市、城乡融为一体的社区。我国因处于社会转型期，许多集镇和乡村都是发展中社区。横向考察角度是以空间标准分为空间性和非空间性两种社区。空间性社区注重空间特征的分类，又把社区分为三类，即法定社区，指地方行政区；自然社区，是人类在生产和生活中自然形成的聚落，如村落、集镇和城市；专能社区，是人们从事专门活动时形成的聚落，如大学区、矿区。非空间性社区是指空间特征不明显的精神社区，是以共同的价值、信仰、起源联系的共同体①。

为了方便本文核心概念“飞地型”移民社区的提出，下文将对城市社区、中介社区与移民社区三种社区类型加以探讨，以期为本研究提供一个全面的视野和概念的源泉。

1. 城市社区

大部分学者根据中国地域的差异程度将社区大体分为农村社区、城市社区和中介社区。一般认为农村社区是传统社区的典型代表，城市社区是现代社会的典范，对农村社区和城市社区进行后继研究，进而发展成社会学的两个重要分支——农村社会学与城市社会学。

关于城市社区类型研究，美国学者甘斯(Gans)曾根据内城居民群体特征和需求取向，认为内城至少存在四种不同的社区类型：① 主要由世界主义者、未婚或无小孩者组成的寄宿区；② 由有色人种大规模集中居住而成的种族村；③ 由穷人、失业者、丧失就业能力者和移民集中居住的贫民窟(黑区)；④ 主要由陷入困境者和地位下降者组成的灰区②。甘斯的分类具有一定的借鉴意义，但是这样的分类显然不适合中国国情，种族村与中国的都市村庄也不尽相同。

中国学者吴缚龙在《中国城市社区的类型及其特质》一文中按居住与生产间的不同关系将中国的社区分为传统式街坊社区、单一式单位社区、混合式综合社区和演替式边缘社区四类③。张鸿雁等认为，城市社区可以归纳为以下六种类型：一是传统式街坊社区，以城市旧街和老街区为主，具有某种“城市中的乡村的特点”。二是单一式单位社区，这类社区由一个或几个单位筹建，自设各类服务设施。三是混合式综合社区，这是20世纪70年代末以来在独立的地段和城市边缘兴建的居住功能较为单一的大型居住区。四是演替式边缘社区，以

① 郑杭生主编. 社会学概论新修[M]. 3版. 北京：中国人民大学出版社，2003.

② Gans H J. Urbanism and Suburbanism as Ways of Life: A Re-evaluations of Definitions. American Urban History[M]. London: Oxford University Press.

③ 吴缚龙. 中国城市社区的类型及其特质[J]. 城市问题，1992(5)：24-25.

城市扩大和乡村向城市的渗透为特点。五是以房地产开发为主体的新型房地产物业管理型社区，这种社区也可以进行细分。第一类是封闭性的、人口具有某种同质性的高级住宅区或别墅区，如居住者都是高收入群体等；第二类是封闭性的混合型生活社区；第三类是中低档的经济房开发型的物业管理型社区，其同质性表现为居住者是低收入群体。六是城市社会变迁中形成的“自生区”或移民区，如北京的浙江村和南京的河南村等①。

王颖通过实证研究分析了上海的城市社区类型、区位结构及变化趋势，将上海社区类型划分为五种：① 传统街坊社区；② 单位公房社区；③ 高收入商品房社区；④ 中低收入商品房社区；⑤ 社会边缘化社区②。她得出目前上海商品房社区在城市空间中的分布最广，档次类型也较多的结论，并得出上海社区的七个变化趋势：社区分层与隔离的加剧、社区内部异质性的加深、社区脱离单位控制、市民利益社区化、现代城市社区邻里关系的淡化趋势、社会老龄化在部分社区中凸显、城市更新过程中社区弱势特征的延续③。李志刚、吴缚龙、卢汉龙通过对上海三个社区的定量实证研究，证明了当前上海的社会空间分异现象，并认为我国城市社区重构存在社区的同质化和社区间异质性加强两个趋势④。

2. 中介社区

中介社区是一种特殊的社区，中国学术界首次明确提出中介社区的概念是在 2002 年中国社会科学院“当代中国社会结构变迁研究”课题组的《当代中国社会结构变迁》的报告中，该报告提出中介社区是介于农村与城市之间而同时兼有两者的一些成分的社区，主要是指小城镇（即县镇）、其他建制镇和乡镇，但还包括一类超级村庄。他们认为中介社区等于小城镇，且其定义与我国现在的实际情况有差别。折晓叶、陈婴婴在《社区的实践——“超级村庄”的发展历程》中也提到了中介社区，但只进行了简单的特征描述。

学者王颖基于乡镇企业的发展对中国城乡二元结构的影响，认为新型中介社区是一种新的结构性要素，是“指那些介于城乡之间，兼有城、乡社区特征，以乡镇企业为主要生产组织，以农村居民为主要工业生产者的小城镇和村社区，特点主要是亦城亦乡、非城非乡性，与城、乡两社区间存在紧密的联系性”⑤。苗艳梅在《关于社区及社区类型的研究评述》中认为中介社区是一类单独社区，主张从社区发现论与社区转变论的角度出发，将无论是发达国家

---

① 张鸿雁，殷京生. 当代中国城市社区社会结构变迁论[J]. 东南大学学报（哲学社会科学版），2000，2(4)：32－41.

② 王颖. 上海城市社区实证研究：社区类型区位结构及变化趋势[J]. 城市规划汇刊，2002(6)：33－40.

③ 同上。

④ 李志刚，吴缚龙，卢汉龙. 当代我国大都市的社会空间分异——对上海三个社区的实证研究[J]. 城市规划，2004，28(6)：60－67.

⑤ 王颖. 演化中的三维社区结构[J]. 社会学研究，1992(5)：31－37.

还是发展中国家的城市中都存在着具有内聚性和认同感的“都市村庄”[①]理解为中介社区。中南大学曹金波在其硕士学位论文《社会转型期中介社区发展现状研究——以湘北溪镇和庭场为例》中将中介社区定义为:“中介社区应是指在一定时代背景下,即农村社区向城市社区转型的过程中,利用所处环境设施,进行一定的社会活动,并具有较长期的某种互动关系和共同文化维系力的人类群体及其活动区域,在地域上主要位于城乡接合部和较发达的小城镇社区。”[②]他就湘北溪镇和庭场两个地区进行实地调研,是目前为止以中介社区为名所作的唯一的实证研究。

总体而言,中介社区的概念提出后争议较多,对其内涵的界定一直处于模糊状态,但是相关的城乡接合部研究、都市村庄研究、超级村庄研究都是基于地域或群体的特殊性。中介社区这个概念的提出主要是为了弥补二分法的局限性。

首先,“二元”最初是对经济状态的一种划分。刘易斯在《劳动力无限供给条件下的经济发展》一文中系统地提出了经济发展过程中的二元经济理论,后来这种用以描述经济特征的做法被用来描述城乡二元结构,以此来对社区存在的两个极端状况进行划分。如果依据当时的实际情况,只有两种明显类型的社会状态,那么按照社会构成的特点来把社区分为城市社区与农村社区无可非议,但是时过境迁,随着改革开放及我国社会的转型,城乡绝然对立的二元状态已经被打破,城乡出现了一定程度的融合。在发展较快的地区城乡已经一体化,某些局部地区的农村社区如华西村、南街村、折晓叶与陈婴婴提到的“超级村庄”已经基本城市化。在城市社区与农村社区之间出现更多的是第三种状态——中介社区,一种介于两者之间的社区状态[③]。张鸿雁指出,中国社会是一个多类型的、多元的、多层次的社会结构体,不能把复杂的中国社会简单归结为“二元结构”关系,在中国城市化过程中形成的社会的多梯度差异化程度,并没有因为现代化水平的提升而缩小。在多梯度差异化的社会结构变迁中,中国区域社会形成了非同步化的、多层次的社会结构变迁和多类型的区域社会。针对当代中国城乡社会发展的“社会事实”,他提出了“城乡多梯度差异社会结构”的命题和中国“六种区域社会文化类型”的理论观点[④]。

其次,从社会发展的角度来看,社会发展的曲线应该是连续的。布洛克曾经认为“历史在本质上是个连续体,同时也是持续的变化”。按照布洛克的观点,社区发展也并不是呈断裂状,直接从农村社区发展到城市社区,也应该有一种中介的过渡状态,才能确保社区发展的曲线是一条没有断点的曲线,所以事实上要确认中介社区的存在,以前“二分法社区”存在

---

① 苗艳梅.关于社区及社区类型的研究评述[J].湖北广播电视大学学报,2000,17(2):37-39.

② 曹金波.社会转型期中介社区发展现状研究——以湘北溪镇和庭场为例[D].长沙:中南大学,2004.

③ 同上。

④ 张鸿雁.论当代中国城乡多梯度社会文化类型与社会结构变迁,依据“社会事实”对“二元结构”的重新认知[J].南京社会科学,2007(11):74-77.

缺陷①。

因此，我们应该注意到转型期中国社会多层次的社区类型，以及发展的连续性，暂且可将特殊的、超级的、专能的、过渡的社区归为中介社区，展开针对土地性质、人口密度、群体差异等要素的具体的社区研究。

3. 移民社区

移民社区指较大数量和规模的人口从原居住地（迁出区）迁入新居住地（迁入地），且迁入地成为永久居住地所形成的新型人口社区。

移民有多种分类方法。按移民成因分，可分为工程性移民、灾害性移民、战争性移民、政治性移民、经济性移民和生态环境性移民；按移民意愿分，可分为自愿移民与非自愿移民；按移民方向分，可分为农村到农村、农村到城市、城市到农村、城市到城市及国际间移民②。

本书主要探讨的是国内人口迁移所产生的移民社区。移民社区大体上可分为资源开发型移民社区、工程型移民社区、生态型移民社区、民族型移民社区、自然灾害型移民社区、反迁型移民社区等。

国内学者多数侧重于工程型移民社区、生态型移民社区以及民族型移民社区的研究。生态型移民③近年来颇受关注。

移民社区的研究内容主要包括移民社会心态及其认知、移民社会适应性、移民社区社会整合问题、移民的贫困及保障问题、移民的返迁问题五大方面。前三大内容主要是基于社会学的文化视角，围绕移民群体的文化适应、认同以及社区融合展开讨论，相关的研究主要有李炯光的《三峡库区农村移民心态调查与对策研究》(1996)，刘震、雷洪的《三峡移民在社会适应性中的社会心态》(1999)，杜健梅、风笑天的《人际关系适应性：三峡农村移民的研究》(2000)，陈阿江、施国庆、吴宗法的《非志愿移民的社会整合研究》(2000)，张咏的《认同与发展：一个边疆汉人移民社区的文化研究》(2004)，谈建成的《三峡库区外迁移民文化整合与社会稳定》(2005)，李菁怡、施国庆、周建的《生态移民整合研究》(2006 年)，江波、赵利生的《移民的文化适应与社区整合：关于肃南裕固族黄土坡村—双海子村移民社区的访问记述》(2007)。

总体而言，移民社区研究正趋向于注重多学科、多视角的探究，很多学者从经济学、社会学、人口学、心理学、管理学等学科进行交叉综合研究，且多偏重实证研究。

（二）梅山"飞地型"移民社区

美国学者 R. E. 帕克在《城市社会学》中写道："城市生活的一个极大特征是，各种各样的

---

① 曹金波. 社会转型期中介社区发展现状研究——以湘北溪镇和庭场为例[D]. 长沙：中南大学，2004.

② 施国庆. 移民与社会发展国际研讨会论文集[M]. 南京：河海大学出版社，2002.

③ "生态移民"是指以保护生态为目的而进行的移居行为或由此行为结果而产生的人群。参见葛根高娃，乌云巴图. 内蒙古牧区生态移民的概念、问题与对策[J]. 内蒙古社会科学（汉文版），2003，24(2)：118－122.

人相互见面又相互浑淆在一起，但却从未相互充分了解，由个人和个人组成的团体，由于在情感和了解方面相互远离，他们完全生活在相互依存的状态，而不是生活在感情亲密的状态中。”[①]人口的密集必然带来城市异质性的提高，群体性的迁移也必然带来文化上的碰撞与融合。

在讨论完城市社区、中介社区与移民社区之后，下面将分析本书所要研究的梅山社区是怎样的社区？应该归属于哪类社区？具有哪些特点？

梅山社区位于南京的西南郊梅山，占地面积近 10 平方千米，人口 5 万多人。

20 世纪 60 年代末 70 年代初，在毛泽东同志“备战、备荒、为人民”的方针和周恩来同志“要早日把铁抢出来”的指示的背景下，一批上海人来到南京，利用南京丰富的铁矿资源，在南京建立了一个上海钢铁企业，因其所在地为梅山，故称其为梅山钢铁。这个钢铁厂几经易名，20 世纪 70 年代称为九四二四，后改为梅山冶金公司，1998 年，被上海宝山钢铁股份有限公司合并改名为宝钢集团上海梅山有限公司。

梅山集团公司分为厂区和矿区两部分。本书研究的梅山社区，涵盖矿区、厂区及其附属的生活区。

南京梅山社区大致经历了这样的历程，一大批上海人 20 世纪 60 年代末在国家政策的统一调控下来到了荒山秃岭的南京梅山，经过几代人几十年的艰苦创业，逐渐形成了富有特色并具有“小上海”美誉之称的梅山社区。城市化的加速发展使得南京都市圈扩大到南京郊区——2003 年梅山社区开始属地化，归雨花台区管理，梅山社区在管理方面不再与上海有直接关系。

由此可见，梅山社区有着特殊的社区地位，是“南京的小上海”“嵌入乡村中的城市”。对其可以概括出四大属性：一是单位制社区，具有城市社区意义上典型的单位社区特征，封闭且自设各类服务设施；二是专能的矿业工业社区，从事大型专业的钢铁、冶金制造；三是“飞地型”社区，具有中介社区意义上特殊的地理位置[②]；四是移民型社区，具有人口学意义上典型的迁移特征。

据此，我们提出“飞地型”移民社区概念来描述梅山社区，认为其具有以下特点：① 地理位置特殊，行政区划隶属关系特殊；② 人口集中，同质性较强，具有城镇居民户口；③ 居民职业以从事工业为主；④ 完整且具有封闭性，人际交往空间相对稳定；⑤ 与城市的联系较密切，生活方式与城市社区相近，各项配套设施完备；⑥ 家庭功能重要，血缘关系浓厚，业缘关系明显；⑦ 有相对强烈的社区认同感。

---

① R. E. 帕克，等. 城市社会学[M]. 宋俊岭，译. 北京：华夏出版社，1987.

② 飞地是一种人文地理概念，原意指在某个国家境内有一块主权属于他国的领土。本书中的飞地是指属于一个行政区管辖，但不与本区毗连的土地，以强调梅山社区特殊的地理位置。

因此，秉承社会学一贯主张的实证研究精神，从当代中国多样化的社区形态的大背景出发，着眼于转型期中国社会结构变迁背景下的社区发展，笔者选择“飞地型”移民社区——梅山社区作为本书的研究场所，试图深入探析梅山“飞地型”移民社区的文化隔离与融合的渐变过程。

二、选题的意义

梅山“飞地型”移民社区的文化研究具有一定的理论意义和现实价值，这个社区在社区类型上具备了一种全新的特质。因为它既具有飞地的领属权和空间特征，又具有在户籍制度下的移民人口属性。这在中国计划经济向市场经济转型的过程中诠释了一种更加复杂与宏观的特殊社区的形成规律。研究梅山社区，就是探索在社会剧烈变革的时空背景下，社会生态、政治生态、文化生态的理论概念与实践发展的新样本。

（一）理论意义

1. 梅山“飞地型”移民社区研究将有助于推进移民理论的深化

移民理论始终是城市社会学研究的主要问题之一，芝加哥学派形成之初，移民研究就是芝加哥学派的核心研究内容。后来，沃斯对移民的生活方式进行了研究；路易斯通过对移居墨西哥市的墨西哥村民的研究，发现在移居大城市后，移民的生活方式并没有发生什么变化，仍然保持着团体凝聚力；甘斯对移民文化特征进行了分析，在对波士顿西区意大利移民的生活进行研究后，发现不同的家庭背景、文化背景、生活背景使得居民的生活圈子不一样。费舍从文化的角度研究移民，在其代表作《朝向亚文化的城市性理论》中提出著名的移民亚文化理论。他认为人口的聚集，即人口的密度越大越容易促使亚系统的产生，而亚系统又总是和某种亚文化联系在一起的。他还对移民社区权利、关系网、互动关系进行了研究。但这些学者所研究的移民群体都是由于工业化、城市化的发展，由农村流向城市的移民，或者是由不发达国家流向发达国家的移民，而对于梅山这个在中国特殊的工业化背景下，由城市流向郊区的逆城市化过程中的移民社区，目前还没有相关的研究成果，因此，本书对梅山移民的研究将是对移民理论的进一步补充。

2. 梅山“飞地型”移民社区研究将丰富和完善社区的研究类型与内涵

梅山社区研究可以说填补了国内“飞地型”移民社区研究的空白，其形成与发展具有移民社区的一般规律，同时又具有基于工业产业的独特性。梅山集团企业办社会是计划经济的产物。在国家分离企业办社会职能过程中，“梅山社区”应运而生。无论是在计划经济时期，还是在改革开放以后，社区在保障企业发展、服务职工生活、改善矿区环境、维护地区稳定及精神文明建设等方面都发挥了非常重要的作用。但是，在新形势下社区管理中的许多隐性问题显露了出来，社区文化与当地文化的冲突、矛盾也日渐突出。因此，本书从时间和社区发展的脉络对梅山社区的政策、文化、社区更替变迁进行总结和回顾，扩大社区研究的内涵与范围，对工业社区理论进行一次大胆的社会学分析尝试，为完善中国“飞地型”移民社区研究提供理论支撑。

3. 梅山“飞地型”移民社区研究有助于分析、理解城市单位型社区向城市完善型社区转型的理论研究

城市社区一般是指聚集于城市范围内的社会群体和组织按照一定的规范和制度结合而成的社会实体。完善型的城市社区具有以下五个要素：① 人，按一定社会制度和社会结构关系组织起来的人口；② 地域，即按一定地域界限具备相对稳定的自然环境和生活居住区域；③ 制度，在一定制度组织关系中生活的有相对稳定的社会关系和生活方式的人群；④ 心理归宿与传统，带有本地特征的文化特质，存在着在情感上有沟通、在心理上有认同感和归宿感的群体；⑤ 团体与互动，相对互动频率较高的群体及相关非正式组织的社会团体及中介性组织。这五种因素的相互结合与渗透构成了完善型或完全意义上的城市社区概念的内涵①。梅山社区是典型的单位制社区，也是非完善型社区，即上述五大要素在梅山社区中不完全具备，如在梅山社区中，社区人的互动完全被单位互动所取代，社会团体和非正式组织及个人的互动较少。通过对梅山社区的分析与研究，能更深入地理解城市完善型社区概念的内涵与实质，也为城市单位型社区向城市完善型社区转型提供借鉴。

（二）现实意义

1. 为和谐社区的研究提供了一种新视角

在目前笔者所见到的国内移民社区的文化研究中，研究少数民族的族群文化比较多，而对汉族群体的研究不多，且主要是对华南和华北农村社区的文化研究。在当今全球化的国际环境下和中国的大转型时期，如何为经济发展营造良好的社会环境，一个重要的举措就是不仅要了解国内各民族之间的文化，而且也要了解不同地域的文化。文化是人的文化，是社会的文化，因此，要研究人，就必须研究文化。正如怀特所说的那样，“对人类的真正研究将被证明不是关于人的研究，而是关于文化的研究。”②本书所研究的梅山上海人，就是研究以梅山上海人为代表的上海城市文化与梅山当地人为代表的金陵乡土文化的相遇过程，以及如何从矛盾、冲突发展到最后的文化异质共生的，其目的就是为和谐社区的研究提供一种视角。

2. 为城市边缘大型住区问题及空间优化提供了规划设想

随着城市用地不断向外扩张，在一些大中型城市，居住空间的边缘化和郊区化已经成为无法避免的趋势，甚至在一些小城市也初露端倪。目前城市边缘大型住区由于公共设施缺

---

① 张鸿雁. 侵入与接替——城市社会结构变迁新论[M]. 南京：东南大学出版社，2000.

② 傅铿. 文化：人类的镜子[M]. 上海：上海人民出版社，1990.

乏、交通不便等原因无法集聚人气，并且由于规模庞大、封闭式管理等原因使其成为城市空间中不均质的斑块。"飞地型"移民社区的改造发展是中国式社区发展的典型，其在社区建设、社区功能规划、社区文化、社区凝聚力与居民归属感方面已具备一定的经验。通过对梅山社区全景式的社区空间、社会整合、文化认同的现状研究与问题分析，试图阐释社区活力与动力之所在，为城市边缘大型住区的社区生活和空间优化提供鲜活的借鉴。

3. 为老工业基地型社区的改造提供了一个事实样本

从20世纪90年代开始，国家为深化国有企业改革和加快城市化建设，提出并推行了全国性城市社区建设和企业办社会的社会职能的剥离。部分大中城市中国有企业办社会的社会职能的剥离相对较快而且较成功。然而，对于像梅山钢铁企业这种工业基地型社区的社会职能剥离在实际操作过程中困难重重，尤其是以资源为依托而形成的工业社区，它们属于典型的单位制社区，其内在结构比较单一，故它们在社会转型期走向消解的过程也非常缓慢。梅山社区就是老工业基地社区的典型代表，本书通过对梅山社区的生成和梅山上海人的研究，为老工业基地型社区的改造提供参考路径。

三、研究视角、方法与路径

（一）研究视角

本书是从国家政策与认同关系的视角研究梅山上海人的文化认同的渐变过程。

梅山移民社区的文化研究，意味着在金陵乡土文化的场景下观察上海人所拥有的城市文化。作为移民社区，移民出现的背景对于移民认同有什么关系？移民与迁出地之间的关系如何？移民与异地文化之间的关系如何？这些都是笔者在研究过程中必须关注的问题。

在梅山上海人来梅山之前，当时的上海，一方面，企业在外迁，另一方面，知青响应"上山下乡"的政策。在上海，几乎每家都有人到外地工作，所以当时整个上海都处在人口逆迁移的状况，因此，能来梅山是非常不错的选择，甚至成为别人羡慕的对象。当时的梅山上海人与上海人没有多少区别，可以说，当时梅山上海人的生活即为上海人的生活缩影，这种状况一直保持到"文革"结束后和改革开放的前几年。而出现明显变化的是1992年以后，随着上海浦东新区的开发，新区的经济高速发展，各行各业都蓬勃发展，"三高"移民群体的大量涌入，使上海文化受到了新的冲击，观念的更新，生活方式的改变，人们的意识形态有了很大的变化，新的上海文化正在形成。但此时的梅山上海人，他们仍然安逸地生活着，单位社会的优越性使他们还保持着"旱涝保收"的生活心态。随着时间的推移，梅山上海人逐渐感觉到世界变了，上海变了，此时他们对上海文化的认同处于两难境地，是认同原有上海文化，还是认同现有上海文化，梅山上海人出现了"认同动摇"，这为以后梅山认同的形成创造了条件。

此外，由于梅山社区是一个典型的单位制社区，单位的封闭性和自给自足使得这个社区具有滕尼斯的"共同体"、迪尔凯姆的"机械团结"、费孝通的"礼俗社会"所描述的熟人社区特征，大家具有共同的利益目标，拥有强烈的认同感，信仰相似，价值观相似，都是受过“大上海”文化熏陶的、享有特殊身份的上海市民阶层。因此，在由这一群城市市民组织的单位制社区移入乡土社会后，并不会因为当地的征地工、外来的转业军人，以及其他渠道涌入梅山的人员使得梅山人口的异质性增强，从而改变梅山上海人的文化认同。那么，是什么核心力量使梅山上海人能够保持其上海文化认同？而后来又是什么原因在梅山社区形成了上海文化与南京乡土文化共存的现象？

笔者认为主要是因为单位制。单位既是一种身份又是一种地位，单位的地位反映个人的社会地位，一个人能加入好的单位、获得好的职位，就意味着拥有更多的社会资源。刚开始来到南京的梅山上海人由于文化水平相对较高，在单位一般都占据好的工种，因此使得上海人的文化习俗在单位中占主导地位。由于当时单位与社区的空间是重合的，所以使得梅山的上海人虽在异地，却能比较完整地保存上海文化的独立性和主导性，也就是对其文化的认同性。后来能与南京乡土文化共存，也是国家政策的原因。随着市场经济体制的建立和发展，梅山钢铁企业改制、改组，职工由单位人向社区人转变，单位身份的优势丧失，同时用人制度的改革，尤其是大学生群体比重的增加，企业中居领导岗位的外地人增多，使梅山社区中上海文化的优势地位逐渐丧失。城市化的加速发展使得南京都市圈扩大到南京郊区——2003年梅山社区开始属地化，归雨花台区管理，梅山社区在管理方面不再与上海有直接的关系，所有这一系列国家政策的变化，使得梅山上海人的上海认同也随之不断地被解构，由最初的上海认同到最后的梅山认同，由上海人变成梅山人。

（二）研究方法

研究方式的选择，往往是根据研究者所要研究的对象决定的。本书的研究对象是梅山社区的上海人群体的认同和适应过程，因此，它要求研究者必须对该社区进行长期、深入的观察和研究，才能获得具体详细的资料，较好地反映出梅山“飞地型”移民社区形成、发展和变化的过程。

社会研究是“一种以经验的方式，对社会世界中人们的行为、态度、关系，以及由此形成的各种社会现象、社会产物所进行的科学的探究活动”①。这种概念界定强调了经验的重要性。米尔斯就如何发挥“社会学的想象力”②，曾建议“在学术工作中，要学会活用生活经验。应该珍惜自己的私人经验，这些经验对学术研究而言是重要的创意泉源。必须持续检验并诠释自己的生活经验”③。米尔斯认为社会学研究中在生活经验的基础上发挥人类的想象力才是有根据的想象力。这种经验研究的方法是一种人文主义的研究取向，是为了“用具有

① 风笑天.社会学研究方法[M].北京：中国人民大学出版社，2001.

② 赖特·米尔斯.社会学的想象力[M].陈强，张永强，译.北京：生活·读书·新知三联书店，2001.

③ 同上。

人文精神的方法原则对中国社会开展更为有效的研究”，以及“研究一些关于人、群体、社会、文化、历史等基本问题”①。

因此，这就决定了本书的研究方式必须以实地研究方式为主。实地研究方式是一种深入到研究对象的生活背景中，以参与观察和非结构访谈的方式收集资料，并通过对这些资料的定性分析来理解和解释现象的社会研究方式。实地研究方式最初使用于人类学中，主要用来研究相对原始的部落群体，社会学家们后来把它应用于民族文化和现代社会研究中。实地研究强调“实地”，即研究者一定要深入到研究对象的社会生活环境中，且要在其中生活相当长的一段时间，靠观察、询问、感受和领悟，去理解所研究的环境②。实地研究的对象可以是一个人、一件事、一个社会群体或一个社区，当所研究的个案是一个社区时，通常又称为社区研究。因此本书中的社区研究法就是实地研究法，但在资料收集上，除了实地研究方法中的访谈法、参与观察法外，还有收集当地现有文献而后进行的内容分析法。

1. 访谈法

主要采用无结构访谈法，也称为深度访谈法。它的主要作用在于通过深入细致的访谈，获得丰富生动的定性资料，并通过研究者主观的、洞察性的分析，从中归纳和概括出某种结论。根据访谈的性质访谈法可以分为正式访谈和非正式访谈，根据被访对象的数量可以分为个别访谈和集体访谈。正式访谈指研究者事先有计划、有准备、有安排、有预约的访谈。笔者对梅山几个家庭的访谈基本属于这种类型。非正式访谈指的是研究者在实地参与研究对象社会生活的过程中，随时碰上的、无事先准备的、更接近一般闲聊的交谈③，如有时利用中午下班的时间在社区的小商店、菜市场、小饭馆等生活地点与研究对象的随意交谈。个别访谈不依据问卷表，只围绕访谈的主题灵活地询问和交谈。集体访谈也叫座谈会，它是将若干个访谈对象集中起来同时进行访谈的方法。

本书所研究的梅山社区由于是一个陌生人社区，在进行访谈的过程中，为了熟悉梅山的基本情况，笔者在第一个阶段主要采用了非正式访谈的方法，比如在老年活动室与离退休老同志聊天，就采用了这种方法。在笔者研究梅山社区之前只知道它是上海在南京的外地企业，有一群上海人在那里生活，但具体这个社区是如何形成的，社区里最早的上海人的构成如何，他们又是如何在梅山生产和生活的，他们与周围人的关系怎样，他们的社区凝聚力如何，对这些问题，笔者都一无所知。但通过与他们的闲聊后，笔者对梅山初创时期的人员构成情况、当时梅山建设的情景、梅山人的艰苦生活以及工作的热情有了初步了解。尤其他们这些老同志当年就是梅山“开天辟地”的第一代人，他们讲创业史、讲“四面向”干部。有时笔

① 费孝通. 试谈扩展社会学的传统界限[J]. 北京大学学报(哲学社会科学版)，2003,40(3):5-16.

② 风笑天. 社会学研究方法[M]. 北京：中国人民大学出版社，2001.

③ 同上。

者跟一个人聊天的时候，别人也会插话进来，通过滚雪球的方式，获得更多的访谈对象，因此也搜集了大量有关梅山初创时期的人员结构以及企业组织结构资料。这些资料为第三章论述梅山社区的建构积累了丰富的第一手资料。再者，在调研期间，笔者中午一般会去梅山第一小学附近的商店买报纸等，因为这个时间人少，就有机会与商店的主人聊聊梅山社区的生活及娱乐情况。有时候，还会到菜市场小贩那里买一些东西，然后问他们在梅山做生意和在南京其他地方做生意有什么不一样，他们对上海人的看法社区等等。这一阶段断断续续持续了四个多月，使笔者对梅山的情况有了一个大致的了解。第二个阶段就是根据非正式访谈得来的资料进行整理，并查阅《梅山志》等资料，对想要了解的问题拟好提纲，但在正式的访谈过程中，提纲也只起到一种提示作用。比如笔者主要想研究的是梅山上海人在异地社区是如何保持其文化认同的，因此这个问题被进一步分解为梅山上海人的婚姻家庭、生活方式、代际传承、人际交往等若干小问题，在访谈前事先在笔记本上准备好了一组“主题标题”，并把访谈的对象按照一定标准进行分类，如按照学历可分为六类：研究生、本科生、大专生、高中生、初中生、小学生；按照年龄可分为四类：老年人、中年人、青年人、未成年人；按照职业身份可分为两类：工人、干部。另外，访谈对象是“四面向”干部子女还是工人家的子女、是在梅山宝钢还是在宝钢集团上海梅山有限公司南京新事业服务分公司工作等都尽可能地做到全面了解，以便在访谈的时候能够缩短与他们之间的心理距离。在访谈的过程中，做到有重点、有选择地记录，尤其对平时在资料上查找不到的内容，如他们对回沪政策的描述、对婚姻过程中“跳板”现象的看法，都尽量地将它准确地记录下来。但这种访谈与结构性访谈不一样，也就是说，笔者想了解的，他们不一定说，但笔者不想了解的，恰恰又是他们感兴趣的，笔者又不得不听下去。比如，有一个第一批来梅山工作的 71 届学生，在讲述当时他们来梅山的情况时，表现得非常的兴奋，他把如何带日用品、带哪些、怎么来的等过程叙述得非常详细。又如在谈属地化对他们认同的影响时，他们更关心的是公司改制对他们的收入带来的影响。所以，在访谈过程中，又不得不进行内容的转换，以便能了解到与研究相关的资料。

在访谈过程中，有些话题是必须个别访谈的，但有些话题则可以进行集体访谈。如在进行人际交往和育儿方式以及梅山上海人与上海的关系访谈时，笔者采用了集体访谈方式。参加访谈的对象有五个人，三男、两女①，在访谈关系网的建构中我提的问题是他们家目前有哪些人在梅山，是否成家，和什么人结婚，结婚的人家里又有几个兄妹，平时大家是否往来等等。由于控制好了互动的过程，他们不仅讲自家的情况，还谈别人家的。比如当中的 ZNS 女士，一共兄妹五人，她是老小，她嫁给了她的一个邻居，邻居家又有兄妹四人，大家都成家

① 由于上海的男人是很“顾家”的，所以日常的琐事大多数是由上海男人做的，因此笔者在梅山的访谈对象的选取中也大部分选择了上海男性，这个集体访谈当然也不例外。

了，目前他们家兄弟都住在梅山，她丈夫家的一个姐姐住在上海。当我问她怎么会回上海时，他们“你一言，我一语”地就说开了：这是梅山的普遍情况，1998年梅山钢铁厂与宝钢合并，以前有上海户口的人符合一定条件的，就可以回去，女同志内退后就回去了。这种集体访谈，不仅使笔者获得比单个访谈多得多的信息，而且有些平时单个人不愿意说的事情，由于受集体气氛的影响也会说出来，笔者也就在不经意间能够收集许多有价值的信息，这不仅节约了人力，而且也节约了时间。但对某些比较敏感或涉及个人隐私的问题，一般不会采用这种方法。

2. 参与观察法

参与观察就是研究者深入到所研究对象的生活背景中，在实际参与研究对象的日常社会生活的过程中所进行的观察。它是一种非结构性的观察①。

在对梅山社区进行研究的过程中，仅仅依靠访谈去了解上海人是不够的，也是不全面的，因此必须通过一定的观察，才能深入地理解他们。如大部分人对上海人的印象就是“两个上海人在一起，肯定就讲上海话”。起初，在访谈过程中，笔者也问过他们是否如此，他们承认说是这样，但当问他们为什么时，他们说大家都是上海人没必要再讲普通话。因此，笔者就把这个事情当作一个问题记在脑海中，平时在与梅山上海人的接触中，努力从他们的行动中找到解释这种情况的理由。有一次，笔者在居委会和一位老师傅聊天，突然进来一个上海人，他们两个人立刻讲起了上海话，由于笔者对上海话不是太熟悉，所以听起来感到非常吃力，不知道他们叽叽咕咕在谈什么，后来被访者告诉我，那人问笔者来他们这里做什么的等等。笔者从中可以体会到，他们在打听一件事时用上海话，其目的是不愿意让别人听懂他的话。还有一次是笔者在梅山退管办访谈，正好有一位居委会主任来了，他俩赶忙用上海话寒暄起来，大致在谈事情，当笔者问是否要回避一下，他们赶忙改用普通话说“XX老师，我们也没把你当外人”，可说了一阵普通话之后，又讲起了上海话。笔者从观察中可以感觉到，当他们谈到他们感觉是好的事情时，喜欢用普通话，让别人知道也没关系，这其实也是我们大多数人的共性，而谈到有些不好的事或比较不愿意让外人知道的事情时，很自然地又用起了上海话。从观察中笔者感悟到上海人的“我群意识”相当的重。在梅山，上海人是一群由外地移入南京的少数群体，社会心理学里有一个关于认同的命题，就是当一个群体由多数变为少数的时候，群体内凝聚力会增强，群体认同会提高。而语言作为文化的外显形式，显得尤为明显。梅山的上海人认同的外在表现就是两个上海人在一起，立即改用上海话交流，尤其在现今梅山属地化后，已看不出梅山上海人与南京当地人差别的情况下，语言作为外在的唯一标志，更促使上海人讲自己的方言，保持我群的认同感。

---

① 风笑天. 社会学研究方法[M]. 北京：中国人民大学出版社，2001.

3. 文献研究中的内容分析法

内容分析法是20世纪才开始的一种新的文献研究方式。它通过考察人们所写的文章、书籍、日记、信件,所拍的电影、电视及照片,所创作的歌曲、图画等,来了解人们的行为、态度和特征,进而了解和说明社会结构及文化变迁。内容分析可以按大的方法论取向分为定量和定性两种。定性的内容分析主要由研究者通过阅读、收听和观看,然后依靠主观的感受、理解、体验和分析,来解读、判断和挖掘信息中所蕴含的本质内容。"阅读—感受—分析—理解"就是这种内容分析的一般模式①。

由于梅山社区是特定历史时期的产物,因此要正确地把握好所研究的对象,阅读、理解和分析大量历史文献资料显得尤为重要。通过文献的阅读和归纳,可以获得大量的关于梅山创建时期的国内外背景、上海当时的状况、梅山所在地的状况等方面的资料,梅山社区在发展过程中单位制对群体认同的影响等等。这不仅节约了人力和物力,而且文献资料也解决了有些事情由于历史年代的久远以及人员去世等无法找到合适的访谈对象的问题。因此,对历史资料进行阅读和归纳,尤其是对《梅山志》和《梅山年鉴》的阅读,不仅为本课题的研究提供了重要的知识背景,而且也避免在访谈和参与观察中走弯路。

(三) 研究的技术路径

本研究以梅山社区为落脚点,以社区中的上海人为研究对象,通过对他们的生产、生活、社会交往等生活样态的观察和描述,呈现并分析梅山上海人的文化特征,研究路径为:

研究缘起及意义→研究的理论支点→移民生活空间的建构、消解和再构→移民社区生活样态的厚描→移民社区文化认同渐变过程的研究。

研究缘起及意义这一部分交待了为什么选择梅山社区作为研究对象,对该社区的研究对于社区理论和现实有什么意义。

移民理论、社区理论和文化认同理论奠定了本研究的重要理论支点,在它们的引领下,本研究得以从婚姻、交往、归属、认同等各个层面探索梅山社区这样一个"飞地型"移民社区的社会学特质。

在移民生活空间的建构、消解和再构中,对梅山社区的发生、发展、进化的全貌做出一个细致的说明,通过移民背景、社区发展历程回顾和生成现状来诠释梅山社区的社区演化历程及特征,为深入思考梅山社区的社会互动作注脚。

在移民社区生活样态的厚描中,以梅山上海人的择偶、婚姻与家庭、代际传承、人际交往作为观照的对象,描述和分析了梅山社区这一"上海飞地"内移民的婚姻、家庭、人际交往中的关系,诠释了以"上海人"为核心概念的代际传承模式以及情感理性与工具理性相结合的

① 风笑天.社会学研究方法[M].北京:中国人民大学出版社,2001.

人际互动特征，从而解释梅山上海人的文化在遭遇金陵乡土文化过程中与其产生冲突的原因。

在移民社区文化认同渐变过程的研究中，本书从理论的高度，通过文化移植与维续、互动与冲突、调适与融合三个阶段的分析，反映梅山社区文化形成、发展、冲突到最后的“异质共存”与“和而不同”的社区多元文化的形成缘由，并对形成这一新的文化特征的原因作进一步地分析。

第二章　相关研究理论综述

梅山社区是一个“飞地型”移民社区，其移民主体绝大部分是上海人，他们从大都市来到南京乡村的“飞地”生活。作为移民，他们始终认同自己的上海人身份，与当地主动隔离，并形成自己的一套工作与生活方式。但随着现代化企业制度的建立和社会结构的变化，身处上海之外的“飞地”，必然遭受现代化浪潮和南京本地文化的侵蚀，其价值观、生活方式、人际交往等也应处于不断调适和变迁中。因此，移民理论的运用能够剖析上海移民群体的特质以及生活适应的状态，社区理论又能够透视“飞地型”移民社区的移民互动和发展态势，而文化认同理论对了解上海移民群体的心理和身份认同具有积极的指导意义。

一、移民理论

人口迁移虽然历史悠久，但人口迁移现象真正引起学界的关注却是近几十年的事情。人口迁移就是人口在地域之间的流动。根据人口迁移的范围，学界通常把人口迁移分为两大类：一类是外部迁移，指跨越国界的移民，主要是全球范围的、由不发达或发展中国家向发达国家的国际移民；另一类是内部迁移，即在某一国家范围内不同地区之间的移民，当今学术界研究对象主要指发展中国家的城乡之间的移民。

（一）人口国际迁移的理论

目前关于国际移民的研究成果相当丰富，但移民研究真正有所建树则始于 20 世纪 60 年代。以拉里·萨斯塔（Larry Sjaastad）为代表的新古典学派的出现将移民理论研究提升到了一个新的高度，成为移民研究的重要分水岭。此后，国际移民理论研究呈现出空前繁荣的景象，各种移民理论层出不穷。笔者通过总结现有的移民研究的资料，将其归纳为四个方面：① 对移民迁移历史的研究，在此可细分为根据特定民族导向的移民研究、特定区域导向的针对不同大洲的人口流入研究等[①]。② 对移民迁移的原因研究。美国社会学家 E. G. 雷文斯坦提出人口迁移的“七大定律”，由此开创了对移民及其规律进行“一般性研究”的先河。随后，在其研究的基础上形成了著名的“推—拉理论”。之后，学者们从影响迁移的不同原因着手，发展了不同的理论。如从经济原因角度研究的主要有迈克尔·托达罗的新古典经济理论，从“相对失落感”角度研究的奥迪·斯塔克（Oded Stark）与爱德华·泰勒（Edward

① 王赓武. 王赓武自选集[M]. 上海：上海教育出版社，2002.

Taylor)的新经济移民理论,从发达国家的市场结构角度研究的迈克尔·皮奥里(Michael Piore)的劳动力市场分割理论,还有以伊曼纽尔·沃勒斯坦(Immanuel Wallerstein)“现代世界体系”学说为基石的世界体系理论,从而形成了研究移民动力的不同模型与分析框架。③ 从移民迁出后对原居住国潜在移民的影响进行的研究。富有代表性的有道格拉斯·梅西(Douglas Massey)等人提出来的“网络说(Network Theory)”,由瑞典经济学家冈纳·米尔达尔(Gunnar Myrdal)提出的经济理论,后来,由道格拉斯,梅西补充了的“累积因果关系说(Cumulative Causation)”和“移民文化说”。④ 对移民的社会文化适应问题的研究。学界在针对移民的文化适应研究过程中,逐渐形成了同化论和多元文化论两种差异性的理论。

1. 推—拉理论

这一理论是雷文斯坦通过对英国和其他20多个国家国内人口迁移的研究从而最早提出的揭示移民动力机制的宏观理论。他认为,引起迁移最有力的因素就是“大多数人希望在物质方面得到改善的欲望”①,这其实就是推—拉理论中的“拉”力。赫伯尔(R. Herberle)在雷文斯坦研究的基础上,提出了“推—拉”模型。他在1938年发表的《乡村—城市迁移的原因》一文中概括性地指出:人口迁移是存在相应的规律性特征的,作为一个理性的个体,之所以选择从一个地方迁移到另一个地方,必然是受到迁出地“推力”与迁入地“拉力”双重因素的影响,可见,人口迁移的根本性动力是推、拉共同作用的结果②。20世纪60年代,李(E. S. Lee)在他的《迁移理论》一文中,对迁出地与迁入地相关的正负因素进行了概括性地阐述,认为影响个体或群体迁移的根源在于四个方面的因素:原住地、目的地、介入障碍、个人因素,由此学界将其称作“迁移的四因素模型”,但这实际上只是对“推力”与“拉力”进行的另一种表述而已③。随着推—拉理论研究的进一步深入,博格(D. J. Bogue)比较全面而又简明地对“推—拉”理论所关涉的诸多因素进行了概括④。

推—拉理论虽然被广泛地运用到移民研究当中,但由于“推—拉模型”本身在一定程度上忽视了移民主体在这一过程中的主观能动性,将“迁移”看成是被动的“推”和“拉”的过程,使得这一理论遭受很大的批评。另外,“推拉—模型”对相似的“推力”或“拉力”为什么在不同的对象身上发生不同的效应,也无法做出具体的解释。对此,学界们开始更多地关注非常规意义上的“主动移民”问题,以此出发深入地探讨“主动移民”的动因问题,从而又衍生出了许多新的移民理论,实现了对已有的移民研究的补充、修正与深化。

2. 移民的动因理论

迈克尔·托达罗(Michael Todaro)的新古典经济理论从经济学的角度分析了国际迁移

① 李竞能. 现代西方人口理论[M]. 上海:复旦大学出版社,2004.

② 张志良,张涛,张潜. 移民推拉力机制理论及其应用[J]. 中国人口科学,1997(2):36-42.

③ E. S. 李. 迁移理论[J]. 人口学,1966(3).

④ 李竞能. 现代西方人口理论[M]. 上海:复旦大学出版社,2004.

行为产生的动因，把国际迁移归因于劳动供求的地区差异。迁移是工资曲线差异的结果，国家之间工资上的差距是产生移民的根本动因。这一理论将收入差距视作引发移民的唯一原因存在绝对化的嫌疑。对这一理论产生极大挑战的是奥迪·斯塔克(Oded Stark)、爱德华·泰勒(J. Edward Taylor)的新经济移民理论。斯塔克通过对墨西哥的实证研究发现，引发墨西哥移民的深层动因在于一种与参照群体比较后衍生的"相对失落感"，而非传统意义上的经济因素。正是嵌入到个体内心深处的"失落感"成为了个体出走他乡、寻求地位提升的动力所在。

刘易斯的二元劳动市场理论认为国际移民起因于现代工业社会内在的劳动需求，它是个体基于自身利益考量下的自主性行为。一般而言，发达资本主义国家的劳动市场可分为两个部门：首要部门和第二部门。第二部门由于工作不稳定、低薪、工作条件危险等原因，本国人口不愿意进入这个市场。这些空缺给外来移民提供了机会，引起人口的流动。这个模型的主要问题是，很难用实证分析去证明这个分割的劳动市场的存在。

除了上述解释路径以外，世界体系理论也是解释国际人口迁移现象的重要理论视角。在世界体系论者看来，国际人口迁移的直接性动机在于世界市场结构的转变。伴随着全球化进程的深入开展，商品、资本、信息的国际流动速率显著提升。正是依托这一系列有形、无形的载体，国际人口迁移加速推进。可见，国际移民潮的产生可以视作是全球化进程下的直接性结果。

3. 移民的社会适应理论

关于外来移民的社会文化适应问题，美国学者在这方面的研究极具代表性，主要有"同化论"和"多元文化论"两个观点。按照美国芝加哥学派的社会学家帕克对社会同化所作的定义：同化指生活在同一区域内的一些具有不同种族源流、不同文化传统的群体之间形成一种共同文化的过程，这种文化的共性至少应当达到足以使国家得以延续的程度①。对此，帕克认为人类历史进程中的同化可细分为以下三个阶段：不同族群接触的时期、不稳定合作时期以及正式同化阶段②。对于第一个阶段而言，人类历史尚处于不发达时期，生活资源相对比较匮乏，由此导致生存在特定区域内的不同族群之间极易产生竞争性的接触。进入到第二个阶段以后，原住民确立了合法性的地位，移民进入到原住民的空间当中，需要以自愿进入低下阶层为代价来寻求与原住民之间某种程度的稳定关系，从而适应新的环境。随着时间的发展，原有的族群分层格局也会渐趋消弭，即使是低下阶层、从属性种族团体也可能被纳入到原住民的范畴，以此实现种族的同化，这就是通常意义上的移民族群与其他群体的同化阶段。

---

① 亚当·库珀，杰西卡·库珀.社会科学百科全书[M].上海：上海译文出版社，1930.

② 周大鸣.论族群与族群关系[J].广西民族学院学报(哲学社会科学版)，2001，23(2)：13-25.

对于同化论者而言，跨境移民的同化是一个过程性的概念，它需要经历定居、适应和同化三个不同的阶段。在同化过程中，移民者往往会逐渐摆脱原有的文化认同，转而接受迁入地的主流社会文化，认同主流族群，直到最后实现完全意义上的同化。对于跨境移民而言，基于个体适应能力的差异性、同化模式的差异性等诸多异质性的因素，他们需要的同化时间也存在显著的差异性。对于个体适应能力的差异性而言，它更多地是属于心理学研究范畴，在此不加以论述。对于同化模式，抑或是由模式本身所延伸出的理论，学界倾向于按照影响的强弱划分为温和同化模式（论）和激进同化模式（论）两种不同的类型。

温和同化论，又称"熔炉"论①。1782 年，法国裔美国学者埃克托·圣约翰·克雷夫科尔（Hector St. John Crevecoeur）在他的《一个美国农人的信札》中第一次形象地提出了"熔炉论"。在他看来，美国社会相当于一个大的"熔炉"，它持续性地将来自世界各地的、不同民族或种族的个体转变成为契合美国本土文化的"美国人"。而被广泛接受的"熔炉（melting pot）"一词，则是从美国籍犹太裔作家伊斯雷尔·赞格威尔（Israel Zangwill）在 1908 年创作的戏剧《熔炉》开始的。该理论不断被延伸、发展，其中影响较大的有：弗雷德里克·杰克逊·特纳（Frederick Jackson Turner）于 19 世纪中叶提出的"边疆熔炉论"，即各移民族群伴随着美国西部边疆的发展而被"美国化"；社会学家鲁比·乔·里维斯·肯尼迪（Ruby Jo Reeves Kennedy）于 20 世纪 40 年代提出的"三重熔炉论"，即美国存在新教、天主教、犹太教三座"熔炉"；乔治·斯图尔特（George R. Stuart）提出的"变形炉论"，即各民族文化在美国"熔炉"中被变形为美国文化，等等。由此可以看出，这些理论都坚信：来自世界各地的、各民族的个体理应而且必然会接受美国本土化的文化和价值观念，以此熔化为极具同一性的"美国人"。

熔炉理论的核心论点是：作为移民国家，美国国民来自各地各种族，美国自诞生之日就是一个大熔炉，美国人都将抛弃其祖先的古老偏见和传统风俗习惯，各族群文化将在美国这个民族大熔炉中融合为新的共同文化——美国文化。各移民族群的原有文化都是这种新文化的原料并在熔炉中得到提炼。与此过程相应的是不同种族的人在民族熔炉中混血，融合成新人种——美国人。论证这种熔炉说的最有力例证是西部开发中形成的新美国人：美国社会结构和民主制度的形成过程，是由一条不断移动和变化的（向西开拓的）边界所创造和经历的过程，进入西部的来自各国各族群的人也在拓荒西部中融为一体，融合成为一个混杂的种族，这个种族既没有英国的民族性，也没有英国的特点②。

这种理论把社会看作是多个集团的集合，每个集团都有各自的特殊利益，各个集团文化

① 黄兆群. 熔炉理论与美国的民族同化[J]. 山东师范大学学报（社会科学版），1990(2)：24－30.

② Frederick Jackson Turner. The Significance of the Frontier in American History [M]. New York: Henry Holt and Company, 1920.

在社会中相互作用、相互影响。温和同化论认为，集团文化存在着一个双向互动的过程。首先，在社会中占主导地位的集团文化（主导集团文化）影响和同化着不占主导地位的集团文化（少数集团文化）。其次，少数集团文化反过来又影响和作用于主导集团文化。这样，主导集团文化与少数集团文化在相互作用的过程中融合为一体。其本质上是一种“社会有机论”，认为社会的集团构成（不论是主导集团文化还是少数集团文化）是相互作用的有机整体。在此前提下，主导集团文化接纳、吸收、同化少数集团文化，形成一个民族大熔炉。在这里，少数集团文化并无独立价值，而是作为一种动态的功能而存在，服从于社会的“民主理想”。

激进同化论在20世纪初至1960年代以前被广泛认可。美国学者斯金纳以泰国华人研究为例系统地阐述了同化论，成为当时的权威之作。亨廷顿全面地接受和继承了同化理论，他主张用核心文化来同化美国其他族群的文化，认为这是解决美国国内族群文化冲突、维护美国凝聚力的唯一出路。他强调没有核心文化的美国无法凝聚社会和人民，这样的国家不可能作为有内聚力的社会长期存在，一个多文明的美国不是合众国，而是联合国①。

激进同化论认为，少数集团文化本质上是一种“劣质文化”，不应被视作可以丰富现有文化的来源，而应被看作从属者或外来者，必须遵从或依附于主导集团文化。激进同化论认为，教育是将社会的少数民族（或集团）塑造于主导民族（或集团）之中的必要手段。公民教育变成了对少数集团文化进行限制和改造的过程。它强调单纯学习有关基本事实的知识，强调灌输社会主导民族（或集团）的价值观念和行为规范。激进同化论本质上是“大民族主义”，它把主导集团文化与少数集团文化绝然对立起来，片面强调前者。该理论为种族歧视和民族优势论提供了理论依据②。

4. 移民的多元文化论

多元文化论不同于其他的移民文化理论，它其实早在20世纪前期便出现在学术视野当中，但受到整个社会环境的影响，一直没有被广泛关注。直到1960年代欧美民权运动兴起，关于“文化多元”的争论成了引人注目的政治问题，20世纪七八十年代，探讨“多元文化论”在移民学界成为一时的时尚。

当我们试图探究多元文化论的理论渊源时，不得不提及约翰·杜威的“民主多元”理论和美国《独立宣言》中明确提出的平等理念和自然权利观点。在多元文化论者看来，不同的民族有着平等性的文化价值和地位，应该秉承“美美与共”的原则保持各民族文化的独立性，反对单一性的民族文化模式。特别是在美国社会当中，应该充分尊重民族文化的多元性与异质性，肯定不同文化对于整个社会多样性文化的价值所在，试图在尊重各民族固有文化特

---

① 塞缪尔·亨廷顿. 文明的冲突与世界秩序的重建[M]. 北京：新华出版社，1998.

② 马珺. 社会稳定的构建：法国的移民融合与启示[D]. 上海：华东师范大学，2007.

性和民族性的基础之上实现多元文化的综合①。可见，该理论强调少数民族文化对美国文化的价值，通过相互合作、相互影响而和谐共存于一体，其实质是“文化共存论”。

激进多元文化论是随着20世纪60年代初民族独立运动的高涨而产生的。该理论同温和多元文化论相比，提倡种族和宗教多样性与独立性。该理论反对那种认为社会仅需一种普遍为所人们接受的价值观的观点，认为社会无需以某一集团文化为共同基础，恰恰相反，每一种族或集团都应以自己的特殊文化为基础，社会因而变成了“多中心、多基础”的社会。激进多元文化论的实质是“种族或集团独立论”。它把社会中的各个集团截然割裂开来，否定社会中存在共同的价值观和文化基础，而片面强调少数集团的文化价值②。

5. 族群文化模式

这个理论是在对多元文化理论进一步修正的基础上提出来的，它是一个与熔炉论相反的理论。族群文化模式强调建立族群社区，发挥族群社区黏合作用的必要性。该模式认为，差异性的族群可以依靠多元性的宗教信仰、价值观念、生活方式以及族群文化等一起组构这个社会。所谓的族群性并非完全一致性，它更多地表现为以下四个层面：构建熟悉化的人文环境以促进社区中个体或群体间的交流互动与互助；提供广泛的宗亲关联网络；构建信息、经济、金融等多样化的获取渠道；着力强化职业道德和集体精神的价值观③。

在多元文化论和族群文化论的基础上，又发展出“文化生成论”(emerging culture)和族群经济社区模式。文化生成论修正了族群文化论，认为每个移民作为族群的成员之一参与该种族集团的生活，又分享了美国共同的社会生活和文化。实际上美国各种族和族群集团都发生了各种变化，生成了新的文化现象，因此，意大利人进入美国以后，成为不同于意大利人的意裔美国人，华人进入美国后则成为华裔美国人。如K. C. 金(K. C. Kim)在对美国“韩裔社群”进行调查研究后，提出了“非零合型”移民适应类型。金指出，文化上的适应并不等同于完全意义上的同化，因为同化本身是一个关涉个体文化适应、社会认同、价值导向等方方面面的概念体系。韩裔美国人虽然在文化上适应了美国的文化，但是还不能说在社会方面已经同化于美国社会结构中的中枢部分。由此，金等将韩裔移民在适应美国社会的同时绝不放弃自己的文化内核的适应形态称为“执着性适应(adhesive adaptation)④，并这样阐述道：“韩裔移民的适应形式是附加型和执着型的。换言之，他们虽然无论在社会方面还是在文化方面都已基本被同化，但却在社会性层面上受到一些限制。而且，这种同化绝不会削弱或使其抛弃韩民族的传统文化和社会关系网络。如果是这样，那么他们的适应形态就绝不

① 庄国土. 多元文化或同化：亨廷顿的族群文化观与东南亚华族[J]. 南洋问题研究，2003(2)：1-10.

② 马珺. 社会稳定的构建：法国的移民融合与启示[D]. 上海：华东师范大学，2007.

③ Milton M Gordon. Assimilation in American Life：The Role of Race，Religion and National Origins [M]. New York：Oxford University Press，1964.

④ 广田康生. 移民与城市[M]. 马铭，译. 北京：商务印书馆，2005.

是那种显得与美国社会中的英裔居民协调一致的零和同化类型①。"金认为这种适应形态对非白人裔来说是一种普遍现象,也就是说这些移民文化既不是韩国式的,也不是美国式的,而是属于一种特殊的新型产品,这个产品的原材料部分取自移民本国的传统,部分来自移民们所生活的新环境,还有一部分来自经过移民们的观察与解释的美国社会价值观。族群可作为社会行动的核心,个人或族群从这个核心出发,与社会共同文化互动。因此能达到一定程度的同化,但最终无法完全被同化。一切族群分界都可以而且实际上也是互相渗透的。族群核心则作为社会行动的持久中心受到尊重②。

国际移民理论的研究可谓丰富多彩,有的运用宏观分析框架,有的运用中观和微观分析框架,有的从非经济角度分析,有的从经济角度分析,各种理论都对移民的迁移规律、迁移动力、迁移后果、社会文化适应等方面进行了研究。尤其是在对移民的文化适应方面的研究中,形成了传统的同化论和多元论的两种文化适应方式,出现了移民的"非零和型适应"③,这对于研究新移民具有一定的理论价值,丰富了城市共同体理论,同时也为一国研究其移民提供了新的视野和方法。国际人口迁移理论虽然研究的对象主要限于自由迁移的自愿性移民,而且移民一般都是从未开发地区向已开发地区流动,但它对于像梅山社区这类由国家政策所导致的政策性移民的适应同样具有一定的理论指导意义。如在上海人迁移梅山的过程中,推—拉理论、移民动力理论就有助于分析上海人来梅山的原因和动力。在他们的迁移中,迁出地推力是留在原来的地区受阻,不可能获得工作岗位,只能去外地。而拉力则表现在梅山相对于其他地方如斗口(现在的攀枝花),这里有大米吃,离上海又不远,还是大的冶金企业,又能解决夫妻分居问题,所以他们的迁移动力很大,好多人还想方设法通过多种渠道来梅山。另外,移民的适应理论对研究梅山上海人的"飞地"适应也有一定的指导意义。梅山上海人生活在他们构建的"族群'飞地'"中,那他们是否也要经历定居、同化和适应呢?他们最后被当地文化同化,还是与当地文化并存抑或反过来引导着当地文化?通过梅山上海人的适应模式与适应理论的比较,能够使移民适应理论得到不断的发展。

(二)国内人口迁移理论

中国自古以来就是农业大国,土地是安身立命之本,曾是人们生活资料的唯一来源,传统的乡土观念使得人口不流动成为其主要特征之一。但由于政治、经济、军事、文化等种种

---

① Kim K C, Hurh W M. Adhesive Sociocultural Adaptation of Korean Immigrants in the U. S.: An Alternative Strategy of Minority Adaptation[M]. The International Migration Review, vol. 18, No. 2. London: Sage Publications, Inc. 1984.

② 庄国土. 多元文化或同化:亨廷顿的族群文化观与东南亚华族[J]. 厦门:南洋问题研究, 2003(2):1-10.

③ Kim K C, Hurh W M. Adhesive Sociocultural Adaptation of Korean Immigrants in the U. S.: An Alternative Strategy of Minority Adaptation[M]. The International Migration Review, vol. 18, No. 2. London: Sage Publications, Inc. 1984.

原因,中国社会却又常常处于流徙变动之中。中国历史上的人口迁移主要可分为计划性移民和自发性移民。计划性移民往往是统治者出于戍边等军事或经济的需要,在一系列行政措施下实现的军屯、民屯等的强迁,以及为了解决人口过快增长而使人口从过密的地区迁向边远地区。自发性移民的原因较为复杂,但中国历史上每次社会动荡、饥荒、改朝换代之时,往往就会造成大批人口的自发流动。人口迁移改变了人口的地理分布,使人口布局发生重大变化,缓解了人地紧张的矛盾,促进了未开发地区的经济和文化发展,增进了民族融合。但由于移民的迁移动机多属于被动、盲从的行为,不是迫于天灾人祸就是统治者的强制,所以对移民的身份和地位的不会带来太大的改变。

中华人民共和国成立以后,我国经历了两次人口大迁移。一是"行政性移民",包括计划经济时代的逆城市化运动、"文革"中的知识青年"上山下乡"以及后来的三峡移民等。二是随着中国的工业化、城市化的发展,从农村流向城市的自愿性移民的农民工群体。

1. 改革开放前的行政性移民

伴随着我国工业化、城市化进程的深入开展,城乡就业机会、水平的不平衡现状日益突出,由此带来了大规模的城乡移民运动。从中华人民共和国成立以后的发展历程来看,我们大致可将其细分为以下几个不同的时期:新中国成立后到 1957 年是我国城市化快速推进、健康发展时期,在这一时期,城乡之间和工农业之间的比例关系较为协调,农村人口逐渐迁入城市,城镇人口逐年增加,但并没超过城市化进程的实际劳动人口需求;从 1958 年到 1960 年,我国经济结构调整,导致了城镇化超速发展,使中国工业和城镇化在脱离经济发展水平的基础上超高速发展,使得过快的城市人口增长与城市所能容纳的有限劳动力之间的矛盾突出,中国政府不得不对国民经济进行大调整;从 1961 年到 1965 年,中国历史上的第一次逆城市化运动开始,前后约有 3 000 万城镇人口被疏散到农村,同时出于备战目的,"三线"建设使大批企业整体向西南、西北的深山老林地区搬迁,许多职工及其家属被一起迁移出城镇。

1966 至 1976 年的"文化大革命"中,强制性政策安排下我国大批知识青年"上山下乡",同时也下放了一大群"有问题"的干部,前后累计约有 3 000 万人被强制性地迁往农村。这种被迫的"逆城市化",一方面缓解了城市的压力,另一方面城市中具有一定文化水平的机关干部、教师、技术人员和城镇知识青年的移入为农村带来了知识与技术,客观上改善了农村的生产技术水平,促进了农村的发展。

对于改革开放前的政策性移民的研究,主要有邱国盛的论文《当代中国逆城市化研究(1949—1978)》①。作者从经济学角度研究逆城市化的原因及其对城市化的影响;张开敏所

① 邱国盛. 当代中国逆城市化研究(1949—1978)[J]. 经济史,2006(5):171-176.

在的上海人口学研究所，为了探索上海市区人口迁移对社会经济发展的影响，在20世纪80年代中期负责编写了《上海人口迁移研究》。该书的"第二章上海人口迁移简史"着重分析了新中国成立37年来上海人口迁移的四个阶段及其变动特征，并在这章里提及上海当时的社会经济，特别是相关政策与迁移的密切关系。

2. 改革开放后的人口自由流动

改革开放以后，由于家庭联产承包责任制的实施和市场经济体制的逐步确立，城市吸引着大批多余的农村劳动力，中国的农村人口开始向城市流动。20世纪90年代，随着城市化和城市现代化步伐的加快，农村劳动力大量涌入城市，出现了中国历史上的又一次人口流动高潮。"都市化所造成的社会和经济上的变动、现代化工业之发展，以及对传统生活方式态度之改变，诸此因素均使国内迁徙活动加剧。"①居民离开农村而转向城市，在寻求生存的过程中，在都市社会文化氛围的濡染下，有意无意之间改变着行为规则、生活方式乃至价值取向。正如社会学家帕克所揭示的："城市改造着人性"，"城市生活所特有的劳动分工和细密的职业划分，同时带来了全新的思想方法和全新的习俗姿态，这些新变化在几代人的时间内就会使人们产生巨大改变。"②

农民群体不断涌向城市，在给城市带来劳动力的同时，也给城市的治安、交通、环境等方面造成了压力。在这段时期，城市虽然还有其他形式的移民，比如小城市迁往大城市的城市移民，大学生群体毕业后在城市中就业等，但由于农民工群体对城市和所迁出的农村影响之大，因此这段时期对移民的研究主要集中于对农民工流动群体的研究。

关于农民工群体的研究，有从农民工迁移原因方面研究的，主要是农民工个人方面的原因，比如城市对其的吸引力，农村的落后等；有从制度性角度研究造成迁移者迁移不畅以及农民工受歧视等；有对农民工的婚姻家庭的研究；有对农民工后代的研究，比如，城市中的农民工子弟小学的学生、农村中的留守儿童，等等，对农民工的研究可谓方位全、角度多。

纵观国内人口迁移的研究，其研究的领域涉及人口学、经济学、管理学等学科领域，至于对逆城市化过程中整体搬迁企业中移民的文化适应的研究，目前还没有看到。

二、社区理论

（一）社区的概念

"社区"是社会学中最重要的概念之一，同时，也是最复杂、歧义最多的术语之一。"社区"一词是由英文 community 翻译过来，其含义是指共同体和亲密的伙伴关系。一般认为最早提出社区概念的是德国社会学家滕尼斯。在他1887年出版的社会学名著《社区与社会》

---

① 廷伯根. 人口问题与经济成长[M]. 李洪鳌，译. 台北：正中书局，1969.

② R. E. 帕克. 城市社会学[M]. 宋俊岭，译. 北京：华夏出版社，1987.

中，他第一次区分了“gemeinschaft”和“gesellschaft”，即“社区”与“社会”这两个概念。他认为社区生活的特征是“‘亲密无间的、与世隔绝的、排外的共同生活’，其成员由共同的语言和传统维系在一起。在传统意义上的社区当中，社区成员之间共享着相似的善恶观念，有着相对明确的共同朋友和敌人，彼此之间存在着共享性的意识。进入到法理社会之后，社会成员之间更多地保持着一种工具性的关系，里面充斥着太多的理智与私利，每个人都工于心计、唯我独尊”①。腾尼斯的社区观中，人们对社区有强烈的认同感和归属感。类似的对社区的论述还有迪尔克姆从社会分工的基础上提出的“机械团结”和“有机团结”的概念和韦伯的理想型“完全城市社区”。

随着社区研究的广泛开展，各个研究者从社区研究的不同角度对社区进行定义，导致了社区概念的多样性和跨学科性。一些学者从人类生活和社会互动的角度，把社区看作“人们在一定位置上的互动和由这种互动产生的群体。所以社区是互动的与处于一定位置的人们的合法化的群体。这种群体和空间社区的力量能够联合和引导它的成员的行为，以导致其内部的相互依赖以及人们与群体一致的情感”②。从文化理论的角度，很多研究者把不同的文化传统、生活方式、价值观念等作为社区研究的主要因素；从空间的角度，很多研究者则认为“社区是指人们居住的物质空间，空间对社区是十分重要的，因为任何社会体系都具有一定空间结构的实体，人们之间发生的各种接触、情感和认同都定位于一定社区”③。《国际社会科学百科全书》中在谈到社区时，伯纳德(G. Bernard)和桑德斯 (I. Sanders)认为社区的定义应该包括以下三个维度：从社区人口构成维度上讲社区应该是由居住在特定区域范围内的人口群体构成的；从社区功能性维度上讲社区应该是以特定地域为界的、具有社会整合功能的社会系统；从行政单元属性上讲社区应该是具有地方性的自治自决的行动单元。

美国社会学家 G. A. 希勒里(G. A. Hillery) 则对收集到的 94 个有关社区的定义进行了归纳分类，其中 69 个定义认为社区应当包括地域、社会互动、共同关系三个特征。

我国学者吴文藻先生认为，社区是“社会生活的各方面都密切地相互关联而形成的一个‘整体’，是社会功能和社会结构二者合并起来的社会体系”④。陆学艺认为社区是“指聚集在一定地域范围内的社会群体和社会组织根据一套规范和制度结合而成的社会实体，是一个地域性社会活动共同体”，主要包括以下要素：“① 以一定关系与其他社会关系为纽带组织起来的、并达到一定数量规模的、参加共同社会生活的人群……② 人群赖以从事社会活动的、有一定界限的地域……③ 一整套相对完备的、可以满足社区成员基本物质需求和精神需求的社会生活服务设施……④ 一套相互配合的、适合社区生活的制度和相应的管理机

① 康少邦，张宁，等编译. 城市社会学[M]. 杭州：浙江人民出版社，1986.

② David W, Greer Scott. The Concept of Community[M]. Chicago：ALDine Publishing Company，1969.

③ 同上。

④ 费孝通，王同惠. 花篮瑶社会组织[M]. 南京：江苏人民出版社，1988.

构。⑤ 基于社区经济、社会发展水平和历史传统、文化、生活方式，以及与之相连的社区成员对所属社区在情感上和心理上的认同感和归属感[①]。”夏建中认为社区概念应具有以下几个基本特征：“① 共同性，主要指共同利益、共同文化、共同意识或价值观等；② 非正式组织性；③ 社区内居民相互之间互动较多，对社区内的日常生活比较熟悉；④ 具有一些基本社会功能和一定规模；⑤ 地域性在大多数情况下还是一个要考虑的因素，但可以确信，非地域性将会越来越重要[②]。”通过有关社区概念的比较和分析，可以看出，社区的概念虽然很复杂，但如果从空间社会学的角度来看，社区的类型无外乎两种：一是从地域空间（物理空间研究）角度进行分类，另一个是从心理空间研究角度进行分类。从心理空间研究的，在美国社会学中通常叫作“情感社区”。由于本书研究的主要是梅山上海人的认同感、归属感以及共同的价值观，因此文中接下来对情感型社区的理论及其方法进行了研究评述。

（二）情感型社区理论

情感型社区不同于一般意义上的社区概念，它在强调社区本身所应该具有的地域空间概念的同时，更加强调社区成员之间内在的共同特质与集体归属感。正是基于成员之间的相似性与共通性，社区成员之间能够维持一种相对紧密的社会联系和常态性的社会互动。他们对社区的认同来自于具有共同历史的共同命运、价值观或利益。美国社会学家罗伯特·M. 麦基佛认为情感型社区是指一个“精神的联合体”，是诸多个人精神的结合，是一种超越个人的“集体精神”[③]。他认为情感型社区是由三个要素组成的：第一，社区意识，即由于共同利益而产生的“我们”和“我们”的意识；第二，位置和身份感，对自己在社区中的角色、责任和任务等的认知；第三，归属感，将社区作为自己生活不可缺少的条件，包括物质依赖和精神依赖[④]。丹尼斯·波普林认为社区情感的结构是共同价值、信念和目标，共同准则和行为预期，成员身份感和集体认同[⑤]。还有学者对情感社区的研究方法进行了探讨，如坎贝尔的心理方法、文化方法和意义方法等。

目前关于社区情感研究主要有三种理论：“社区失落”论、社区继存论和社区解放论。中国学者夏建中在其论文《现代西方城市社区研究的主要理论与方法》中对三种理论做了具体的论述和总结。

1.“社区失落”论

19 世纪末，大规模的工业化和城市化的发展，使原有的富有人情味的家庭、邻里和亲属

---

① 陆学艺. 社会学[M]. 北京：知识出版社，1996.

② 夏建中. 现代西方城市社区研究的主要理论与方法[J]. 燕山大学学报（哲学社会科学版），2000，1(2)：1－6.

③ Robert M Maclver. Community：A Sociological Study[M]. London：Macmillan Company，1917：74－75.

④ Robert M Maclver. Society：Its Structure and Changes[M]. New York：R. Long & R. R. Smith，Inc，1931.

⑤ Poplin，Dennis E. Communities a Survey of Theories and Methods of Research[M]. New York：Macmillan，1972.

等首属群体的人际关系被打破，取而代之的是人的异化、孤立，人际关系的冷漠和淡化。不少理论家开始对城市社区人际问题产生担忧。20 世纪 30 年代兴起的芝加哥学派对城市的研究则进一步加剧了人们对城市社区问题看法的悲观程度，于是，一些研究者就开始宣称"社区失落"论。该理论认为由于城市规模大、人口众多、流动性高，使得城市居民接触的人开始多样化，加上交通和通讯技术的高效和廉价，人们更容易与社区外的人联系，而不必拘泥于与本社区内的人交往，因此在"社区失落"论者的眼中，随着现代城市社会当中个体间异质性程度的加剧，现代意义上的社区中完全不可能存在丰富而富有人情味的人际关系，传统社区中人与人之间的社区共同体感与社区团结感早已消失殆尽①。这种理论的代表人物是齐美尔和沃思。1903 年，齐美尔发表了《大城市与精神生活》一文，他研究了都市性格是怎样形成的，即人类性格是如何接受和适应工业城市的新环境的。他通过将城市生活与农村生活进行比较，认为城市的本质创造了独特的城市个性。他认为由于城市人受到的社会心理刺激的数量和类型不同于在农村生活的人，比如，城市人每天接触到大量的人和连续不断的事件，所有这些事件都是对个人的刺激，身处城市社会中的个体，面对芜杂的、潜在的、难以预测的刺激，被迫选择将刺激加以区分，忽略那些不涉及个人利益的刺激，竭力关注那些与自身利益息息相关的刺激②。在这样一种选择过程中，城市人逐渐形成了人们通常所指的老于世故、精于算计的性格品质，由此导致整个社会转变成为一个重理智、重效率的社会。在这样一种社会模式中，金钱成为维持社会正常运转的媒介，城市中人与人之间的关系由传统意义上的情感联系转变成为了赤裸裸的"金钱关系"，每个人都惟利是图，甚至不择手段，这样一种城市形态便是一种社会堕落状态③。

1938 年，沃思发表了其著名的论文《作为一种生活方式的城市性》，该论文的影响力很大，美国社会学家曾指出，到 1965 年为止，这篇文章"可能是曾经出现在社会学杂志上的最有影响的一篇文章"④。在这篇文章里，他认为城市具有三种特质，即人口数量、居住密度、居民以及群体生活的异质性。这三种特质不可避免地使城市形成不同于农村的生活方式，并带来了许多社会问题。众多的人口必然会出现大量的潜在差别，特别是文化上的差异性和职业上的专业化程度差异明显扩大。由于这些原因促进了"社会裂化"，城市人通常是作为高度分化的角色相遇的，他们之间的接触多是肤浅的、短暂的、支离破碎的、非人格的，城市人是以次级关系而不是初级关系为特征，同时大量人口本身也必然造成分散与混乱。高人口密度使人们易产生厌烦的心理，促使人们丧失了对他人"较有人情味的方面"的感受能

① Wellman, Barry. The Community Question: The Intimate Networks of East Yorkers[C]. American Journal of Sociology 1979, 84(5):1201 - 1231.

② 康少邦，张宁等. 城市社会学[M]. 杭州：浙江人民出版社，1986.

③ 夏建中. 现代西方城市社区研究的主要理论与方法[M]. 燕山大学学报(哲学社会科学版)，2000.

④ 蔡禾. 城市社会学：理论与视野[M]. 广州：中山大学出版社，2003.

力，变得麻木不仁甚至冷漠无情；高人口密度还使得居民在身体方面接近了，同时又扩大了彼此的社会距离；人口密度过高还会引起反社会行为的增加，因为越是拥挤的地方，越容易造成摩擦与冲突。可见，与城市异质性相伴随的往往是人际冲突的加剧，人与人之间少了几分信任，多了几分猜疑，很难看到传统社会中人与人相互依赖、和谐互助的局面，人与人之间表现出更多的猜忌与利用。因此，在沃思看来，滕尼斯所讲的社区在城市中已不复存在，故称之为“社区失落”①。

2. 社区继存论(社区幸存论)

20世纪50年代开始，美国的城市发生了很大的变化，一个明显的趋势就是郊区化进程的产生。伴随郊区化而形成的郊区生活方式使美国社会学界开始反思沃思的“社区失落”论的观点，一些学者通过实地研究的结果对其提出挑战，他们认为城市社区中仍持续存在丰富而充满活力的首属群体，居民仍有邻里关系，他们仍然利用邻里关系进行社会交往和获得各种社会支持，人们并没有感到孤独。这方面的代表人物是怀特、甘斯和利博。

1955年怀特出版了《街角社会》一书，他对位于美国“东城”的中心地带的意大利移民社区科纳维尔的贫民区进行了研究，发现该社区是一个有高度组织性的、完整社会系统的社区。在这个社区里，人们的生活习惯、行为方式和人际关系以及心理世界并不因为离他们步行只有几分钟之遥的高级商业区的居民而改变，相反他们人与人之间仍保留着亲密与互助互信的关系。有些人虽然从这个地区搬到其他地区或郊区，但每天晚上几乎在社区的每个街角都能看到来这里与老朋友相会的街角青年②。圈外的陌生人似乎与他们毫无关系，它不因为大城市的人口众多、高密度和异质性，而受到多少影响，从而形成了稳定的意大利社区。

1962年，H. 甘斯(Herbert Gans)出版了后来成为城市社区研究名著的《城市里的村庄》，他通过对波士顿西区意大利下层移民居住区所做的观察研究，发现该居住区居民具有强烈的社区归属感，因此，他认为城市生活方式并非如沃思所说的源于人口数量、密度和异质性，而是起源于其他原因。他把注意力放在城市居民的特征上。他把美国内城的居民分为五种人：第一种，“四海为家者”(cosmopolitan)，这些人主要包括学生、艺术家、作家、音乐家、娱乐人员及其他的知识分子和专业人员等，他们选择能更好地满足其文化心理需要与惬意的物质生活的地方居住。第二种，“单身者或无嗣者”(unmarried or childless)，这些人主要指大学毕业生和刚结婚未有子女者，他们通常选择靠近工作与娱乐的地方居住，等结婚或有了孩子之后，他们会搬离这里。第三种，“种族村民”(ethnic villagers)，主要指少数民族住宅区，如唐人街、犹太人区等，“他们以某种如同他们在欧洲当农民时或在波多黎各乡村时

① 夏建中. 现代西方城市社区研究的主要理论与方法[M]. 燕山大学学报(哲学社会科学版)，2000，1(2)：1-6.

② 威廉·怀特. 街角社会：一个意大利人贫民区的社会结构[M]. 黄育馥，译. 北京：商务印书馆，2005.

那样的社会方式生活着”，他们不受所在居住地的影响，与周围社区的人不大来往，他们自成一个小社会，初级群体关系紧密，社会生活丰富。第四种，“受剥夺者”(deprived)，主要指“十分贫困的人口、精神困扰或有其他别的障碍者、家庭破裂者以及非白人口，他们居住在已经遭到破坏的破旧房子里”①。第五种，“陷入贫困和落魄者”(trapped and downward mobile)，主要指那些生活在日益恶化的环境中但是无力搬走的人，如失业者、老人、城市贫民等。

在甘斯看来，“四海为家者”“单身者或无嗣者” 基本无经济问题，他们与他们所居住的地区是无关和分离的，但是却有孤独、自私、自我中心主义的倾向。“种族村民”也不受所居住地的影响，他们群体凝聚力强，整合程度高，保留着传统价值观和共同的情感，他们设起自己的社会栅栏而不管他们与邻里之间的空间紧密性和社会异质性。“受剥夺者”和“陷入贫困和落魄者”由于人际关系的不稳定性，在某一群体中角色的短暂性、无常性，从而具有沃思描述的严重的孤独失望、冷漠自私、疏离感，常有反社会或反规范的行为。但是，甘斯认为此种现象并不是城市中的人口众多、高密度和异质性造成的，而是贫穷与受歧视的结果②。

3.“社区解放”论

随着20世纪60年代和70年代社会网络理论的发展和影响范围的扩大，研究者们从网络的角度来研究城市社区中人与人之间的关系，将社区从地域空间的限制中解脱出来，因此被称为“社区解放”论。他们认为社会大规模的变迁已经改变了社区的性质，当代城市居民不再完全是一个地域共同体或亲属群体的成员，而是众多的以兴趣为基础所构成的网络成员，他们的交往是交叉的、复杂的。“社区解放”论的代表人物主要有劳曼(Laumann E. O.)、费舍尔(Claude S. Fischer)、韦尔曼(Wellman B.)和雷顿(Leighton B.)等。

1965—1966年，劳曼采用主体网的方法对美国底特律市进行研究，发现该城市社区中仍然保持着密切的人际关系，人际关系在民族、种族和职业等方面起着重要的作用，人们的交往不限于一个地方，交往有选择性，最主要的选择原则是一致性，不同类别的人群之间的关系较疏远，即在类别之间存在着较大的社会距离。

根据沃思的观点，众多人口必然产生社会的“脱序”与心理上的孤独感和疏离感，这些是城市社会问题产生的根源。费舍尔不同意这一观点，他在1975年发表了《城市性的亚文化理论》，在该文中他认为城市中较高的偏差行为和无组织行为的发生率等城市问题并不是由于人口众多造成的高密度和高度异质化所带来的，而是由于“一定数量的能够承载一个可以自行生长发育的亚文化人口的存在，这个一定的人口称为‘临界多数’(critical mass)”③。大城市人口众多，不同类型的人在这里都可以找到足够数目的同伙，从而形成一小圈子，而在

① 蔡禾. 城市社会学：理论与视野[M]. 广州：中山大学出版社，2003.

② 夏建中. 现代西方城市社区研究的主要理论与方法[J]. 燕山大学学报(哲学社会科学版)，2000，1(2)：1-6.

③ Ficher C. Toward a Subcultural Theory of Urbanism[C]. American Journal of Sociology 80, No. 6, 1975, 80.

小地方，人口少，故无法凑够临界数来组成小群体。这也就是为什么酒鬼、艺术家以及其他反社会规范的人，在大城市多见而在小地方少有的主要原因。对于大城市而言，相同类型的个体通过彼此面对面的互动后倾向于形成特定的小群体，在群体内部的交往过程中，逐渐会形成共同的行为规范、价值观念以及生活方式，这些有形与无形的综合性因素一同构成了一种群体的亚文化，由此呈现出两种并存的现象：群体内部的凝聚与整合、群体之间的摩擦与冲突。一般来讲，城市居民存在两种差异性的人际关系模式：公开的人际关系与私下的人际关系。对于前一种关系模式而言，城市居民往往保持着强烈的戒备心理，表现出冷漠、自私的一面；对于后一种关系模式而言，城市居民倾向于表露出热情、乐于助人、充满人情味的一面。对此，费舍尔进一步指出，我们在实际研究工作中应当严格区分城市生活中居民公开的人际关系和私下的人际关系①。

1979年，韦尔曼和雷顿发表《社会网络、邻里关系和社区》一文，他们总结了以往城市社会学家对社区研究的主要特点，指出直到20世纪70年代，社区生活和人际关系的研究一直局限在同一地域的邻里关系之间，邻里之间因物理或空间上的接近而形成的群体关系纽带成为社区讨论的唯一基础。这种研究视角将会导致社会学忽视人们其他重要的日常活动和社会交往领域，而社区的概念也会缠绕在对场所和居住的强调之中。因此他们问道：对于那些早出晚归的居民来讲，如果仅考虑邻里关系，我们会不会忽略掉这些人在居住区域之外的社会亲密关系？

韦尔曼通过对个人网络社区的研究发现，城市的人际关系并没有随着工业化、城市化和现代化的不断发展而普遍衰弱，城市居民仍然有很普遍的亲密关系网络，其主要是由亲属和非亲属组成，这些人际关系的特征是非地域的，密度上较稀疏②。

奥里佛运用社会网络的方法对美国洛衫矶市非洲裔社区进行研究发现，这些社区并不像传统研究所说的黑人社区是暴力、核心家庭破裂，以妇女为主，病态、社会组织解体的社区。黑人社区在城市社区组织中依然存在，他们有比较亲密和丰富的社会关系，其中亲属是黑人群体的主要社会关系来源，他们从这些关系中获得情感和物质方面的支持③。

韦尔曼和雷顿提出应打破对邻里关系的强调，重新思考社区的概念。他们主张社区居民应从地域和场所的局限中解放出来，接触和结交范围更广泛的朋友，建立超出邻里关系甚至根本与邻里关系无关的初级群体关系。这就是“社区解放”，即从社区地域中解放出来。韦尔曼、雷顿与费舍尔都强调，个人可以自由地同时参加多种社会关系，一些人可能将自己

① 夏建中.现代西方城市社区研究的主要理论与方法[J].燕山大学学报(哲学社会科学版)，2000，1(2)：1－6.

② Wellman，Barry. The Community Question：The Intimate Networks of East Yorkers[C]. American Journal of Sociology 1979，84(5)，S：1201－1231.

③ Oliver M L. The Urban Black Community as Network：Toward a Social Network Perspective. The Sociological Quarterly Vol 29，No 4：1998.

的社会关系主要局限在邻里之间，但更多的人则应与居住地之外的各种关系保持社会交往。1982年，由费舍尔指导的在北加州一些社区进行的调查，也证明了城市社区中已存在不少这种人际交往，而且越是收入和教育水准高的居民，在交往地域上也越广泛，同时亲缘关系的成分也越少①。

（三）社区研究的方法

所谓社区研究是指"在一个特殊社区之内，社会生活的各个方面都密切的相互联系，而作为一个整体或体系中的各部分，在研究任何一方面时，必须研究其他方面的关系②。社区研究的方法主要有人文区位学和功能主义研究法。20世纪30年代这两种方法传入中国以后，使中国的社区研究有了浓厚的人文区位学和功能主义人类学的色彩。人文区位学和功能主义的观点与方法经常见于中国学者的论著和实地研究中。

1. 人文区位学之社区研究法

人文区位学研究法是以特定的空间结构为研究对象，开始时就将自己置于实证研究和经验研究之列，避免了拼凑资料、以偏概全的弊病，更有利于接近客观事实。人文区位学研究法的代表是美国的芝加哥学派。人文区位学的研究方法主要有以下几个特点：

第一，社区研究的对象是社区的整个体系，换句话说，就是一个社区文物体制相互的关联。社区研究就是要分析各文物体制的功能，以及每一功能对社区有机体的完整贡献。

第二，社区研究的方法除了要实地工作外还要兼顾到历史的材料，虽然主要的方法仍然是田野调查(field work)，并且社区研究的田野调查法不像社会调查那样只填写表格，它要超越这种社会调查式的填写表格法。实行社区实地工作的人员外表上要与社区的人过共同的生活，要用客观的方法来分析一个社区的文物体制的结构和功能。换句话说，他的外表是社区的局内人(participator)，而他的内心却是观察者(observer)。这就是社区研究法的局内观察法、体验法或居住法。

第三，社区研究的着重点是人类共同生活原理、原则的发现，社会调查则偏于实用。但为避免误会，此处却要声明，社区研究的最终效用也是在改造社会、服务人类的。其实，人类一切活动，例如物理学、化学及生物学等自然科学的研究，都是为人类服务的。那么，社区研究为什么又是个例外？社区研究的最终目的虽在实用，但它却不像社会调查那样偏于实用。因为它不偏向于实用，所以它能采用客观的科学方法研究人类的社区，去发现共同生活的原理、原则。

第四，社区研究的着重点在于发现共同生活的通则，不但如此，它还有学理的根据。社

① 夏建中. 现代西方城市社区研究的主要理论与方法[J]. 燕山大学学报(哲学社会科学版)，2000，1(2)：1－6.

② 丁元竹. 社区的基本理论与方法[M]. 北京：北京大学出版社，1995.

会学家一旦在社区里发现一条通则，他便可以推及其他相关联的通则而继续他的实证工作。所以，一位社会学家要有很充分的学理训练，因为这种训练能使他的实地工作增加效率。

第五，社区研究所要发现的通则是关于社区内文物体制变动的过程。社会现象是无时无刻不在变动的。这些变动是有规律的，有条理可寻的。这种变动是由于社区内文物体制的相互关系发生了变化，这种与文物体制功能相关的变化便是社会学所谓之社会过程，社会研究所要发现的就是这种过程①。

2. 功能主义的社区研究法

功能主义的核心观点是：整体是由各个相互联系的部分组成的，各部分对整体起一定作用，发挥一定功能。功能主义的代表人物有马林诺夫斯基、布朗、帕森斯和默顿。

马林诺夫斯基主张以田野工作获得第一手资料形成对社会文化的整体性认识。他要求研究者坚持“眼见为实”的原则，和被研究的对象生活在一起，亲身体验被研究者文化体系和价值体系的存在方式，然后把田野实地工作中收集到的资料总结起来，从中产生理论，将田野工作中的主观体验以客观的方式告诉别人。田野工作法完全是一种动态的研究方法②。

吴文藻对功能主义进行了高度的评价，他认为：“功能学派是社会人类学中最进步，而且亦是现今学术界上最有力的一个学派；……从社会学的观点看功能学派社会人类学有两个特点：一是功能人类学与文化社会学在理论上的关系最为密切；二是功能观点与社区观点在实地研究的方法上完全相同。”③吴文藻影响了中国社区研究者费孝通、林耀华、廖太初、黄迪等人，但在社区研究中最有成就的是费孝通先生，他将功能主义与中国的实践结合起来，形成中国独特的社区研究方法。

另外，社区的研究方法还有区域主义社区研究法和多元社区研究法④。社区研究虽然研究方法很多，但始终没有脱离两个基本的研究方法，即人文区位法和功能学派法，而且这两种方法在研究中往往是互相交叉。因此本书在写作的过程中既注意分析梅山社区上海人与非上海人的共生关系，又运用功能主义的分析方法，研究每一个系统对其他系统的影响以及与整体的关系。

三、认同理论

梅山“飞地型”移民社区是由上海人建立起来的，因此社区形成初期，上海人将上海市民

① 北京大学社会学人类学研究所. 社区与功能：派克、布朗社会学文集及学记[M]. 北京：北京大学出版社，2002：第284页.

② 丁元竹. 社区的基本理论与方法[M]. 北京：北京大学出版社，1995.

③ 吴文藻. 吴文藻人类学社会学研究文集[M]. 北京：民族出版社，1990.

④ 丁元竹. 社区的基本理论与方法[M]. 北京：北京大学出版社，1995.

文化移植到梅山社区，形成了梅山社区文化。在过去的几十年里，单位制社区的特点使梅山社区比较封闭，梅山上海人一直对上海文化保持高度的认同，并排斥异文化。然而随着梅山社区与社区外社会的接触，尤其是近年来，梅山社区社会结构的变化，他们的文化认同是否发生了变化，又是什么原因使梅山的“阿拉上海人”变成梅山人的？在整个研究中，运用认同理论来分析梅山上海人认同的变迁过程具有一定的理论价值。这里的梅山上海人是指梅山社区建立过程中从上海迁移来梅山的上海人以及他们的第二代和第三代。

（一）认同的概念

“认同”在现代汉语中是一个复合词，是由“认”和“同”复合而成，它有两种涵义：一是认为跟自己有共同之处而感到亲切；二是承认、认可，用英文表达即是 identification 和 identity 两词的联合意义。

尽管学界关于认同的研究颇多，但通常意义上所指的“认同”一词是由威廉·詹姆斯和弗洛伊德率先提出的。在心理学家弗洛伊德看来，“认同本身是个体的心理过程，当一个人试图模仿另一个人或团体的价值、行为规范，并将这种价值或行为规范内化于个体自身，这样一个过程便是‘认同’的生发过程，换言之，认同是个体与他人建立情感联系的原初形式。”①之后，英国学者戴维·莫利和凯义·罗宾斯在他们的著作《认同的空间》中，也分析了认同的概念，认为是“差异构成了认同”，认同涉及排斥和包含，“因此，界定种族集团至关重要的因素便成了该集团相对其他集团而言的社会边界……而不是边界线内的文化现实。”②正是因为差异使得认同有了社会边界，边界内部的“认同”就表示“同”，超出这个边界，“认同”就变成了“差异”。本尼迪克特·安德森在《想象的共同体：民族主义的起源与散布》中也提到了认同一词，在他看来，认同并非单一性的概念，认同是可以多种共存的，身处特定情境中的个体往往会在特定的共同规则的制约和导引下形成彼此之间的认同感，这个形成过程本身需要不同行动者之间持续的、面对面的互动。卡斯特尔在解释认同时也说：“关于认同，当它所指涉的是社会行动者时，我认为它是在文化特质或相关的、整套的文化特质的基础上建构意义的过程……认同则是行动者意义的来源，也是由行动者经由个别化的过程而建构的。”③亨廷顿认为：“认同的意识是一个人或一个群体的自我认识，它是自我的产物……在绝大多数情况下，identity 都是被建构起来的概念。人们是在程度不等的压力、诱因或自由选择的情况下，决定自己的 identity 的。”④由此可见，认同是由自我或群体建构而产生的。

不仅如此，认同的建构过程本身也具有一定的层次。正如英国心理学家贝特汉莱密所

① 梁丽萍.中国人的宗教心理——宗教认同的理论分析与实证研究[M].北京：社会科学文献出版社，2004.

② 戴维·莫利，凯文·罗宾斯.认同的空间——全球媒介、电子世界景观和文化边界[M].司艳，译.南京：南京大学出版社，2001.

③ 曼纽尔·卡斯特.认同的力量[M].夏九铸，黄丽玲，等译.北京：社会科学文献出版社，2003.

④ 基缪尔·亨廷顿.我们是谁？美国国家特性面临的挑战[M].程克雄，译.北京：北京新华出版社，2005.

言,“认同通常是由三个层次展开,按照从上往下的顺序可加以细分为群体认同—社会认同—自我认同这样一种认同序列。”①社会学家汉斯·摩尔(Hans J. Mol)认为,认同分为个人层次和社会层次。在个人层次方面,“认同是一个人在混沌环境中所占据的稳固方位,个人能够据之对外在环境做出积极的防御”;在社会层次方面,“认同是一个基本的及普遍拥有的信仰、模范及价值之综合,它能抵抗外在事物对本身环境与成员的威胁并维续自身”,“认同是关涉个人与群体隶属关系的一个概念,因此认同首先是个体对某种意义上的身份的一种心理肯定,认同给予个人以所在感,给人的个体性以稳固的核心。”②而吉登斯则认为,认同是人寻求自身本体性安全的结果。所谓“本体性安全”是指“自然界与社会世界的表面反映了它们的内在性质上的信心或信任,包括自我认同与社会认同的基本存在性衡量因素”③。

另外,认同并不纯粹是哪方面的认同,而是与别的认同相互融合、互相共存的。姚大力在他的论文《变化中的国家认同——读＜中国寻求民族国家认同＞札记》中,对“认同”作了分析:“所谓认同,不仅可以从适用于此处全部讨论的那种严格和相当正式的意义上加以理解,而且也可以在更加广泛的意义上把它看作是部分政治、部分文化和心理的‘现象’。”④

综合以上对认同概念的描述,笔者认为,认同是在差异中形成的,是在具体情境的互动中被建构的,认同的边界是随着主体间的互动而不断变化的。

(二)认同理论的探讨

关于认同的理论探讨,可以说一直未停止过。从古希腊人提出的“认识你自己”的命题到柏拉图、笛卡儿、弗洛伊德等人从个体的角度对认同问题精彩的分析和论述,再到米德、库利、吉登斯、帕森斯、哈贝马斯、泰勒等人对认同的分析进一步拓宽,使认同进入社会学、人类学、社会哲学、文化等各个领域,形成不同的分支,包括社会认同、心理认同、文化认同、政治认同、身份认同、民族认同。

弗洛伊德于1915年在他的论文《悲哀和抑郁症》(*Mourning and Melancholia*)中第一次提出“认同”这个术语。认同被看作是在自我设法“吞没”(devour)客体的过程中的初步阶段。“认同”替代了个体投入力比多(libido)能量的一个对象。6年之后,在《群体心理学与自我分析》(*Group Psychology and the Analysis of the Ego*)(1921)一书中,他将认同扩大到治疗方面,并且尝试将结论继续应用于关于社会群体的描述的观点中来。这种机制的动

---

① 梁丽萍.中国人的宗教心理——宗教认同的理论分析与实证研究[M].北京:社会科学文献出版社,2004.

② 同上。

③ 安东尼·吉登斯.现代性与自我认同:晚期现代中的自我与社会[M].赵旭东,译.上海:上海三联书店,1998.

④ 李素华.对认同概念的理论评述[J].兰州学刊,2005(4):201-203.

力被弗洛伊德假设为两种类型：防卫（defensive）与竞争（emulative）。防卫模型是建立在男婴儿经验的基础上的，而竞争或者说是分析模型则是建立在女婴儿经验的基础上的。这两个模型为随后心理分析理论中的认同理论提供了基本范式。

米德把自我区分为“主我”(I)和“客我”(me)。“客我”是与“社会我”进行互动的自我。“主我”是自我的独特历史和现在，根据情景允许独特的反应和创造。对弗洛伊德和米德来说，认同是一个从生物方面进行驱动的心理动力(Identification is a psychological dynamic that is biologically derived)。认同确实是社会互动的结果，但是它的动力来源是生物—心理的。关于驱动力是附属的还是始发的，米德把他的理论同人的神经系统直接联系在一起，似乎表明他更偏爱始发模型。把认同理解为附属动机或者说是“需要倾向”更适合社会学的方法。成功的、有保障的认同意识同建立在为了生存的生物驱动力基础上的主要需求的满足是必然而且不可避免地联系在一起的。

帕森斯把认同定义为“个性模式保持代码系统”，他认为认同的价值是通过连贯的组织内有关个体的信息来维持个体的连续性[①]。对帕森斯来说，认同理论从主要关心个体认同的形成到作为一个重要的基础在社会结构和行动的任何普遍理论中所起的作用。尽管他是从社会和文化环境方面来对认同进行定义，他也潜在地承认认同是人类有机体的一个动力的行为机制。

吉登斯认为，认同是社会连续发展的历史性产物，它不仅指涉一个社会在时间上的某种连续性，同时也是该社会在反思活动中惯性地创造和维系的某种东西，即持续地吸纳发生在外部世界中的事件，把它们纳入关涉自我的、正在进行着的“叙事”之中[②]。可见，对认同的研究和分析是广泛的，它触及的领域很宽。

（三）文化认同

本书主要研究上海人迁居外地后对上海文化的认同，也就是说，本书中认同的着力点是文化认同。文化认同是一个与人类发展相伴随的动态概念，是人类文化存在与发展的主位因素，因此研究文化认同总是和研究特定的文化结合在一起的。文化认同是指个体对所属文化以及文化群体内化产生归属感，从而获得、保持与创新自身文化的社会心理过程。文化认同包括社会价值规范认同、宗教信仰认同、风俗习惯认同、语言认同、艺术认同等。文化认同是形成“自我”的过程，蒙田说过，“世界上最重要的事情就是认识自我。”[③]文化认同成为个人或集体界定自我、区别他者，加强彼此的同一感以凝聚成拥有共同文化内涵的群体的标志。

---

① 梁丽萍.中国人的宗教心理——宗教认同的理论分析与实证研究[M].北京：社会科学文献出版社，2004.

② 安东尼·吉登斯.现代性与自我认同：晚期现代中的自我与社会[M].赵旭东，译.上海：上海三联书店，1998.

③ 恩斯特·卡西尔.人论：人类文化哲学导引[M].甘阳，译.上海：上海译文出版社，2003.

自我是个体心理结构深层的构造，也是探寻一种文化时所能进入的最核心部分。文化认同的心理机制包括文化比较(cultural comparison)、文化类属(cultural categorization)、文化辨识(cultural distinctiveness)和文化定位(cultural definition)四个基本过程①。在个人层面上，文化认同影响着个人的社会身份认同和自我认同，引导着人们热爱并忠实于民族文化，从而保存和光大民族文化，并最终将其纳入个人的价值观这一深层心理结构之中。在社会层面上，文化认同以民族文化为凝聚力整合和辨识着多元文化中的人类群体，成为群体构成的一种类型——文化群体。

文化认同是个体获得文化群体的"我们感"的途径和过程。社会心理学家发现，人类在社会生活中有两种认同的需要。其一是通过寻找"我"与"我群"的差异而获得"自我认同"，它使个体获得一种与众不同的独特性和唯一性；其二是通过寻找"我群"与"他群"的差异而获得"社会认同"，它使个体获得一种与众相同的一致性和同一性。为了同时满足这两种需要，个体总是在寻找二者之间的平衡。

单德兴认为文化认同是在文化差异、流变性、断裂的过程中发生的，因此文化认同具有异质性、流动性与机缘性。文化认同可以帮助有族群感的人找到心灵的归宿，但同时也要防止文化认同演变为狭隘的部族主义。文化认同的目的是寻求生存方式的同一性，但其过程却是在发现差异时开始的。人与他人相遇，才会思考自己是谁；一个群体与其他群体相遇，才会把自己所在的群体想象成为共同体。文化认同的目的是寻求生存方式的稳定性，但其过程却起始于人的社会生活的流变性。

由于文化认同是在差异中发生的，具有流变性，所以文化认同与文化冲突是相辅相成、不可分割的。文化冲突的核心就是价值观的冲突。冲突的原因在于人们对于不同文化的认同，即人们对自我身份、角色的不同认知，也就是人们在身份上的冲突，而文化认同往往又是文化冲突的后果。同样，文化冲突固然会引起文化认同的危机，但文化冲突的最终结果又总是强化了人们的文化认同②。

文化理论家雷蒙·威廉斯宣称："人们的社会地位和认同是由其所处的文化环境决定的，也就是说，文化具有传递认同信息的功能。"③两种文化在交融与互动中，彼此间一方面在寻找共同话语，放弃或改变原有的一些观念和行为方式，以达到求同存异；另一方面又在加固着对本民族文化的认同，以求民族文化有存在的根基，这即是费孝通先生经常告诫的要加强文化自觉④。但无论文化如何整合，根本文化精神和文化个性依然在群体的

---

① Turner, Hogg J C. Rediscovering the Social Group: A Self-categorization Theory[M]. Oxford: Basil Blackwell, 1987.

② 崔新建. 文化认同及其根源[J]. 北京师范大学学报(社会科学版), 2004(4): 102-104.

③ Shelly M, Winck M. Aspects of European Cultural Diversity[M], London: Routledge, 1995.

④ 陈世联. 文化认同、文化和谐与社会和谐[J]. 西南民族大学学报(人文社科版), 2006(3): 117-121.

思维方式、社会心理、价值观念等深层结构中被保留下来,形成文化认同并影响着文化发展的未来可能性。尽管多重文化认同之间很少有真正的对立,但相互的冲突和摩擦却是无法避免的,因为文化认同总是与某种特定的文化模式相联系,那种对形成人们的判断标准、行为模式、义务和责任更具影响力的文化系统在界定人们文化属性的过程中往往起着更为重要的作用。

第三章　梅山社区的生成与建构

如前所述，本书提及的梅山社区位于南京，其土地产权与企业产权都隶属于上海，生活在社区的居民拥有上海户口，梅山地区成为上海在南京的“飞地”，其社区称为“飞地型”移民社区，它是城市社区的特殊类型。本章将从“飞地型”移民社区的形成动因、历史探源、现状描述及建构特征四个方面加以研究与分析。

一、梅山社区的形成动因

一般来说，社区得以快速发展，在于其自然环境或者社会环境比较优越，资源获取也比较方便。上述因素对于社区的兴衰有着重要的影响，并且社区环境在很大程度上决定了社区的长远发展能力和可持续发展前景。钢铁企业择地梅山而建，梅山社区“飞地型”特征的形成，与以下三个因素密切相关：一是有储量丰富的矿藏可供开采；二是国内外形势所迫；三是优越的区位空间条件。

（一）丰富铁矿资源的自然动因

梅山之所以能成为国家大型矿业企业的建厂选址，其根本原因在于本地区拥有丰富的矿产资源。早在1957年，国家冶金部物探队地面磁测就发现梅山出现强磁异常，1958年，江苏省冶金地质勘探公司八〇七队钻探验证其为火山岩地层大型铁矿床，并于1964年提交梅山铁矿矿床地质勘探总结报告，经国家矿藏储量委员会审查，初步确定梅山地区铁矿储量为2.62亿吨。丰富的铁矿储量为建立梅山矿业企业奠定了坚实的基础①。

梅山铁矿是一个规模较大、形态规整的大型盲矿体，埋藏于负36米至负489米标高之间，最浅处距地表105.5米，矿体平面投影为椭圆形，投影面积为0.64平方千米，矿体长1200米，宽850米，平均厚度147米，中间最厚达292.5米，下部及周围尚有一些单独的小矿体，矿体上下小，中间大，矿石上部富，深部贫（见图3-1）。此外，梅山地区矿产资源丰富，已知矿种有40多种，主要是铁矿与白云石矿。梅山铁矿石类型为磁铁矿、假象赤铁矿、菱铁矿型，按矿石结构和构造划分的自然类型为块状、浸染状及角乐状三种，块状为磁铁矿，多属富矿（见图3-2）②。丰富的铁矿资源和种类齐全的铁矿石为梅山矿业发展多种经营和实现可

① 梅山冶金公司编. 梅山冶金公司志(1969—1988)[M]. 上海：上海人民出版社，1989.

② 同上。

持续发展提供了殷实的条件(见图 3-1)。

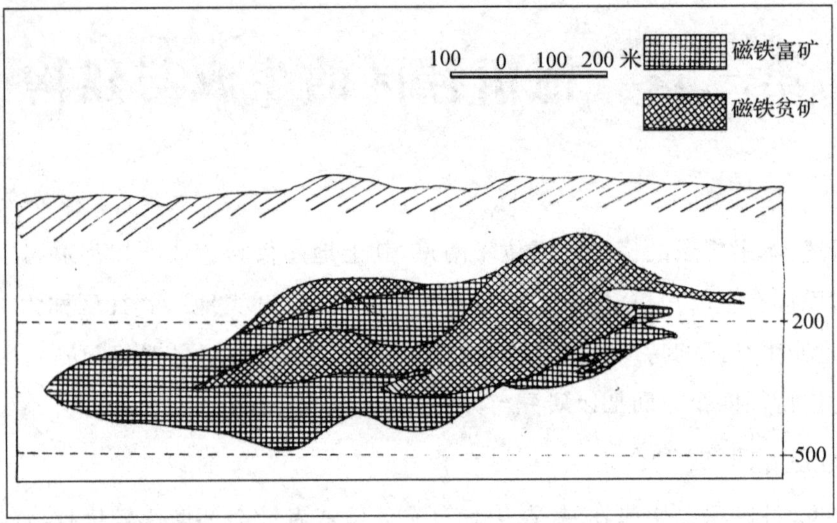

图 3-1 铁矿纵剖面图

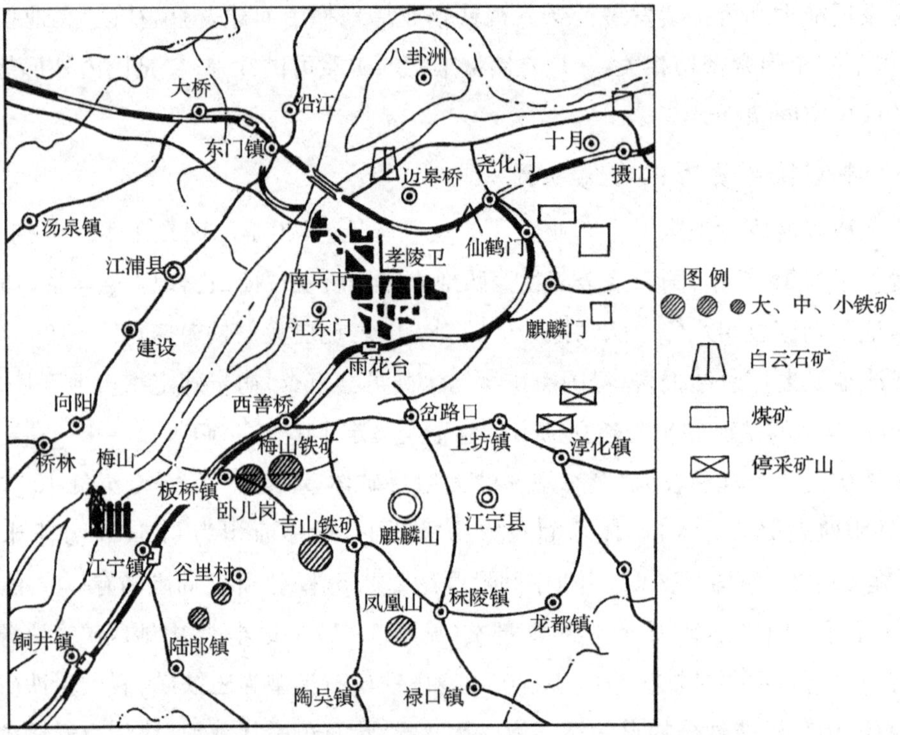

图 3-2 梅山地区附近主要铁矿、白云石矿分布图

梅山铁矿矿石坚硬致密,矿体稳定,铁矿井也非同一般。中巴车可以沿着巨大的井下隧道直下到 200 米深处,地下到处是四通八达的井下隧道,隧道两侧每隔 20 米就有一个挖进去的铁矿洞。据介绍,从 180 米到地下 340 米左右有七八层平行隧道,每一层都与四通八达

的矿道相连，洞壁非常坚固，也十分安全。地下 198 米处还有一个大型的矿车维修车间，常年灯火通明。据介绍，曾有党和国家领导人亲自来梅山井下参观隧道。

（二）“要早日把铁抢出来”的政治动因

梅山社区的建立具有很强的政治色彩，它是在外有强敌、内有隐患的严峻形势下，由周恩来同志亲自过问而组建起来的一个钢铁企业。1969 年 3 月周恩来同志在全国计划座谈会上指示，立即动手建设梅山铁厂，“要搞大会战，要快，要早日把铁抢出来”，解决上海生铁供应不足的问题，于是 1969 年 4 月 24 日在上海市“革命委员会”的组织和领导下，成立了九四二四厂工程指挥部，即后来的上海梅山冶金公司。指挥部成立后，立即做出了一期工程的设计和施工步骤，计划组织五万人搞大会战，抢时间、争速度，以最快的速度、最好的质量在 1970 年“五一”出铁，而出铁就是为了保卫祖国，准备打仗。

20 世纪 60 年代中国的边境不太安稳，而在国内，经过十几年的发展，虽已形成独立的工业体系，但工业布局很不合理，60%的主要民用机械工业、50%的化学工业和 52%的国防工业集中在 14 个一百万人口以上的大城市，人口和铁路交通也绝大部分分布在东部沿海地区①。若从工业化和城市化的角度来看，人口的相对集中有利于形成大城市的集聚效应。但从安全的角度看，工业、人口和交通相对集中在大城市和沿海地区，很容易遭破坏，导致工业、交通陷于瘫痪。

在这种形势下，为在建设国家经济的同时防备遭受破坏，国家调整了工业布局，并提出：支援“三线”建设，“备战备荒为人民”。所谓“三线”，即将接近边境地区和沿海地区定为“第一线”，将中国内地的一些省份定为“第三线”，处于两者之间的地区定为“第二线”。中央政府提出：“三线”是一个阵地，“一、二线”是一个阵地，以“一、二线”的生产来支援“三线”建设，也就是沿海工业支援内地工业，使内地工业逐步赶上沿海工业的发展水平，并要求在加强“三线”建设的同时，做两手准备，即战备和长期建设②。

正是在这种“备战备荒为人民”“好人好马上三线”的政策感召下，数以万计的工人、干部、工程技术人员以及解放军官兵，打起背包，跋山涉水，来到重庆、攀枝花等地，支持西部建设。上海作为全国第一大工业城市，更是人员和设备的供应基地。在 20 世纪 50—60 年代，中央曾提出一个著名的口号，就是“全国一盘棋，全国支援上海，上海支援全国”。上海不仅派出大量人员支援全国各地的工业建设，有些工厂还实行人员与设备整体搬迁。据统计，仅上海机电工业系统在 1963—1977 年间就从近百家企业抽调了 40 349 名职工和近万台设备，以及随迁家属 26 000 多人分赴新疆、甘肃、陕西、四川、贵州、湖南和江西等地，支援“大三线”经济建设。在当时的上海，除了企业、人员整体搬迁外，子女们还被下放到全国各地，当

① 周恩来. 关于基本建设的几个问题[J]. 党的文献，1995(3)：39－40.

② 毛泽东. 在打仗问题上要有两手准备[J]. 党的文献，1995(3)：41－43.

时上海的政策规定:每个家庭只能有一个子女留在上海,其余的都要到外地去。因此,人口迁移到农村势不可挡。

梅山工业社区的组建就是在这种背景下,为了解决上海生铁供应不足而利用南京丰富的铁矿资源,建在外地的又一个上海企业①。

(三) 区位空间的比较优势动因

20 世纪 50 年代的梅山,只是岗峦起伏、满布低洼沟塘的一片荒芜山丘。1969 年,上海与江苏成立的联合工作组遵照周恩来同志的指示精神,对南京梅山地区进行现场勘察,选择厂址。经过工作组的辛勤工作,最后选定了在南京板桥建厂,其理由为:一是水陆运输条件好。厂址离南京市中华门 20 多千米,离梅山铁矿约 10 千米,西北有长江口岸,可建大型水运码头,东有古雄、江宁车站,铁厂建造铁路专用线可与梅山铁矿连通,水陆运输畅通。二是利用山丘,少占良田。建厂地区是全丘陵地带,只有山沟里有少量的水田。三是拆迁村庄少。四是地质条件好。这个地区在"大跃进"时江苏省曾打算建南京第二钢铁厂,施工队伍江苏省建筑工程公司 205 工程队已做过初步勘测,积累了一些地质条件资料,可加快建设速度②。梅山的具体位置如图 3-3 所示③:

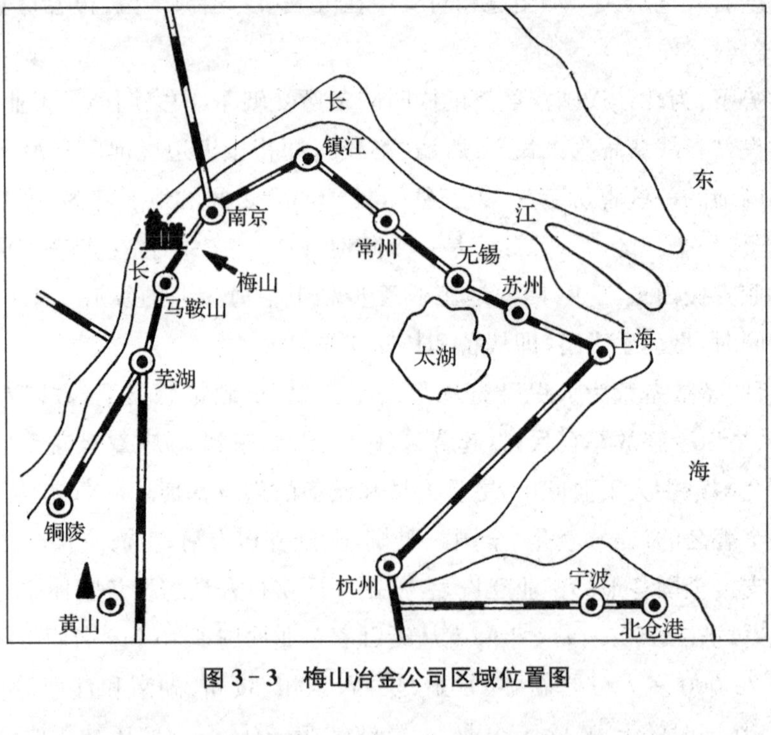

图 3-3 梅山冶金公司区域位置图

① 梅山冶金公司编. 梅山冶金公司志(1969—1988)[M]. 上海:上海人民出版社,1989.
② 同上。
③ 同上。

梅山地区优越的交通运输条件在铁矿的发展壮大过程中起了很大作用。在梅山，运输以铁路、水路和公路三种方式完成。运入物主要是矿粉、煤等，以水路、铁路运输为主，辅以公路运输；运出生铁以水路运输为主，运出煤渣以铁路运输为主，运出其他货物以公路运输为主。

铁路运输上，宁芜铁路分别与沪（上海）宁（南京）线、京（北京）宁线和皖（安徽）赣（江西）线相接，通往全国各地。梅山还有工厂专用线与宁芜线在板桥站接轨，并设有梅山专用线。另外，梅山也有全长 61 千米的自有铁路，设计最大通过能力为 13 对列车，年运量约为 660 万吨。

水路运输方面，工厂设有专用码头，与北仑港、上海港、南通港、南京港之间的水运距离分别为 599.5 千米、392 千米、264 千米和 38 千米。厂区设有固定码头泊位 3 个，其中 2 000 吨级 2 个、5 000 吨级 1 个，码头设计年吞吐量为 370 万吨，另有钢质浮码头 2 个。码头后方设有原料堆场，可储存大量原料和生铁。

公路运输方面，由从厂区南边通过的宁芜公路与全国公路网相通。梅山厂外货物公路运输量主要集中在宁芜公路南京梅山厂区段。1988 年梅山冶金公司（以下称“梅山企业”）就有各种载重汽车 318 辆，其中矿山生产用车 92 辆①。

现在的梅山社区交通更为便利，宁马高速公路、宁芜铁路、南京绕城公路环行周围，万里长江横亘于西，南京禄口机场高速公路也从不远处穿越，秦淮新河直穿矿区腹地注入长江，且拥有年吞吐量达 200 万吨以上，5000 吨海轮、外轮均可进入的现代化长江口岸码头 2 座，区域位置非常优越②。

二、梅山社区的历史探源

梅山社区的发展是依托梅山企业的发展而不断变化的，20 世纪 70—80 年代和 20 世纪 90 年代初，梅山企业和梅山社区在地理空间上相互重叠，即社会学研究者常说的“单位办社会”，单位的多元化功能取代了社区功能，如职工住房、各种生活福利、养老保险、医疗保险和卫生防疫、托幼机构、子弟小学、班车服务等。但到 20 世纪 90 年代中后期，随着我国住房和医疗制度的改革，梅山企业改制重组、产业结构调整和用人制度的改变，“单位办社会”逐渐萎缩，梅山企业与梅山社区开始剥离，最后在 21 世纪初，梅山社区逐渐步入属地化轨道。在查阅大量关于梅山的文献资料和深入社区访谈的基础上，对梅山企业发展状况及社区生活完善情况进行历史探源，笔者根据梅山企业的二次创业时间段把梅山历史分为两部分来讨论：一是社区生活形成阶段（1969—1979 年）；二是社区生活发展完善阶段（1980—1998 年）。

（一）初期工业化与社区生活形成

梅山社区形成的初期，各种资源极其贫乏，但梅山企业通过政治思想工作、领导个人魅

① 梅山冶金公司编. 梅山冶金公司志（1969—1988）[M]. 上海：上海人民出版社，1989.

② 上海梅山有限公司编. 梅山公司年鉴（2006）[M]. 上海：上海人民出版社，2007.

力和艰苦创业精神实现了对干部群众的初步整合，获得了他们对单位的认同。紧张的生产与艰苦的生活也促使广大干部群众紧密地联结在一起。这些构成了单位制社区在建设初期的“革命化”特征，这一时期也形成梅山上海人爱岗敬业、克难求进、无私奉献的精神，为后来的企业整合、发展与社区完善奠定了基础。

吉登斯曾指出，在一个社会或社区中，成员共同拥有学校、保健设施、公共交通设施等公共资源与社会福利，这对于实现社会融洽是非常重要的。这些公共资源与社会福利有助于形成社会团结的意识。

梅山企业厂址确定后，经江苏省、上海市共同协商，南京军区同意，工程由上海主建，江苏参加。1969 年 4 月 24 日，上海市革委会召开工程指挥部成立大会，有人提出为了纪念中共九大闭幕，并按照开会时间，建议把指挥部名称定为“九四二四厂工程指挥部”，此建议得到了上海市和江苏省“革委会”的一致赞同。这就是后来为什么大家都称梅山公司为“九四二四”的缘由。同年 4 月 30 日，九四二四厂工程指挥部一行 12 人，到达南京板桥组织建厂。1971 年 8 月，经国家计委批准，九四二四厂工程指挥部与南京梅山铁矿工程建设指挥部正式合并，成立九四二四工程指挥部。当时的九四二四组织机构比较简单，分为管理部门和生产部门两大块。管理部门设政治工作组、生产组、基本建设组、上海办事组四个大组和一个办公室。生产部门，以厂为单位建制，设有一矿（梅山铁矿）、四厂（炼铁厂、烧结厂、焦化厂、机修厂）、三部（运输部、动力部、后勤部）、一个大队（修建工务队）和一个组（供销组）。1972 年 8 月，遵照国务院关于冶金企业不采用代号的指示精神，经请示上级同意，“九四二四工程指挥部”改名为“梅山工程指挥部”。1972 年至 1979 年，由于内、外部因素的影响，企业发展一度陷入停顿，1979 年企业又步入了发展轨道。当时厂区地形如图 3 - 4 所示①。

图 3 - 4　建厂前的丘陵地形

① 梅山冶金公司编. 梅山冶金公司志(1969—1988)[M]. 上海:上海人民出版社,1989.

谈起梅山的艰苦创业，退休老干部 JLQ 滔滔不绝："当初刚来梅山的时候，这里还是一片荒山秃陵，什么都没有，就连床铺都是借来的。当时主要是解放军军事外语学院的教学楼、板桥公社的礼堂，还有好像是南京市房管局腾出的码头，这些地方白天当作办公场所，晚上作睡觉用。有时床铺不够用，就把稻草往水泥地上一铺当床用。那时候指挥部干部和工人没什么两样，他们也睡在上面，大家互相帮助。记得在修路、通水、通电，即当时所说的'三通一平一住'(即路通、电通、水通，施工场地平整，施工队伍有房住)的工程中，大家自己动手利用零星材料和废旧材料，在工地的丘陵顶上搭起了芦席棚，作为办公和居住场所，草棚搭成后，再在薄薄的草棚外面涂上一层泥浆保暖。南京的冬天很冷，那个时候，只要一下雪，雪花就会从草缝中、门缝中吹落到床上。可当时不觉得苦，为了落实周总理'要早日把铁抢出来'的指示，大家工作起来没日没夜的，每天早上 5 点就起床了，一直干到半夜。那时候对伙食也没什么要求，比较简单，能吃饱就行。一般每餐一碗稀饭，两个馒头，一块豆腐乳，平时都是先喝完稀饭，把豆腐乳夹在馒头里，边吃边干活。那时工地上有几万人，经过大家的日夜会战，一年内就出焦、出铁了。记得是 1970 年 7 月份就出焦，8 月 1 号高炉出铁了，仅用了不到 2 年时间整个厂区就全部建成并投产。"WXN 师傅也自豪地说："我们是第一批来梅山的技术工人，生活、工作环境比我们想象的差很多，我们可是白手起家，可以说，没有我们这些技术工人，也就没有梅山的今天。"建厂初期指挥部如图 3-5 所示①。

图 3-5　建厂初期的工程指挥部

① 梅山冶金公司编. 梅山冶金公司志(1969—1988)[M]. 上海：上海人民出版社，1989.

图 3－5 是当时指挥部主要领导人拍摄的，他于 1970 年 10 月 21 日在照片背面写道：这是一个巨大的钢铁联合企业的起点。寒风吹透了席墙，雪花布满了铁床，暴风雨袭击了工棚，蚊虫紧叮着人们围攻。从几千颗心到几万颗心，群情更加振奋。打通了编组场，浇灌了高炉、焦炉的基础，一台台巨大的机械在吊装，一座座高耸云霄的烟囱在吐烟。就这样，一年抢出了焦和铁，年产 5 万吨、40 万吨、70 万吨……忆往昔，心潮汹涌，看未来，愿起宏图，誓为基地贡献毕生。愿将成百万吨的钢材、化肥、水泥送向祖国的四方。

从 JLQ 和 WXN 的介绍中可以看出，梅山社区是上海人在国家政策的感召下，艰苦创业，在较短的时间内，在当时相对较落后的南京板桥的农村地区，建立起来的一个"飞地工业社区"，这个社区的人呈现出高度的职业同质性和社区认同感。

在梅山厂区主体生产投产不久，工程指挥部就以较快的速度和较少的投资，建成了相对来说较为配套的生活区。梅山厂区一期生活区从 1969 年 10 月开始建设，于 1971 年年底基本建成。厂区一期规划容纳 2 万居民，建设职工住宅 13.12 万平方米，单身职工宿舍 2.2 万平方米。一期生活与福利建筑设计的各项指标均以南京、上海地区 1969—1970 年平均水平为主要参考依据。梅山厂区在建设主体工程时，也十分注意生活实施的配套建设。1970 年 8 月，1 号高炉投产后，初期必需的生活实施如食堂、浴室、幼托、小学、单身宿舍和少量的职工住宅也基本上同时建成并交付使用；其余的文化公共设施包括中学、医院、电影院、商店、菜场也在 1971 年相继建成；水、电、气、路等内、外设施也基本完善，为职工提供了必需的生活条件，有力地保证了生产的顺利进行。但是，由于当时条件有限，仓促上马，加上受"先生产，后生活"等指导思想的影响，当时建设的房屋仅能满足基本生活需求，设施较落后，房屋抗震、抗渗漏能力都较差。后来由于种种原因，在 1973—1979 年期间，梅山的建设处于停滞状态。但那时梅山社区已经初步形成，在一个远离大城市、相对封闭的空间内形成了相对完善的医疗、卫生、教育、就业、副食品供应等社会生活体系，拥有 22 800 余名居民，成为带有浓厚自足色彩的典型的单位制社区①。

（二）工业化发展与社区生活的逐步完善

在单位社区成长的过程中，单位能够从国家获取较多的社会资源，逐渐建立起完整的社会服务和保障体系；单位人能够通过密切交往建立起有序的社会生活，形成强烈的对单位生活和单位历史的情感认同，于是单位制社区呈现蒸蒸日上的景象。

中共十一届三中全会以后到 1985 年，梅山进入改革振兴阶段。一方面，企业要落实政策，解决"四面向"干部的问题、"上山下乡"知识青年问题以及知识分子问题等；另一方面，企业要将工作重点转向经济建设，进行全面整顿，建立和完善经济责任制，生产经营出现了新

① 梅山冶金公司编. 梅山冶金公司志(1969—1988)[M]. 上海：上海人民出版社，1989.

局面。1984 年由于贯彻了中共十二届三中全会《中共中央关于经济体制改革的决定》，梅山企业进一步提出了“坚持改革，发展生产，改善生活，稳定队伍，振兴梅山”的工作方针，使企业得到了全面发展，无论在生产还是职工的生活方面都创历史最高水平。1985 年 4 月经上海市人民政府批准，“梅山工程指挥部”改名为“上海梅山冶金公司”(下称“梅山公司”)，由上海市经济委员会直接领导，从此，梅山走上了新的发展阶段。

1986 年梅山公司被国务院列入第一批利用外资扩建发展钢铁工业的单位之一，1987 年，梅山扩建工程领导小组成立。1987 年 9 月，梅山公司实行经理负责制，1994 年上海梅山(集团)有限公司成立后，按照“精干主体、分离辅助”的原则，逐步建立现代企业制度，梅山公司进入了全面发展阶段。从 1989 年开始，梅山公司展开大规模扩建工程建设，1996 年，梅山公司被列为国家特大型工业企业，到 1998 年，梅山公司已发展成为以矿山为龙头，采、选、烧结、炼铁、炼钢、热轧、冷轧、焦化为一体，包括动力、自动化等辅助实施为配套的跨地区、跨行业的大型联合企业。1998 年 11 月梅山公司与上海宝钢集团公司联合，成为上海宝钢集团公司下属全资子公司之一。当时上海宝钢集团有 19 个子公司、11 个分公司、6 个控股公司和 4 个参股公司，集团公司共有资产 109.59 亿元，占地面积 907 万平方米①。

在梅山社区形成阶段，由于公司基建投资的短缺，再加上特殊历史时期指导思想的影响，在 1971—1979 年的 9 年中，梅山公司未建一栋新住宅楼，而厂区一期生活区定员显得偏低，生产和建设辅助人员未考虑在内，再加上梅山地处南京市郊区，梅山公司不仅要生产经营，还要办教育、办地区性行政以及福利工作，这些工作也需要增加一部分人员，同时投产后又陆续安排了一些知青就业，因此，职工总数逐年增加，而住房严重不足。1979 年到 1988 年之间虽新建了 101 450 平方米公房，梅山(厂区)职工的住房条件逐年有所改善，但由于青年职工适婚人口数量大，外地调入人员多，建房速度慢，老居民楼设备差、面积小等因素，住房矛盾突出，主要表现在三个方面：

一是青年职工结婚后无房户有增无减。建厂初期调入的十七八岁的青年职工，到 20 世纪 70 年代末，他们已陆续进入了婚龄期。据梅山公司计划生育办公室提供的材料显示，1980 年到 1987 年的 8 年中，厂区结婚青年工人达 4 479 名，其中男青年职工 2 637 人，女青年职工 1 842 人，平均每年约 640 名。为解决青年职工结婚无房问题，梅山公司从 1980 年起除新建一批住宅楼外，还发动各下属单位建造临时住房，作为“鸳鸯楼”，并合理调整单身宿舍，挤出一部分作青年职工结婚用房。虽做了这些努力，但青年职工结婚无房问题仍然没有得到缓解，反而有逐年上升的趋势。如在 1986 年 1 月的调查中，申请住房户为 570 户，经过 1986—1987 年 2 年的努力共分配了 559 户，到 1987 年底申请住房的户数有增无减，已达 924 户。

① 上海梅山(集团)有限公司编. 梅山集团公司志(1989－1998)[M]. 上海：上海人民出版社，1999.

二是居住水平低，住房条件差。梅山社区的居住水平低，主要表现在成年子女同异性老人或异性子女同居一室，尤其是在建厂初期建造的81幢住宅楼内情况更为突出。在3 342套住宅楼中，有一室户913套，每套居住面积14.44平方米，平均每户住三人，人均住宅面积仅4.8平方米。另外由于住房紧缺，将两室半大套作为合用户使用，每套分配两户，合用一个厨房间，生活很不方便。住合用户的有310户，而老住宅楼合用户和一室户合计为1 200户，占总户数的24.5%，这部分职工调房要求强烈，希望尽快改善居住条件。

三是住房问题上的不均等现象难以缓解。虽然1979年以来陆续建造的新住宅楼投入使用后人均居住面积有所提高，但不均等现象也就由此反映出来，表现为新住宅楼与老住宅楼居住条件上的差距。老住宅楼在设备、设施上同新住宅楼差距较大，如新住宅楼有独用的方厅，较正规的厨房、厕所，有阳台、壁橱等，而老住宅楼均没有。人均居住面积也有差别，据1987年12月底的统计，居住在老住宅楼共有3 438户10 658人，人均居住面积为6.78平方米，而新住宅楼1 596户的5 575人，人均居住面积为7.06平方米，新老住宅楼人均居住面积相差0.28平方米。同样居住一套住房，人口差别较大。如1986年新建的一室半户有住五人的，也有住两人的，每套使用面积为35.03平方米，居住面积为21.32平方米，前者人均使用面积为7.01平方米，人均居住面积为4.26平方米，后者人均使用面积为17.52平方米，人均居住面积为10.66平方米，两者人均使用面积相差10.51平方米，人均居住面积相差6.4平方米①。

基于上述原因，1988年梅山公司开始兴建上怡新村，“上”即上海人，“怡”即愉快、神怡，意即上海人在这里愉快地生活。建筑占地290多亩(约20万平方米)，共有72栋，计2 006户。同时还新建了小学、幼儿园及托儿所、综合商场、老龄活动室，共计面积约1.6万平方米。该小区的建成大大缓解了职工的住房矛盾，稳定了人心，促进了公司的进一步发展。到1998年，梅山社区已不断发展壮大，梅山共有生活小区8个，7个商场，几十家各类零售商店和菜市场，各小区分布有几十家餐厅和饮食店，在厂区还新建了美食中心，全公司有14个职工食堂分布在各个矿区和生活区。为了方便职工到上海探亲和到南京市区购物，每天有豪华大客车往返于上海—南京之间，有数十辆厂车往返于南京市各个站点。公司办有《梅山集团周报》和有线电视台，开通了20多个频道。在厂区和矿区的生活区均建有工人文化宫、健身馆、影剧院、舞厅、游泳池、溜冰场、球场、青少年宫、幼儿活动中心、老年活动中心、离退休干部活动室、保龄球馆和各种公园。公司还成立了文联，下属有文学创作、书画、文物收藏、集邮等爱好者协会，定期举行各种活动。梅山书画院和紫烟文艺编辑部组织书画辅导、书画展览会等活动，定期出版《紫烟》文艺刊物，公司宣传部定期出版《梅山魂》理论刊物等，梅山

① 梅山冶金公司编.梅山冶金公司志(1969—1988)[M].上海:上海人民出版社,1989.

社区的文化活动丰富多彩①。

到1998年底，梅山社区已建有职工住宅76.68万平方米，人均居住面积已达到8.51平方米。但早在1988年，梅山公司的住房制度就开始发生变化，1991年上海市住房制度改革全面推开后，梅山公司的住房制度改革也相应地进入全面实施阶段。根据上海市住房制度改革的精神，结合梅山的实际情况制定了具有梅山特色的房改方案，推出住房公积金、提租给补贴、配房买债券、购房给优惠四项政策。1998年梅山的住房制度改革进入新的高潮，出台了三项重大改革措施：一是扩大部分离退休职工自行选购住房补贴发放范围；二是向公司职工优惠出售已租住的成套公房，结束了梅山公司无偿分配成套公房的历史；三是集资建房，缓解建房资金紧缺的压力，开拓解决职工住房的新途径。此时的梅山社区，企业经济发展迅猛，职工福利待遇水平远远高于南京同类企业，成为南京人羡慕的“小上海”②。

梅山社区就是一个小的社会，社区里有医院、学校、菜场、报社、电台、公安、环卫以及其生存的核心因素——单位。一个人的生、老、病、死全部由单位负责。有位老职工自豪地说：“梅山除了飞机场和火化场之外，我们什么都有。”

正如在梅山生活的二代梅山上海人在他的博客中所描述的：这里的人，大多数彼此熟悉，习惯于一出门就碰到熟人，互相打着招呼，一天的工作就这样在相互问候中开始；习惯没有公交车没有红绿灯的交通出行，步行或骑自行车上下班，从来不会发生堵车的现象；习惯一家人回家一起吃午饭；习惯晚上下班后就开始自由自在地生活，有些人在小区的娱乐场所参加丰富多彩的业余生活，有些职工在家陪孩子读书，还有一些人约同事打扑克和麻将；习惯于菜场里学着上海方言兜售鸡毛菜等新鲜蔬菜和其他农副产品的外地小商贩们；习惯于春节期间浩浩荡荡地乘坐单位大巴在上海、梅山两地奔波。恬静、安逸、亲切、自然的生活，使梅山上海人对梅山社区抱有依恋之情，形成了强烈的社区归属感，塑造了梅山社区人独特的人格特征。

三、梅山社区的现状

20世纪90年代末，梅山社区进入了转型阶段，即“单位制”向“社区制”转变，由于历史形成的惯习和区域位置的特殊性，使得单位和社区生成了一套独特的内在结构和运行逻辑。但随着改革的深入和社会的变迁，现有的资源分配方式及其相应的文化模式对单位社区的改革、发展、演变起到了深远的影响。社区的转型顺利与否，关键在于如何在有效维护社区居民利益的基础上，进行社区整合。但它既取决于国家对改革利益的整体取舍，也取决于单位本身的博弈能力和单位内长期形成的内合力量。

---

① 上海梅山(集团)有限公司编. 梅山集团公司志(1989—1998)[M]. 上海：上海人民出版社，1998.

② 上海梅山(集团)有限公司编. 梅山集团公司志(1989—1998)[M]. 上海：上海人民出版社，1999.

（一）梅山社区目前的概况

目前的梅山社区是在梅山集团公司与上海宝钢、上海冶金实现联合重组以后，在梅山社区管理委员会和南京市雨花台人民政府的双重管理下逐步形成的。

1998年，梅山集团公司与上海宝钢、上海冶金实现联合重组以后，企业内部进行资产重组，形成了梅山公司及所属钢铁公司、矿业公司、企业发展公司、联合经济发展公司、工程技术公司、技术中心、培训中心的"五公司、两中心"组织管理体制，重新理顺了梅山公司与内部各成员公司、钢铁公司与梅山公司内部成员企业的经济关系，提出了以钢铁公司为主体，实行主辅分离、辅业改制的原则。1999年，梅山钢铁公司是钢铁行业内首家实施"债转股"的产业，通过"债转股"变为一个由宝钢控股的股份制有限公司，把与钢铁主体没有直接关系的辅助企业剥离出去，并且在钢铁公司内部实行大裁员，在5年内裁员6 000人，职工人数减少到5 000人，进一步精干钢铁公司主体，提高经营效率。公司通过内退、终止劳动合同、协商解除劳动关系、协议保留社会保险关系、停薪留职等方式进行减员和分流，并于2001年成立上海梅山钢铁股份有限公司。

为进一步完善现代企业制度，实行企社分开，梅山公司把原有的社会职能逐步从企业中分离出来，移交给地方政府管理已成必然。但是由于梅山社区是梅山人三十多年来在建设现代化钢铁企业的同时逐步建成的一个集文化、教育、医疗卫生、市政服务以及生活实施配套齐全的单位社区，所以梅山社区回归社会的好坏直接影响企业人心的稳定，这对梅山公司来说是一个大的挑战，因此梅山公司采取谨慎、稳妥的措施，逐步地将社区回归社会。一方面，公司专门成立了社区管理委员会加强对社区的管理，如1999年4月，经上海市人民政府批准，上海梅山社区管理委员会正式挂牌成立。社区管理委员会设办公室、计划财务部、劳动人事部、卫生区容部、民政部(地方办事处)、社区机关党委等机构，主管医院、普教部、生活服务公司、市政绿化分公司、集贸市场等8个单位，共3 083人。梅山公司随后进行了专职居委会干部的招聘，充实了居委会干部的力量，在此基础上，积极探索封闭式小区和敞开式小区居委会管理的有效途径，开展了梅山社区居住登记等工作，加强了居委会的建设和管理。另一方面，梅山公司积极加强与所在地政府的协商和对话，2001年12月28日南京市雨花台政府梅山街道办事处宣告成立，街道办事处管理着梅山公司厂区及矿区，办公地点设在原梅山社区管委会。新成立的梅山街道办事处由宝钢集团和雨花台区人民政府双重管理运作，经过两年的运转于2003年12月12日正式移交雨花台区人民政府，这标志着有着三十多年历史的梅山社区从此走上了脱离企业、实行属地化管理的轨道。截至2019年，梅山街道下设9个社区居民委员会，它们分别是梅怡新村、中兴路、上怡新村、上怡二村、梅清苑、中学新村、梅岭、梅欣、梅苑等。社区内各种生活设施配套齐全，是一个比较完整又相对独立的社区。

社区属地化管理以后，为使梅山社区尽快融入雨花台区，适应当地政府的管理模式，梅山街道把“依托梅山、重抓经济，以人为本、服务梅山”作为工作指导思想，主动地围绕服务梅山做好管理、服务工作，按照雨花台区委、区政府提出的“两化（工业化和城市化）齐飞”的总体要求，以“一流队伍、一流服务、一流形象、一流窗口”为工作目标，带领全街道干部和群众，加快理念磨合，加快适应进程，服务梅山企业，服务梅山居民，扎实推进街道三个文明建设，努力实现与整个区域的协调发展，与宝钢集团梅山公司的统筹发展，走出一条符合梅山实际、具有梅山街道特色的服务大企业、发展街道经济之路。梅山街道根据社区管理的规律和特点，结合梅山实际，按照“条块结合、以块为主”“建管结合、以管为主”的原则，理顺社区管理体制，将民政、区容区貌、普教、卫生、市政绿化等业务实行归口管理，并形成了社区管委会、地区办事处、居委会三级管理网络。随着社会化进程的加快，“企业办社会”已难以适应形势要求，企业型社区社会化转型势在必行，梅山公司领导已明确“成熟一块、属地一块”的社会化工作总体思路，并积极稳妥地推进社会化工作。居委会逐步走上“自我管理、自我教育、自我服务、自我监督”的良性发展轨道。居委会是社区管理的稳固基石和中坚力量。作为企业型社区，居委会功能的发挥很大程度上依赖于企业的支持。2000 年 4 月根据梅山居委会的实际情况，梅山公司制定了《梅山社区加强居委会建设的工作意见》，在制度上大力支持梅山居委会的建设，明确了居委会管理体制：以条为主、条块结合，逐步过渡到以块为主、各方参与的工作机制。第一步：以条管理为主，逐步理顺居委会与公安、卫生、市政、物业部门的关系。第二步：以块管理为主，形成集物业管理、治安管理、卫生保洁、居民区保安、绿化养护等为一体的居委会管理新模式①。

（二）单位的多元职能回归社区

国家对于企业分离办社会职能工作的政策从 1998 年开始就随着改革的进展而不断调整，这从以下政策性文件中可见一斑：《关于进一步推进国有企业分离办社会职能工作的意见》（国经贸企改〔2002〕267 号）；原国家经济贸易委员会发布的《关于进一步推进国有企业分离办社会职能有关问题的补充通知》；《国务院办公厅关于中央企业分离办社会职能试点工作有关问题的通知》（国办发〔2004〕22 号）；《国务院办公厅关于第二批中央企业分离办社会职能工作有关问题的通知》（国办发〔2005〕4 号）；《国资委关于做好第二批中央企业分离办社会职能工作的通知》（财企〔2005〕21 号）。上述文件说明国有企业改革势在必行，“还行政管理职能于政府”，“还社会于社区”，实际就是由“单位办政务”“单位办社会”转变为“政府办政务”“社区办社会”，即将过去由单位承担的政府功能、社会功能剥离出来，由政府、社区加以承接，这从根本上动摇了单位制的基础，直接导致了单位制的逐步解体，也推进了单位

① 梅山办事处编. 2003 年梅山社区工作调研报告汇编[G]，上海：上海人民出版社，2003.

非主导功能特别是社会功能向社区的逐步转移。

从经济管理功能来看，随着各类单位向其专业功能的归位，原本由单位承担的与其专业功能并不直接相关的部分经济管理功能转移到了社区，其中最为突出的就是梅山社区房产管理功能的外移。20 世纪 80 年代以前，梅山职工完全享受单位的福利住房，单位职工按照岗位级别获得单位分配的住房，个人无须为住房支付任何代价。20 世纪 90 年代期间，梅山企业住房制度跟随上海市住房制度的变化而不断调整，相继推出住房公积金、提租给补贴、配房买债券、购房给优惠四项政策，改变了单一的住房分配制度，职工住房供给向多元化发展。20 世纪 90 年代末，梅山企业实行集资建房，以缓解建房资金紧缺，并向公司职工优惠出售已租住成套公房，结束了梅山公司无偿分配成套公房的历史。2003 年以后，随着梅山社区住房体制改革和新兴商业住宅小区建设的兴起，住房从福利变成了商品，从分配变成了购买，从国家财产变成了私人财产，居住区也从单位附属的功能单一的业余生活空间变成了城市居民以房屋产权为纽带的利益攸关的互动社区。此时，社区中的各种公共设施不再为单位所有，而是归属于社区所有，其运行和维护都是由社区统一管理，各种非单位专业性功能逐渐向社区移转。但梅山属"飞地型"移民社区，因其特殊性，移转较为复杂。2006 年梅山公司已开始对供给性的生活服务性功能进行分离和外移，如取消回上海的班车，实行市场化运作；各种福利设施转为有偿服务等。这些举措在一定程度上会引起冲突和矛盾，但单位的多元职能回归社区也是社区发展的必然趋势。

从社区服务保障体系来看，随着企业改革的逐步深入，大量"单位人"转为"社会人"，建立一个独立于政府和企业的社会保障体系和社会化服务网络势在必行。为了搞好梅山自身的社区建设，依靠梅山自身的力量，梅山社区于 2000 年 8 月开通了"6655"居民求助电话，设立服务项目 19 个，服务对象是梅山社区的广大居民群众。在居民与单位之间架起了一座信息、服务、咨询的"桥梁"，用电波穿针引线，努力为民排忧解难，成为广大居民生活中值得信赖的服务窗口。"6655"热线服务网络由住宅办公室、动力能源部、建安分公司、市政分公司、卫生区容部、地区派出所、地区办事处 7 个服务承诺单位组成。服务范围涉及物业管理、区容卫生、小区治安、家电维修、家政服务五大类 19 个项目，实行白天 12 个小时服务，其服务原则为接到电话 2 小时内到达现场，体现了便民、利民、快捷的特点①。

从社区文化建设来看，企业文化与社区文化逐渐分离。社区文化是指特定地区内的社会共同体所反映出来的有关人的行为模式、社会习俗、生活方式、价值观念、思维定向等文化现象的总和，以及为提高社区成员素质，满足社区成员精神需求，活跃社区成员文化生活的社会性、公益性文化活动的总和。梅山社区根据自身发展的需要和不同层次、不同年龄的居民群众的需求，积极开展以小区文化、节日文化、广场文化、校园文化、老年文化和家庭文化

① 梅山办事处编. 2003 年梅山社区工作调研报告汇编[G]. 2003:35－40.

等为主要内容的群众性文体活动，先后举办过家庭演唱会、灯展、书画展、摄影展、灯谜竞猜、桥牌比赛、棋赛、老人运动会等。随着现代文明的发展，人们的需求越来越呈现出多元化的发展趋势，居民也越来越需要通过超越个人和家庭层面的、更广泛的人际交往互动网络来满足多样化的需求。为群众办实事就是以人为本，从人的需要出发，以人的满足为过程，以人的素质提高为归属，以人的创造为成果，形成“社区是我家，建设靠大家”“我为人人，人人为我”“人人参与，人人分享”的良好氛围。梅山社区在志愿者协会的基础上又组建了在职党员志愿者协会、青年“红帽子”服务队，就是服务群众的很好的创新①。

（三）“单位人”转变为“社区人”

在现代企业制度中，作为社会构建主体的人发生了质的变化，其根源在于从“单位人”向“社区人”的过渡。在“单位人”中，人不是主体，而是带有企业附属物的性质。人的生、老、病、死等全部由企业这个单位载体承担着。也就是说，在单位制企业中，单位对个人有永生负责、永生创造的义务。而在“社区人”之中，人的自主性得到了极大的扩张，作为企业，只需提供劳动机会并依据劳动机会发给其劳动报酬及为其承担其相关的责任，作为“社区人”也只有依据个人的喜好、能力在一定规范之内完成本职工作的义务，二者相互选择，因此企业已经变成了一个由企业劳动者按照一定规范运作的特殊群体②。梅山企业分离办社会职能以后，有一大批人涌进了社区，这些人面临着从“单位人”向“社区人”的角色转变的过程，而社区面临的问题就是工作职能范围加宽和工作内容增多，寻求一个更为宽阔、有效、多维度的社会保障体系就显得非常重要，而这种任务非社区莫属了。但这些工作只是在一定程度上解决企业职工回归社区后的社会保障问题，并不能从根本上解决他们所面临的一系列问题，而社区作为社会保障体系的最后底线必须要发挥缓解社会矛盾的减压阀的作用③。鉴于梅山社区这种特殊的“飞地型”移民社区的形态，在由“单位人”向“社区人”转变过程中，社区管理部门抓住“飞地”与“移民”的特质，正确处理各种矛盾与冲突，避免出现“单位”与“社区”承接功能的断裂，构建了和谐的居住环境。

另外，对于“单位人”而言，由于过去是企业办社会，生活乃至心中的归属都是企业，而不是社区。当企社分离后，过去的“单位人”就会变成“社区人”，大小生活事务就都要归社区管理，这自然会增强社区成员对社区的感情，即增强社区居民的社区归属感和认同感，而这种感情正是维持社区发展的一个重要因素，打破了原有的矿业企业职工的心理壁垒，使得生活空间不断向外延伸，社区居民的社区意识也会有所增强。

梅山社区人员在“单位人”向“社区人”转变过程中，人员结构呈现四种样态：一是人口步

---

① 梅山办事处编. 2003 年梅山社区工作调研报告汇编[G]. 2003：45.

② 杨小洁. 试论全球化背景下我国企业与社会的关系定位[J]. 新长征，2004(8)：22 - 25.

③ 苏光. 国企改制背景下的哈尔滨市社区发展问题研究[J]. 黑龙江社会科学，2006(4)：161 - 164.

入老龄化序列。梅山社区的第一代上海人现在都已到老龄化阶段。而老年人的活动空间基本上是所居住的社区，这就势必要求每个微型社区都要为众多的老年人提供良好的生活环境和生活条件，提供良好的文体娱乐、医疗保健和公共安全等各项服务，这就要求社区全方位发展，在这方面梅山公司也花费了大量的人力和物力，如社区的老年人读报组、老年协会等，为老年人的互动提供了平台。二是梅山社区里非上海人日益增多。随着梅山公司用人制度的改变，梅山公司打破了用人瓶颈，面向全国招聘大量人才，并取消了梅山职工子女就业优惠政策，使得非上海人源源不断涌入梅山。三是常住而无本地户籍的人口越来越多。由于梅山实行属地化管理，社区居民原有的上海户籍将变为南京户籍，不少家庭为了保留上海户籍把户籍迁移到上海，造成了人虽在小区常住，但却无南京户口，这为属地化管理带来了许多不利因素。四是梅山社区出现“新贫困阶层”。由于梅山公司的改制，导致部分职工下岗，还有一些无业人员得不到社会救济，这些人构成了“新贫困阶层”的主体。

（四）企业与社区的剥离

梅山社区的属地化管理导致了梅山公司与社区的渐渐剥离，使得社区管理由单元型向二元型转变，即由企业单独管理向企业、政府双重管理转变。但企业参与社区建设与企业改革不是相互对立的关系，而是相互促进的关系。企业剥离社会职能，应该是渐进式的、有条件的剥离，是一种参与式的剥离，一种改革式的剥离。剥离决不等于企业“一推了之”，剥离之后企业还要对社区负有社会责任。政府在社区建设上，既要考虑群众的利益，也要考虑企业的利益；既要维护社会的繁荣，也要维护企业的稳定；既要服务于社会，也要服务于企业。企业在社区建设中，既要考虑职工的利益，也要考虑社会的利益；既要维护企业的发展，也要维护政府的威信；既要满足企业自身的需求，也要满足社会进步的需要，最终达到双赢①。梅山社区在向“社区制”转变过程中，梅山公司就是采取了渐进式的剥离，同时还承担了一定的社会责任，既包含对员工、消费者、社区和环境的社会责任，也包括遵守商业道德、生产安全、职业健康、保护劳动者的合法权益以及保护环境、节约资源、支持慈善事业、捐助社会公益、保护弱势群体等②。如居住在梅山社区的企业职工每个月在水、电、气以及住房等方面还能享受企业给予的补贴，究其主旨应该是与“和谐社会、以人为本”有机结合起来③，从而实现梅山社区的良性发展。

企业与社会剥离在实际运行过程中也有问题未能突破，尤其对于梅山这种“飞地型移民社区”来说，其难度非常大。“飞地”的性质，使得梅山社区居民拥有上海户籍，而属地化管理

① Hillman A, Keim G. Stakeholder Value, Stakeholder Management, and Social Issue: What's the Bottomline? Strategic Management Journal[J], 2001, 22(2): 125-139.

② Berle A A. Corporate Powers as Powers in Trust[J]. Harvard Law Review, 1931(4): 88.

③ 席建国. 论中国企业的社会责任[J]. 上海企业, 2005(11): 29-30.

后，取消上海户籍对于梅山上海人来说在心理上难以接受，而其他服务设施权属的转变，在机制上也不太成熟。对于梅山公司来说，实施的分离内部社会性服务机构、社会性服务职能的举措，是强行和突发的，或者叫作以制度投入的方式强制实施，还远远不是一种自觉。对于这些服务机构来说，其机制准备、心理准备都不充分，要在市场经济大环境中生存，按市场经济的规律和要求进行运作还有相当大的困难①。另外，梅山社区与梅山公司的特殊地缘关系也使得两者难以完全剥离，其彻底剥离的路径与其他工业社区相比，显得复杂且又独特。

四、梅山社区的建构特征

梅山社区是在我国计划经济向市场经济转变过程中不断发展的，其社会管理及管理结构一直处于动态、复杂、多变的状态，它与城市、乡村社会结构既有联系又有区别。由于区域的封闭性、社会组织结构的单一性、人员结构的多样性和社会互动的局限性等特点，梅山社区呈现出其独特之处。

（一）梅山社区的社会结构特征

梅山社区是在特定的社会历史背景和社会空间条件下形成的，是在国家政策力量的直接推动下建立起来的。1969 年筹建，1971 年厂区开始运作，1972 年梅山社区就初具规模，各种生活设施齐全，可以说在较短的时间内，在相对集中的区域内形成了号称“小社会”的典型的单位制社区。所谓单位制，就是“由供给制所体现的组织原则和分配方式”②。新中国成立以后，国家将这种模式推广到全国，这对当时的经济建设起到了很大的推动作用。

从物理空间来看，梅山社区选址于南京西郊，具有占地面积大和高度集中等特点，这为单位制社区的发展提供了广阔而又相对独立的空间。

从社会空间的角度看，梅山社区具有封闭性和排他性。梅山单位制社区的“从摇篮到坟墓的社会福利保障体制也使单位人充满了优越感，人们也不愿意轻易离开单位空间”③。“企业成员是在一个相对封闭的社会空间内展开互动关系的，更易形成浓郁的单位氛围和国营惯习”④，并且“形成了一整套的社会服务体系，使得这里的居住者更容易体验到‘单位办社会’的氛围。浓郁的单位氛围使得这一空间具有明显的封闭性，体制性的限制使得其员工无法走出单位的辖区，缺乏社会流动”⑤。“社区内部职能分工的需求在一个单位内部即可得到满足，这就强化了个人对单位的全面依附关系，使个人产生强烈的‘单位意识’(即对单位的依存意识、归属认同意识和参与意识)，而不是‘社区意识’。这就使我们城市社区中的

---

① 王修荣. 关于企业办社会问题的几点思考[J]. 石油大学学报(社会科学版)，1996(3)：32－35.

② 田毅鹏，漆思. “单位社会”的终结——东北老工业基地“典型单位制”背景下的社会建设[M]. 北京：社会科学文献出版社，2005.

③ 同上。

④ 田毅鹏. “典型单位制”对东北老工业基地社区发展的制约[J]. 吉林大学社会科学学报，2004(4)：97－102.

⑤ 吴艳主编. 老工业基地改造研究[M]. 大连：大连出版社，1997.

社会组织在不同程度上形成为一个个相对封闭的社会实体。由于这种自成体系、自给自足以及单位间的高度纵向一体化的社会特征,使得在中国的任何一个城市社区内部都形成了一种'细胞式'的结构:任何一个生产或行政组织不论规模大小,都是一应俱全的整体,各个部门、地区的专业化程度低,部门间、地区间具有较少的社会交易和社会联系。"①人们在单位中无须与外界接触就能过上安逸的生活,再由于梅山社区本身就是嵌入在南京的上海"飞地",社区人员更是主动地与外界"隔离",带有强烈的"排他性"。

从社会控制体系建构的角度看,单位对社会资源的占有具有明显的垄断性,单位几乎控制了所有的社会资源。梅山企业不仅承担着"单位办社会"的诸多职能,同时还扮演着一个行政区的角色。企业"不仅仅是生产单位,而且是生活单位、服务单位、管理单位,成为具有行政、经济、社会等多元功能的、相对独立的、履行多元职能的'小社会'"②。

随着社会转型和现代企业制度的逐步建立,梅山社区社会组织结构又呈现出复杂的一面。梅山企业"开始弱化单位行为的非专业性目标,也开始弱化职工对单位的过分依附性。本来由原单位承担的一部分社会整合功能逐步向城市社区内转移"③,这必然导致广大职工从"单位人"向"社会人"转变。"在某种意义上,这实际上意味着单位社会已经开始走上了消解之路,有人称之为'后单位制时代'。"④由于梅山社区属于上海的"飞地"单位制社区,"受地域的经济结构、文化特色、历史积淀等因素的影响,单位制度的消解过程也具有明显的'不同步性'。"⑤在梅山由单位人转向社会人的过程中,还存在社区属地化的过程。因此,梅山企业还承担着多种社会职能,建立各种配套设施,如学校、医院、工人文化宫、健身馆、影剧院、舞厅、游泳池、溜冰场、球场、青少年宫、幼儿活动中心、老年活动中心、离退休干部活动室、保龄球馆、综合商场、菜市场和各种公园等应有尽有,这些设施都由单位投资和管理,许多设施都是免费使用,社区居民尽情享受着单位提供的各种福利。但随着上海市政府、南京市政府、梅山公司对梅山社区在社会化过程中属地化管理这一统一意见的达成,梅山社区逐渐移交给南京雨花台区管理,新的梅山社区逐步形成。

几十年单位制的运行,作为与计划经济体制相配套的一种社会政治组织体制的存在,促使梅山社区传统单位制度的堡垒非常坚固,因而,要使得梅山社区向非单位制转变必须经历一段漫长的路途,正如吴艳在《老工业基地改造研究》所说:"原有计划体制统治时间最长、贯彻最为彻底的地区……企业一方面曾受到旧体制的严重束缚,但另一方面至今仍对旧体制

---

① 张鸿雁,殷京生.当代中国城市社区社会结构变迁论[J].东南大学学报(哲学社会科学版),2000,2(4):32-41.

② 同上。

③ 同上。

④ 田毅鹏."典型单位制"对东北老工业基地社区发展的制约[J].吉林大学社会科学学报,2004(4):97-102.

⑤ 同上。

存有深深依赖；经济发展既受害于旧体制，又受惠于旧体制；职工社会心理上既迫切向往改革，又对旧体制有颇多怀念，相当多的干部、职工对市场经济下的竞争怀有担心甚至恐惧，对竞争的压力思想准备至今不足。这种状况构成了老工业基地体制转轨的重要障碍。”①可见，梅山社区与企业的藕断丝连还要持续很长时间。

（二）梅山社区的人口流动特征

1. 梅山社区的人口流动情况

梅山社区是一个“飞地型”移民社区，建厂初期其人员的来源和构成主要有如下几类：① 上海各局支援的技术工人及支援干部；② “四面向”干部；③ 上海市应届毕业生；④ 上海支农回乡工人；⑤ 江苏籍退伍军人；⑥ 征地工人；⑦ 其他渠道人员。

在梅山社区形成阶段，梅山企业人员均由上海市各单位支援，其中各局抽调干部 500 名，市、区、县、局“四面向”干部 5 000 名，各局支援的技术工人近 3 000 名，涉及上海全市区、局和 100 多个工厂。为了确保 1970 年“五一”出铁，建厂初期采用边勘测、边设计、边施工、边生产的“四边”方法，人员也相应地分批进入。1970 底为了保证主要生产单位投产，又招进 8 766 名职工。1971 年随着配套工程上马和教育、卫生、生活设施的需要，以及“四面向”干部部分调离劳动岗位，需要及时补充人员，因此又先后从上海、镇江、盐城等地招收应届毕业生、回乡工人和退伍军人。经过几个月的努力，共招收上海市应届毕业生 3 000 人，上海支农回乡工人 500 名，江苏籍退伍军人 500 余名，上海市区各局又支援调进 1 000 余人，满足了配套工程项目的要求。1971 年经上级决定，厂、矿合并，由江苏梅山铁矿并入 5 000 多人，到 1978 年底，公司全民所有制在册职工达到 20 672 人。

由于梅山地区生活条件比较艰苦，又有不少家庭的家庭成员分居两地，部分职工情绪不太稳定。尤其是“文革”中从上海下放梅山的“四面向”干部，他们当中许多人家庭非常困难，有的身体不太好无法继续工作，这样在梅山建厂十几年内出现了人员流动频繁的情况。在 1975 年和 1979 年，人员进出分别高达 3 000 人和 2 000 余人，从 1972 年到 1987 年，16 年中每年人员进出（不含自然减员）1 100 余人。人员的流出地主要是上海，他们大部分是“四面向”干部和需要照顾的特困职工。新招职工主要是工人，从 1971 年到 1983 年，新招职工 8 000 多名，除上面提到的应届毕业生、回乡工人、退伍军人等外，又招收了上海无去向代培训学徒 1 500 名，职工子弟毕业生 1 000 名，其他方面人员 1 500 名。但 1985 年至 1987 年，梅山公司主要开始引进干部和接收分配的大学生。由于梅山地处江苏南京，又是上海市属企业，从上海派专业干部支援梅山有一定的困难，因此在干部的调入中以其他省市和南京的干部为主，引进的人员主要是工程技术干部、中小学教师、医务人员以及分配来的

---

① 吴艳主编. 老工业基地改造研究[M]. 大连：大连出版社，1997.

大中专毕业生。

从1989年到1998年间，为了保证公司的生产发展，公司主要引进各类紧缺人才和急需人才，10年内共调入各类专业技术人员495名，其中工程技术人员201名，医务人员58名，中小学教师142名，其他专业人员94名。接收大中专及高校毕业生1 928名，其中研究生12名，本科生975名，大专生418名，中专生523名。但在劳动力的调配中，公司共对外招用劳动力2 333人，其中技术工736人，因扩建任务需要招用劳动力478人，户口不转合同工1 110人，照顾夫妻两地型家庭实际困难招用378人，录用技职校毕业生675人。在此10年间，公司还对有特殊困难的员工进行调动，共有1 241人被调回上海，加大了回沪安置力度，解决了员工的实际困难。

自1999年以来，梅山企业的用人制度更加规范化，除招聘少数技术工人以外，大部分人员都是来自全国各地的高校毕业生，还通过人才市场引进专业人才，而这些人员的进入主要是满足企业发展的需求，同时也是对老职工退休后缺员的补充。梅山企业由于福利待遇比较好，技术人员的流入相对较大，普通工人队伍也比较稳定，流动性少。总体来说，职工队伍还是比较稳定的，流出和引进人员大致相等，人员流动处于良性循环状态。

2. 梅山社区形成阶段的人口流动特征

梅山公司“移民”的成分比较复杂，建厂初期，人员来自四面八方，有上海各对口单位抽调的老工人和青壮工、上海的1970届初中毕业生、上海代培训“无去向”艺徒、上海“四面向”(即下放)干部和工作人员、因征地从当地吸收的工人、上海下放在苏南地区的支农工人及复员军人等。他们中多数职工不熟悉新工作，要想适应新的工作，就必须经过有关单位进行对口培训，而在培训过程中，打破了身份界限，大部分人员改行转业，培训后统一分配工作，然后分期、分批进入工地，参与施工安装，组织开工准备。在本书中，笔者根据这些人员来梅山的意愿等情况，把他们分为三种流动类型：被迫型流动、半自愿型流动和自愿型流动。

(1) 被迫型流动

1960年代中期至1970年代中后期，上海市委提出干部“四面向”和“三个不准”政策。所谓“四面向”政策，即“面向边疆、面向农村、面向工矿、面向基层”。当时被迫下放到梅山做工人的干部就达5 000名。“三个不准”政策，即“不准落实政策，不准搞统筹安排，不准搞干部去向”，千方百计地想把这批下放干部“就地消化”。这些下放到梅山第一线的干部，他们在特殊的政治形势下在梅山兢兢业业地工作。1979年之后，遵照中央有关文件精神，“四面向”干部基本回上海并被重新安排了工作。虽然他们中的绝大多数已经离开梅山，但他们对梅山的贡献是非常大的，是梅山“开天辟地”的一代人，梅山企业处处都留下了他们的足迹。

在访谈过程中，“四面向”干部是最受人关注的。笔者只要进行访谈，被访谈者们很自然地就会跟我讲起这些干部们。

"他们是政治斗争的产物,绝大多数人是被迫害下放来梅山的。到梅山后,被下放到一线当工人,不享受干部待遇,许多老干部从头学起,默默在一线辛勤地工作,被分散到每一个部门,挖泥、扫地、收发工具等,其工作的环境非常恶劣,当时梅山有句话:'工人身上多少油,干部身上就多脏。'有几位被访谈者所在的车间,就有两个师傅负责收发工具。一开始他们没在意,上班的时候他们去领工具,下班的时候再把工具还回去,两位师傅负责擦工具,然后收起来。后来听人说,两位师傅学问高得不得了,是大学里的教授,专门搞机械的。所以他们以后一有什么不会做的就去请教两位老师傅,这两位老师傅谦虚得不得了。谁能想到这么有学问的人,居然天天在收发、擦洗工具。"

(2) 半自愿型流动

在梅山钢铁厂建厂初期,梅山钢铁厂的主要生产单位均由上海市有关各局包建,专业人员均由上海市各单位支援,其中各局抽调干部500名,各局支援的技术工人近3 000名,这些人遍布全市区、局和100多个工厂。当时梅山有政策,但凡来梅山钢铁厂支援的技术工人可以带家属来梅山,这样有很大一部分技术工人为了解决夫妻分居问题来到梅山。他们这些人是梅山钢铁厂的初创者,也是梅山企业的核心力量,他们为梅山钢铁厂的发展献出了毕生精力。

WSF是第一批被抽调来支援梅山钢铁厂的技术工人,他向笔者介绍来梅山钢铁厂的经历:"我学校毕业后就被分配到上海上钢一厂工作,那里的条件很不错,我在车间也是技术骨干。梅山建厂前,单位动员大家支援梅山,并鼓励技术骨干到梅山来。那时我是家里的独子,怎么也轮不到我去外地企业,但由于我爱人大学毕业后分配到安徽,在当时的情况下,让她调回上海是不可能的,所以我就选择来梅山支援重点建设。1969年我被送到鞍山、本溪等钢厂学习,1971年我回到梅山,后来我的爱人经过一番曲折也终于调到了梅山。我们第一批来梅山的技术工人,一直工作到退休。现在公司还是很看重我们,他们一直返聘我,这样我也能为公司发挥余热。"像WSF这样的老一辈创业者,他们离职不离岗,一直在为梅山的经济发展和社区建设做贡献。

(3) 自愿型流动

这里的自愿型指的是在上海人口外流的大背景下,毕业生对梅山钢铁厂的主动选择。梅山建厂初期,1970届、1972届大约3 000名多初中毕业生被分配到梅山来当工人,在当时上海对毕业生实行"上山下乡"的"一片红"政策和稍后实行"四面向"的政策背景下,毕业学生留在上海已经不太可能,唯一能做的就是尽量选择离上海较近的江苏、浙江农村地区。而梅山钢铁厂作为当时上海市委按照周恩来同志的指示在南京新建的、属于国家冶金部的、各方面待遇又都很好的一个工矿企业,能进入其中工作,对于毕业生而言是一件非常幸运的事情。

据《上海劳动志》记载:1966 年后,上海市政府实行应届毕业生先全部“上山下乡”,后施行“四面向”的政策。1966、1967 届两届中学毕业生都推迟到 1968 年分配。这两届中学毕业生共 44.5 万人,经动员“上山下乡”的有 22 万余人。1968、1969 届两届中学毕业生共约 46 万人,除了极少数身体残疾和家庭有特殊困难的外,全部动员“上山下乡”。从 1970 届中学毕业生的分配开始,上海恢复实行“四面向”的办法。1970 年 11 月 7 日,上海根据外省市已改变中学生面向农村的单一去路,而上海的工矿业也存在劳动力缺口的情况,对 1970 届中学毕业生恢复按“四面向”进行分配,实行以兄弟姐妹去向为依据,决定本人分配到工矿或农村、上海或外地、全民或集体的“按档分配”“对号入座”的办法,当时 1970 届毕业生共约 21 万人,其中约 11.5 万人去了外地农村,约 9.5 万人分配进市区工矿企业,“四面向”分配政策一直延续到 1978 年。

1971 年 8 月 17 日,上海安排 7 万名知识青年作为外地代训学徒到工矿企业培训。上海的知识青年“上山下乡”主要有两种形式:一种是去内蒙古、黑龙江、云南等地的几个大型生产建设兵团和郊县国营农场。这部分知青在那里有固定工资,享受公费医疗和探亲假等,过着有组织的集体生活。据有关资料统计,1968—1970 年各类农场安置上海知青 25.6 万余人。另一种是去江西、安徽、吉林、云南、贵州、内蒙古、黑龙江、辽宁、浙江、江苏等地及市郊农村插队落户,一般 4～10 人建立一个“知青点”,参加当地社队的生产劳动,自食其力。这些地区本来经济情况就不好,劳动力过剩,生产门路狭窄,所以工分很少,生活也很艰苦,这部分知青达到 31.8 万人。据上海市劳动局统计,1968—1978 年,上海市知识青年“上山下乡”总人数为 1 112 952 人,分布在黑龙江、内蒙古、云南、贵州等 10 个省的广阔地区。1968 年开始,许多家长为使子女得到照顾,通过在农村的亲友,把子女送往家乡插队落户。1968—1972 年,去江苏、浙江等省投靠亲友的“下乡”知识青年共有 8.3 万余人。

这些对于青年人来说,能到南京郊区而且又是冶金部下属的大型国有企业梅山钢铁厂已是最好的选择。这一部分人目前早已退休,在我访谈的过程中,他们说到这段历史,都觉得能来梅山是很自豪的事情。

DSF 回忆来梅山钢铁厂时的情景说:“当时九四二四(指梅山)到我们各个学校招人,每个班级就招几个人,还有的学校根本就没有名额,能被招来的学生是非常幸运的。当时上海 1968、1969 届的学生大概有 40 多万,全部动员“上山下乡”,当时被称为‘一片红’。我记得,学校、里弄报刊、电台等都在宣传毛泽东关于知识青年到农村去的号召,还举办‘学习班’,开欢送会,赠《毛泽东选集》金装本,进行鼓励,在社会上形成了“上山下乡”的强烈气氛。从 1970 届中学毕业生的分配开始,上海恢复实行‘四面向’的办法,部分学生又可以到工矿去。当时,上海有规定,每个家庭的子女只能有一个留在上海,其他的必须有一个到农村,一个去外地企业。有关部门根据毕业生家庭兄弟姐妹去向,制订分配计划和分配政策,落实哪些人下乡,哪些人留城,哪些人去外地。就我们家而言,当时,我大姐在上海拖拉机制造厂,我哥哥去了云南农场,我二姐下放到了崇明岛,按规定,我必须要去上海在外地的企业。当时梅山钢铁厂来招工的时候,我们学校又没有名额,但我爸爸是'四面向'干部,按照当时政策规定,可以带一个人过去,于是我就以照顾的性质来了梅山。"

由于来梅山钢铁厂是非常不错的选择,所以,虽然生活环境相比上海来说非常艰苦,但他们却苦中有乐。WTZ 师傅回忆来梅山时的生活说:"当时与我一起来梅山的学生很多,刚来时,我们接受了三个月的训练,每天学习政治、生产、安全方面的内容,培训后我们被分到各个车间。那时住的是草棚,睡的是草垫,但是那时梅山已经有电影院、图书馆,虽然非常简陋。我们利用厂里的资源优势,在图书馆里装有'土暖气'设备,挂上草帘,使得图书馆环境非常舒适,而且图书都是从上海运来的。"

与去外地的兄弟姐妹相比,来梅山的这批学生对梅山的满意度确实很高,QZT 对笔者说:"我们当时来梅山的这批学生,都十七八岁。我们每年都有一定的假期,就坐卸下货的火车回去。那个时候,去上海的火车票是 5 块 4 毛钱,我们就坐卸下货的火车,便宜得很,只要 2 块 7 毛钱,是客运火车票的一半。晚上坐,正好第二天早上七八点钟到家,方便得很。我们从梅山带些花生米、大米、螃蟹回去,从上海买些平时需要的衣服、牡丹烟以及日用品等。我们日常需要的东西基本上都从上海带来,很少在南京买。我们的感觉是这里是我们的工作地点,我们的学习方式、生活方式和人际交往都还是和在上海一样。可我在黑龙江的姐姐就不能像我这样了,她们根本就没有机会回来,工资又低,生活条件差,工作之余生活很枯燥。我们不一样,我们这里能吃到大米、白面,下班后可以到厂里的图书馆看看书,那时里面还有'土暖气'供暖。有时周日还可以跟着'四面向'干部到周边的农村去钓些黄鳝和螃蟹回来煮煮,打些黄酒几个人在一起喝喝,想想那个时候,真的很快活。"

(三) 梅山社区的阶层分化特征

社会分层作为社会学的概念,是指依据一定具有社会意义的属性,将一个社会的成员区分为高低有序的不同层次的过程和现象①,是制度化了的社会不平等,其实质是社会资源在社会中的不均等分配②。它基于某些标准,如收入、教育和职业而形成一个等级体系③。对社会分层研究影响最大的要数马克斯·韦伯的"三位一体"分层理论。韦伯认为,对社会成员进行阶层划分有三重标准,即经济标准(财富)、政治标准(权力)和社会标准(声望)。马克斯·韦伯的分层理论虽非常经典,但是过于笼统,只给出了一个大的框架。洛克伍德(Lockwoad David)进一步发展了韦伯的分层理论。他通过一个人的市场地位、劳动地位和身份地位来考察这个人所在阶层的情况,通过一个人的收入、职业的安全程度以及升迁机会来看这

① 戴桂斌. 阶级与阶层:社会分层的两种模式[J]. 宁夏社会科学,2007(1):48-51.

② 刘桂云. 社会分层的社会作用分析[J]. 党史博采(理论版),2007(4):17-18.

③ 康少邦,张宁,等编译. 城市社会学[M]. 杭州:浙江人民出版社,1986.

个人的市场地位；劳动地位指的是个人在社会分工中的地位以及与此相关的各种社会关系；将个人在整个社会特权等级结构中的地位作为身份地位。洛克伍德的理论为我们研究梅山社区内的阶层分化提供了很好的理论支撑。但他用市场地位来考察一个人的经济地位，是基于市场经济发达的资本主义社会而言的，而在研究具有典型的单位制特点的梅山社区时，除了考虑上海人的特殊身份之外，单位制必须作为一个影响分层的重要因素进行考虑。单位制作为中国计划经济的产物，是中国经济的组织形式，具有分配、调整利益，决定升迁，保障福利等功能。其特点就是单位的经济活动必须在国家配置的资源范围内进行，并且由国家确定不同身份的个人的分配原则。在单位制社会里，不同单位的同等身份的劳动者在工资序列表上的收人是一样的，规定的福利待遇水平也是一样的。因此，研究单位制中国的社会分层主要看其所在单位的所有制性质和个人在企业中的岗位，这两者也决定个人在社会中的身份和地位。在研究梅山社区社会分层时，笔者将洛克伍德的理论稍微进行修正，从以下三个方面进行研究：一是梅山人在梅山企业中的政治地位和行政职务；二是其工种和用工来源；三是其身份地位，即是否为上海人，以及他在企业中的工资级别。

从政治地位和行政职务分层结构看，梅山的等级制还是比较明显的。在计划经济时期，梅山企业领导和职工的权力、声望和经济地位，通常是和职位的高低高度统一的，拥有较高职位的人，由于他靠近单位权利的核心，在对单位资源的占有中占据十分有利的位置，进而拥有一定的关系资源。职位和关系构成了一个人的身份结构，职位相同的人能“很容易地培育和确认彼此之间的团结感和互助感，以及睿智和道德方面的同质感”，从而形成一定的身份群体。因此可以说“社会地位就是一个社会系统中的明确的‘社会位置’或‘社会空间’”①。而这种“社会位置”或“社会空间”，在单位控制的空间内具有相应的待遇，并且具有一定的稳定性和延续性。在此期间，他能享受较高的工资收人、较宽敞的住房、公务用车及其他待遇，同样，也有一定的权力。在完全由行政定位的社会分层序列中，社会阶层的界限十分清晰，并且不会颠倒。

这种事实在梅山社区已被大家默认，被认为是理所当然的，没有人提出疑义。相反，在梅山初创时期领导和他们同甘共苦，他们反而觉得是一种特殊情况，让他们感动。

有一位老师傅这样描述建厂初期的指挥部领导：“当时没有房子住，生活很艰苦，就连指挥部干部都是自己动手，在工地的丘陵顶上搭起了三排芦席棚，晚上睡觉床铺不够，他们竟然把木床让出来，自己睡在用稻草铺的水泥地上，大家很受感动。尤其是在食堂吃饭时，他们从不搞特殊，与职工吃一样的饭，有时他们来晚了，还要饿肚子。那个年代，干部和职工没有什么两样。”

随着梅山公司的不断发展壮大，尤其是市场经济的冲击，以及现代企业制度的逐步建

① Warner W L. Structure of American Life[M]. Chicago: University of Chicago Press, 1952.

立，企业内不同政治地位和行政职务的人相互之间享受的福利和待遇的差距越来越大，分层也越来越明显。尤其是20世纪80年代以后，梅山公司得以快速发展，享有较高的政治地位就意味着能够享受企业提供更多、更丰富的物质资源。从单位领导层到矿井下的普通工人，他们所享受的单位资源分成若干个档次，行政职务越高分配到的资源就越多，这种分配形式已制度化，最典型的就体现在住房供给方面。比如，在梅山住房制度改革以前，梅山职工的住房是一种福利，因此，拥有不同行政职务的人居住的小区在公共设施、户型、房屋的质量上都不一样。梅山的住房分为二类房、三类房和四类房。二类房是两室一厅，供普通职工居住；三类房一般是供中层干部和工程师级别的职工居住；四类房是梅山公司最好的住房，在上怡新村的中心位置，当然也住着身份地位最高的企业领导层。这种住房条件的不平等使得有些普通工人几代人仅能住在不足40平方米的旧式公房里。

从工种和用工制度来看，梅山职工的分层更为突出。梅山建厂初期，上海人这一群体不仅在人数上占优势，而且他们所占有的岗位也比非上海人要好。企业领导层以及各部门负责人的职务几乎被上海人所垄断，管理部门和技术工种也大部分是上海人，比较艰苦的岗位往往是外地人。在什么岗位就拥有什么样的角色，"在什么岗位拿什么钱"已成为职工的固有观念。访谈中，上海人这样描述外地人的工种，"像通过征地进来的，他们只能做一般的操作工，上皮带、上料或开机器，要三班倒；像我们是钳工，我们上的是长白班。"这种状况虽然现在有所改变，但由于历史传承和梅山公司与上海的特殊关系，决定了梅山上海人的特殊地位。

随着企业规模的不断扩大和干部落实政策回沪，梅山的人力资源比较紧张，梅山公司打破用工藩篱，开始进行用工制度的改革，试行了六种形式的招工政策。一是招用农民轮换工五年轮换制，如从原六合县竹镇乡招收了120名农民轮换工。二是从社会招收合同制工人。根据生产需要，在劳动计划范围内，并经上级批准，两年中除基地社会招工237名外，还在南京市区招收164名工人，为一线生产补充了新生力量。三是招收矿山井下职工子女。1987年实际招收矿山井下职工子女73名，实践的结果既缓解了井下工人新陈代谢的矛盾，大多数井下职工也较满意。四是试行点工制，招收驾驶员。随着生产的发展，运输量日益增加，车辆也日益增多，车辆驾驶员在梅山公司就显得很紧缺。为了解决这一矛盾，梅山公司从江宁县和板桥镇农村招收10名汽车驾驶员，试行为期3年的"点工制"①，双方签订协议，按合同办事。五是招收为期1年的女性临时工。鉴于梅山公司的性质，男性多，女性少，一些大龄男青年择偶难，以往虽然做了些努力，缓解了一些矛盾，但随着时间的推移，问题仍然很突出。为了解决大龄男青年择偶难的问题，经与南京江浦、栖霞等县区商定，招收大龄女青年50名，进梅山当为期1年的临时工，给大龄男青年牵线搭桥找佳偶，在合同期内如果结婚就转到集体单位当工人。这一措施试行后，实践1年成效也比较好。六是继续招收"试用工"。

① 即干一天活支付一天工资.

从接近退休年龄的老工人中，招收其子女当试用工。经过1985年的试点后，效果比较好，在总结经验的基础上，对原试行办法进行修改补充，并经上级劳动部门认可，作为一项制度贯彻执行。1985—1987年共招收214名试用工，为一线生产充实了新生力量①。

通过1984—1987年3年的招工，形成了全民、集体、合同制等多种用工制度不同的身份群体共存的局面。

在西方社会学中，将具有相似身份和生活方式的人称为身份群体。不同的身份群体在社会生活中具有不同的社会地位。梅山的上海人由于拥有上海人的身份，他们特殊的社会地位可以从工资分配中略见一斑。从职工工资标准来看，梅山企业职工的收入差异性很大，对不同户籍的人执行不一样的工资标准。上海人，主要包括梅山建厂初期上海的“四面向干部”、从上海各大局抽来支援梅山建设的技术人员，上海学校毕业的初中生等，他们执行的工资标准是上海市的标准；从部队转业来到梅山的军人，还有一大批与铁矿合并后带来的矿工，从地方招来的女工和因征地而安置的农民，他们的工资标准与上海人不一样，他们的工资按照上海劳动局的规定执行。具体地，凡从上海调入的职工保持八类地区工资不变，凡新招人员按南京四点三三类别确定工资，凡从外地调入的职工按照国家规定地区类别调整差额后确定工资②。这种工资执行标准带有很大的歧视性和不公平，工资等级制非常明显。此时，出现了在同一个工作岗位上工作，由于自己是非上海人，付出的劳动与身边上海人相比要多得多，但得到的报酬却没有上海人多，即同工不同酬现象。这些人感到非常不公平，然而，他们的身份又容不得他们讨价还价，所以矛盾非常尖锐。虽然为了妥善处理这个问题，梅山企业先后几次调整工资，如1971年的低工资调整和1977年的给40%的人员增加工资等，但直到1984年，才逐步统一了工资标准，把历史遗留下来的几十种工资标准，统一在上海、南京两类地区工资标准之内。上海人依然作为一个特殊的群体拥有与其他人不一样的工资标准，身份决定的收入分层为职工之间或者说不同阶层之间产生冲突与矛盾埋下了隐患。

无论从收入、住房条件还是社会关系等方面都能清清楚楚地看出梅山人地位分层非常明显。其实，社会分层作为一种社会现象客观地存在着，从静态的角度来看，任何单位内部都有社会分层现象，并且它在一段时期内是相对稳定的；而从动态的角度来看，社会分层的标准又是在不断变化的，没有一个社会的等级秩序是僵死的，社会分层的状态始终处于不断的变化之中。梅山移民社区阶层分化独特之处在于它是上海人身份和单位制双重作用的产物，而且两者相互影响，好的工作岗位，即工种强化了他们的身份，反过来，上海人身份又使他们获得更好的工资和岗位，强化了他们的地位特征。

---

① 梅山冶金公司编. 梅山冶金公司志(1969—1988)[M]. 上海：上海人民出版社，1989.

② 同上。

第四章 婚姻与家庭

马林诺夫斯基认为：婚姻在任何人类文化中，都不是单纯的两性结合或男女同居。它是一种法律上的契约，规定着男女共同居住、经济担负、财产合作、夫妇及双方亲属间的互助①。婚姻指男女两性的结合，而且这种结合就是为一定历史时代和一定地区内社会制度及其文化和伦理道德规范所认可的夫妻关系②。费孝通先生认为：婚姻制度的意义在于，它是人类种族绵延的保障，因为它既是合法生育的必要形式，同时也确立了双系抚养的模式，即一男一女合法地生育子女，并以约定永久共处的方式将子女抚养长大③。对于梅山社区来说，第一代"移民"中有部分是在上海成家后来这里的，其中有的是举家迁移到梅山，有的是单身或带子女来梅山，而第二代、第三代则大部分是在梅山成家的。笔者通过调查，发现梅山几代人的择偶标准、婚姻行为、婚姻质量有很大的差异性，而在家庭结构和生活方式方面却具有传承性和极大的相似性。

一、择偶与婚姻

择偶是婚姻缔结的前提，而婚姻又是择偶的目的和结果，两者相辅相成。在不同历史条件下根据特定的择偶标准和方式所结成的婚姻关系往往在很大程度上受到当时社会的政治、经济、文化等因素的影响，因此择偶与婚姻是一个很重要的心理的、文化的和社会的现象。

（一）择偶标准及其模式

西方家庭社会学关于择偶理论研究主要有"父母偶像"理论、"互补需要"理论、角色理论、价值理论、交换理论、序列理论等④。这些形形色色的择偶理论研究构成了家庭社会学中关于择偶理论研究的很大一部分。关于择偶标准的内涵，《中国大百科全书 · 社会学》是这样阐述的：择偶对象对包括政治因素如社会地位和政治立场，经济因素如财产多寡与经济状况，以及其他诸如门第高低、家庭环境和背景、受教育程度、文化修养、职业、年龄、性格、爱好、贞操、道德品质、有无爱情等因素的重视程度⑤。而对择偶模式的研究，由于研究角度不

---

① 马林诺夫斯基. 文化论[M]. 费孝通，译. 北京：华夏出版社，2002.

② 林耀华主编. 民族学通论[M]. 北京：中央民族学院出版社，1997.

③ 费孝通. 中国城乡社会家庭结构与功能的变迁[J]. 浙江学刊，2005(6)：28.

④ J. 罗斯 · 埃什尔曼. 家庭导论[M]. 北京：中国社会科学出版社，1991.

⑤ 中国大百科全书社会学编辑委员会编. 中国大百科全书 · 社会学[M]. 北京：中国大百科全书出版社，1984.

同，对它的划分也不一样。根据择偶主体来分，较为普遍的分法是把它分为包办婚姻与自由择偶两种类型，古德把它们称为指定选择性婚姻和自由市场性婚姻。费德曼（Feldman）根据社会阶层与择偶标准的关系，把择偶行为分为三个模式：社会分层与择偶行为绝对相互独立，即择偶行为完全随机；社会分层与择偶行为绝对相互依存，即择偶行为完全由社会阶层所决定；某一社会阶层内的随机择偶，即择偶范围不会超出人所处的阶层，但在阶层内是随机的。李银河认为中国传统社会的情况似乎属于第三种①。总之，在家庭社会学研究中，不管是择偶方式还是择偶标准，归根到底它们都是社会制度、社会结构及其各个方面的反映。

梅山社区是中国特定的历史时期植入南京的“小上海”，人们讲着上海话，带有上海身份的优越感，过着典型的单位制生活，日常交往中主动与非上海人隔离，而地理空间上又相对闭塞。虽然随着梅山企业用人制度的改革、单位与社区的转型，梅山第一代上海人的子女的择偶理念又有了新的变化，但是，其择偶行为依然折射出特定地区的特色。本书按照梅山第一代上海人及其子女结婚高峰期，分两个时间段来对其择偶标准及模式进行研究。

1. 20世纪70年代梅山上海人的择偶标准及模式

20世纪70年代的中国，男女择偶的重要条件之一是家庭出身和本人成分。据徐安琪研究：家庭出身、本人成分在1977年前曾是被访夫妻择偶的重要条件之一，尤其在城市，未婚男女对“家庭出身和社会关系”有要求的达27.7%，考虑到对方的“本人成分、政治面貌”的为28.6%②。那么，如果按照费德曼的择偶行为模式，梅山上海人的择偶范围应该是在上海人之间，在各自所处阶层中的家庭地位和背景相当的人之间随机择偶。即他们的通婚半径应该是梅山上海人或者延伸到上海的当地人，总之，应该是以同类婚姻为主，即与自己相似的人结婚。这种相似性主要表现在三个方面：先赋因素，如种族、民族等；价值观，如宗教和信仰等；个人层面，如受教育程度、社会经济地位和家庭背景等③。

可现实中，由于梅山是重工业之地，男女性别比例严重失调，婚姻市场上出现男女比例严重不平衡的状况，女性处于绝对优势地位，男女择偶出现双重标准现象。女性在择偶的过程中选择余地大，择偶标准比较苛刻，既要政治地位较高，又要是上海人，还要人品好、综合素质高等。而许多大龄男青年由于处于劣势方，“能在企业内部找到一个上海人”是很多男同志最理想的意愿。如果能够找到经济和社会地位相当的上海女性结婚更是一件非常值得庆幸的事情。有相当一部分人则不能如愿以偿，不得不降低自己的择偶标准，在南京周边或外地选择婚姻对象，使得梅山青年的择偶半径远远大于其生活空间，也超出了上海人之间的

---

① 李银河，冯小双. 对北京市部分离婚者的调查[J]. 社会学研究，1991(5)：93－100.

② 徐安琪. 世纪之交中国人的爱情和婚姻[M]. 北京：中国社会科学出版社，1997.

③ 李煜，徐安琪. 择偶模式和性别偏向爱好研究——西方理论和本土经验资料的解释[J]. 青年研究，2004(10)：1－11.

同类婚姻，择偶行为与所处的社会阶层匹配度不一致。

梅山上海人的择偶方法主要有三种：一是媒人介绍；二是主动出击，自由恋爱；三是组织安排。

(1) 媒人介绍。“师父”常充当重要的媒人。梅山企业初建时的人员组成中，有一批是青年学生，他们进厂后，大部分人在企业中都是学徒工。当时，一个师父往往要带好几个徒弟。由于都是来自上海的缘故，师徒之间上班、下班后经常接触，那时不少师父的子女也一起跟着移民到梅山，这就为他们当媒人提供了条件。YZW是上海人，1972年通过招工来到梅山做钳工。他娶了一位上海姑娘，感到非常自豪，他这样向笔者描述他的择偶过程：“我的婚姻问题比较顺利，娶了一位上海姑娘。当我来梅山做学徒工时，我父亲是‘四面向’干部，我的师父也是‘四面向’干部，我通过师父介绍认识现在的爱人。我爱人的爸爸也是‘四面向’干部，他们一家都来梅山了。由于我们的父亲都是‘四面向’干部，相同的家境很快就让我们走到了一起。”父亲都是“四面向”干部，两个具有类似的家庭背景的人，通过师父的搭桥引线，成为各自择偶的对象。但是择偶是否成功，还要看男方个人的素质。“我们的恋爱过程比较平淡，因为我们都是上海人，生活习惯和思想理念差别不大，我们很快就确定了恋爱关系。起初只要一有时间，我就会买点菜到女朋友家去，展示上海男人会做菜的本领，这样一来二去，女朋友家人很快就接受了我。当我父母知道我找了一位上海姑娘，自然就不会有什么意见了，于是水到渠成，很快就结婚了。”

YZW在男子处于劣势的择偶市场中，凭借相同的家庭政治地位、共同的上海人身份、共享的上海文化和价值观以及个人素质，获取了女子的芳心，成就了一桩门当户对的婚姻。

(2) 主动出击，自由恋爱。在那批从上海来的初中毕业生当中有不少女孩。当时，梅山企业规定，凡是来梅山企业工作的职工，他们在上岗前必须参加三个月的岗位培训。培训的过程对于小伙子和姑娘们来说，是择偶的最好时机。WXY谈到他们培训时的男性追求女性的过程时说，“在培训过程中，我们中的一些小伙子就开始物色目标，碰到心仪的对象就加紧追求，等到培训即将结束时，许多人都有了意中人。”自由恋爱的还有一部分是随父母来梅山的“四面向”干部和技术工人携带的子女。他们的姻缘也有部分来自自由恋爱，但这些婚姻大部分都是在上海人之间发生的，这与当时大部分梅山职工来自上海有关。

(3) 组织安排。男多女少、单位的封闭性以及职工交往的局限性，使得一些性格内向、不善于交往的年龄大的男青年还处于单身状态。单位为了解决这些大龄职工的婚姻问题，采取了一系列措施：通过组织多次相亲会，与南京周边的纺织厂等女性较多的单位举行联谊，增加他们与女性接触的机会；开办缝纫机厂等轻工业企业，陆续从上海崇明岛和南京本地招来大批女工到梅山工作，平衡男女性别比例；以特定的条件招收女工，吸引农村女工来梅山工作，规定是凡到梅山工作的女工，户口暂留农村，来梅山一年后必须找到对象，否则将被辞退回去，等到在梅山结婚后，户口才能迁入梅山。这一些列政策和措施的施行确实为解决第一代梅山人的婚姻问题作出了重要的贡献，但是由于是组织上人为的平衡婚姻市场的供给关系，为以后的婚姻生活留下了隐患。

有一位访谈者讲了发生在他同事中的一件事情："GLY是1969年从上海抽调过来支援'九四二四'的技术工人。他是一名电焊工，他身边没有女同事，这样他跟女孩的接触机会就少，而且他性格内向，平时又不跟人交往。看着身边同龄人一个又一个地成家了，GLY心里很急。后来他在领导的安排下，参加单位组织的集体相亲，在相亲的时候，有一位南京郊区的女孩看上了他，他对女孩也比较满意，相处两个月后，他们就成家了，而女孩因为嫁给他的缘故，不久就被安排在梅山缝纫机厂上班。"在择偶过程中，GLY由于自己性格木讷，在婚姻市场中缺乏某种为某一对象所吸引的特质，而导致自己落入大龄单身青年的队伍中。这时，他要想成功择偶，必须在婚姻市场上提供另一种资源来吸引对方，如用较高的社会地位来换取在择偶过程中的优势。这一点，由单位代为他提供了，通过资源交换的方式将女孩安排到梅山工作，而女方的回报方式就是与男方确定婚姻关系。婚姻市场理论认为，择偶由三个关键因素构成：供给、偏好和资源。积极寻找配偶的男女代表供给；偏好指男女方希望配偶身上所具有的特质；资源指他们所具备的各种特征。双方通过资源交换，期望获得最大的回报。人们为某一特定的对象所吸引，是由该对象所能提供的资源决定的，假如该对象某一方面资源不足，则可以更多地提供另外一种资源以弥补。如用较高的社会地位换取种族优势，用较好的容颜交换社会经济地位①。但在本事例中，由于个人同女方换取的资源是由单位代为提供的，择偶一旦成功，女性的身份就发生了变化，由农村人变成单位人，婚姻中双方的供给、偏好又发生了变化，再加上由于各自所拥有的不同文化而产生的不同观念和处事方式，易使家庭产生不稳定因素。

总体来说，建厂初期的梅山人择偶标准遵循门当户对的"同类婚姻"模式，在上海人群体内，按照相同的背景和相当的社会地位，以及个人的性格特征选择心仪的对象。但是由于他们身处特殊的年代，从事特殊的行业(重工业)，以及地域的局限性，选择空间比较小，择偶者的主观意愿难以实现。因此，他们的择偶范围已扩大到具有不同文化、不同身份地位的外地人甚或农村人，出现了异质婚姻。

2. 20世纪90年代梅山上海人的择偶标准及其模式

生活在不同时代的人们基于不同的价值观念、信仰，形成了各具特色的择偶标准。20世纪90年代的梅山社区青年人的择偶更趋自由化。在笔者访谈的16个人当中，有12个人是自由恋爱而结成婚姻的。所谓择偶自由化通常包含择偶自由与自由择偶，择偶自由是说一个人有择偶的自主权和决定权，在法律和社会规范中，结不结婚、与谁结婚、什么时候结

① 许小玲. 从择偶观的变迁看择偶标准的时代性——论中国女性建国至今50多年的配偶选择[J]. 武汉理工大学学报(社会科学版), 2004, 17(5): 631-635.

婚，都是当事人自己决定的事，别人不可替代做决定，即通常我们所说的婚姻自由。而自由择偶则是指当事人把握了择偶的客观规律，依客观规律选择自己的理想之人为配偶。择偶自由是自由择偶的前提和条件，自由择偶是择偶自由的结果和追求①。梅山二代上海人的择偶对象大体上有三种：一是在梅山上海人中间做选择；二是选择南京当地人或者外地人，与第一代人所不同的是梅山的上海女孩也开始主动选择南京的当地人；三是居住在上海的上海人。

首先在梅山社区青年人中间做选择。第一代移民的子女已经在梅山长大成人，大部分也在梅山企业工作。他们从小在一个社区长大，上同一所学校，男女青年之间接触的机会很多，互相了解的机会也很多，因此，更容易选择到满意的对象。有一位受访者说："我是1972年在梅山出生的，幼儿园、小学、中学和技校都是在梅山上的，我非常熟悉这里的环境。技校毕业后我通过考试被梅山公司录取，现在是一名技术员。我的爱人也在梅山公司工作，她跟我是初中同学。我们俩是自由恋爱，可以说是早恋吧，在初中我们是一个班的，那个时候我们很要好，两家又住在同一个小区，三年初中生活让我们结下了很深的感情。说实话，她很依恋我，我后来上了技校，她读高中，但我们一直保持联系。毕业后，她本来能到上海去，可为了我她选择留在梅山，这是我结婚后才知道的。我们婚后生活很幸福，现在，我们的孩子已经上小学了。"

二是主动选择南京当地人或外地人。有一位受访者说："我爱人是本地人，她在梅山宾馆上班。我是在同事结婚的宴会上认识她的，一看到她我就喜欢上了，碰巧我们坐在一桌。相识后，我一有空就去找她，起初她不太愿意理我，说上海人不好处。经过多次接触后，她对我渐渐有了好感。但当我父母知道我要娶一个本地姑娘时，他们坚决反对，于是，我想尽各种办法让他们接受。最后，他们答应我看看人再说，在她来过我家几次后，我父母态度变了，他们还是比较喜欢她的，一年后，我们就结婚了。"

三是梅山上海人与居住在上海的上海人之间的婚姻。有一位受访者说："谈起我的婚姻，那可复杂了。我父母都是上海人，我出生在梅山，在我会走路的时候，我父母把我送回上海，由奶奶照顾我。我后来在上海上学，毕业后来梅山工作，但是我以前在上海时就有了女朋友，于是她就跟我来梅山了，她现在也在梅山工作。"当笔者问他，他这种状况是否是特例的时候，他对笔者说："也不少，因为当时有政策，能将自己的孩子送到上海上学的，大家都想方设法地送过去，部分人长大后就在上海找到上海人结婚成家了。"

这一时期梅山上海人择偶的特点是形式上趋于自由化，择偶标准仍以同类婚姻为主。在笔者访谈的人群中，父母同是梅山上海人，或有一方是上海人并居住在梅山的，彼此家庭背景相同或相似的占到70%。他们认为，找家境相同、经历相似的人结婚，与家人在语言交

① 潘允康.家庭社会学[M].北京：中国时代经济出版社，2002.

流上没有障碍，生活习惯一样，文化底蕴相同，有共同语言，尤其是在孩子的教育、家庭的理财与消费等方面的意见能保持一致，能够尽快融入至梅山上海人的群体中去。所有这些"同质性"因素，更能让他们走到一起。"具有类似社会背景的人习得了相同或相似的价值观，双方具有共同语言，易于导致有效的沟通和最小限度的紧张①。"

在这一时期，也存在着这一现象：通婚圈不断向外扩展与延伸，一些上海人主动寻觅与自己志同道合的南京人或外地人作为婚恋对象。他们对外地人的观念有所改变，寻找非上海人结婚，不再是因为找不到同类人而被迫无奈的选择。在笔者近两年的访谈中，偶尔也看到结婚车队往来于梅山社区与南京市区之间，有时也会听到梅山社区人谈家常说某人女儿找了一个上海小伙子，某人儿子娶了一个上海姑娘，等等。这些变化是梅山企业的发展以及南京地区的发展共同作用的结果。企业的兴旺发展，吸引了大批人才，如大学生的引进、技术工种的调入，使梅山企业的人口异质性增强；梅山企业中的第三产业的发展，不仅吸引大批本地姑娘来梅山工作，同时，"三产"也增强了梅山社区与南京地区的互动；梅山社区居民由"单位人"向"社区人"转变，上海人身份优势下降；1998 年梅山公司与"宝钢"合并后，增强了梅山公司与"宝钢"人员流动的可能性，也加大了梅山公司与上海的互动。一方面，频繁的接触与互动，为梅山公司职工与上海人通婚提供了条件。另一方面，由于梅山公司用人制度的改革，使得梅山职工子女进入梅山公司的门槛提高。面对就业的压力，梅山职工子女开始向南京市区流动，为自己的生存开辟了新的空间。不少年轻人开始到南京市区寻找工作，而此时的南京发展比较迅速，就业机会多，通往梅山的交通也比以前便利，拉近了南京市区与梅山社区的距离，两地之间的通婚也成为必然。

现代社会所强调的婚姻自由，择偶自由，是强化了婚姻的个人行为方面，但是它并没有也不可能改变婚姻的社会行为本质，诸如性别、地区、家庭的经济条件、结合途径和匹配意识以及对方吸引力等都可能起作用②。婚姻自由也只能是相对而言，与过去的包办、买卖等强制婚姻相比，现在的青年男女在决定自己的终身大事方面确实有了很大的自由，但是这种自由却仍然受着社会、文化、经济、人口等各种社会因素的潜在制约。只要婚姻还是社会行为，这个历史就不会完结，直到它变成完全的个人行为③。梅山新一代年轻人在享受自由恋爱的同时，也保持着一定的理性，他们的择偶取向因素更向多元化发展。这正如费孝通先生所说的："婚姻是由社会力量造成的，因为依我所知世界上从来没有一个地方把婚姻视作当事人间个人的私事，别的人不加过问。婚姻对象的选择非但受着社会的干涉，而且从缔结婚约起一直到结婚后夫妻关系的维持，多多少少，在当事人之外，总有别人来干预。"④这里随着

① 张文霞，朱异亮. 家庭社会工作[M]. 北京：社会科学文献出版社，2005.

② 徐安琪. 有无和好可能：夫妻感情是否破裂的判断标准[J]. 上海社会科学院学术季刊，2000(4)：111－120.

③ 潘允康. 家庭社会学[M]. 北京：中国时代经济出版社，2002.

④ 费孝通. 乡土中国生育制度[M]. 北京：北京大学出版社，1998.

单位制的解体，生活在梅山社区的新一代上海人将面对就业、住房等压力，因而，他们在寻找配偶的过程中，更趋于理性化，择偶取向因素更多，家庭条件、婚居模式、经济收入等都成为他们择偶时要考虑的因素，择偶取向因素多元化也是适应社会发展的理性选择。

（二）婚姻质量和“跳板”现象

1. 婚姻质量研究

1929年，随着社会学家汉密尔顿（Hamilton）的《婚姻研究》的出版，婚姻质量的研究逐步为人们所关注。目前，国内研究婚姻质量的成果较多的主要有徐安琪、叶文振、沈崇麟、卢素华、石林和张贵良等人，其中徐安琪、叶文振是目前为止国内研究婚姻质量成果最突出的两位学者。徐安琪、叶文振1995年主持的由福特基金会资助的课题“中国社会转型期的婚姻质量”在1996年对上海、哈尔滨、甘肃和广东的3 025对夫妻6 000多位已婚男女的调查资料的基础上，用因素分析法对婚姻质量进行了主、客观指标相结合的综合度量。其研究结果表明，虽然中国夫妇对物质生活和性生活质量还不很满意，但他们对婚姻关系的自我评价甚高，否定了“60 %的中国婚姻是凑合型”的观点，并通过多元回归分析，揭示出居住地、年龄、婚前感情基础和夫妻双方的同质性以及配偶替代意识等是影响我国婚姻质量的主要因素①。徐安琪和叶文振还探讨了婚姻质量和婚姻稳定性之间的相关关系，研究结果表明，婚姻质量和婚姻稳定性之间呈明显的正相关关系，要稳定婚姻，就要坚持以婚姻质量为向导②。

石林、张金峰从婚姻质量与收入的关系的角度，通过对北京、湖南和广州三地309位已婚男女的调查发现：夫妻的收入差距与婚姻质量之间存在一定的相关关系。收入差距越大，婚姻质量越低，男女之间收入为三比一或二比一的夫妻要比收入为一比二的夫妻的婚姻质量高③。

张贵良等则利用明尼苏达大学的奥尔逊婚姻幸福量表，用因素分析法将30个因素复合成“婚姻满意度”“夫妻交流程度”“角色平等性”三个新因素，并利用中央电视台调查咨询中心1995年在全国进行的“中国妇女问题”的调查数据，分析了我国城市夫妻的婚姻幸福及其相关因素，结果表明：我国城市夫妻的婚姻幸福状况属于中等及中等以上水平，感到婚姻不幸福的人占极少数；和婚姻满意度显著相关的社会人口因素是性别、家庭人均月收入；观念类型为现代型；所有相关因素对角色平等性的期望最高，其次是夫妻交流和婚姻满意度，其中对婚姻幸福影响最大的是观念类型和择偶标准④。

---

① 徐安琪，叶文振. 婚姻质量：度量指标及其影响因素研究[J]. 中国社会科学，1998(1)：145-149.

② 徐安琪，叶文振. 中国婚姻质量研究[M]. 北京：中国社会科学出版社，1999.

③ 石林，张金峰. 夫妻收入差异与婚姻质量关系的调查研究[J]. 中华女子学院学报，2002，14(3)：30-35.

④ 张贵良，等. 婚姻幸福及其相关因素的研究[J]. 社会学研究，1997(4)：106-116.

2. 梅山上海人婚姻质量描述

在访谈中发现，梅山从建厂初期，经历了几十年的发展，梅山上海人的婚姻质量呈现不均衡的发展态势，尤其是在建厂初期和大批上海人落实政策回沪的时期，不少家庭出现了夫妻分居的局面，这种现象对夫妻生活质量的提高具有一定的负面影响。但随着交通的改善、人员的流动和梅山企业的进一步发展，梅山上海人的婚姻质量呈上升趋势。

早在20世纪70年代，大批上海人来到梅山，开始了他们的艰苦创业，有的是家庭整体迁移，有的只身一人，还有一批学生。那时候他们在“要早日把铁抢出来”的指示的背景下，心里想的是建厂的进度和多产铁，对于个人的婚姻生活考虑很少，再加上当时资源极其贫乏，能有房子住、吃饱饭就比较满足了，因而极少考虑婚姻质量。正如SZP老人所说：“那时我们当中不少人都是一个人从上海过来的，由于交通不方便，几个月才能和爱人见一次面。那时带家属过来的同志夫妻俩常常不能住在一起，建厂初期谈不上婚姻是否满意，那时候满脑子想的就是工作，就是快快出铁。后来单位有了房子，不少夫妻才得以团聚，过上了安稳的生活。”

1976年以后梅山企业稳定下来，梅山人本可以开始享受工作、家庭两点一线的生活，但回沪政策给他们原本可以好好经营的婚姻带来波折。粉粹“四人帮”后，单位大批‘四面向’干部落实政策回沪，原本平静的生活又掀起了波澜，此时又出现了不少夫妻分居的现象，虽然持续时间不长，但对他们的婚姻生活还是有影响的，那时还出现了一次离婚小高潮。

第一代梅山上海人和中国的其他退休老人一样，在子女有了孩子之后，为了照顾第三代，不得不再次两地分居，去子女家帮助照看孩子。有一位受访者说：“就拿我来说吧，我跟爱人分居十年后才团聚，在一起生活了十年。现在她退休后又到上海给儿子照顾孩子去了，我们又开始了分居生活。像我这种类型在梅山有很多，所以说，我们第一代人成家后来梅山的人婚姻质量不高，更不要说满意了。”

但随着梅山社区各项配套设施的完备，20世纪80年代以后结婚的人的婚姻满意度远远高于像SZP等那个年代的人。QJY向笔者介绍说：“我们来梅山的这一批学生大部分是在20世纪80年代结婚的，我们的配偶也大部分在梅山工作。而梅山社区由单位包建，各种配套设施齐全，房子比起在上海市区的要大得多，单位的福利待遇又很好。由于我们找配偶大多数是上海人找上海人，生活习惯相同，夫妻矛盾少，我们的婚姻质量很高，过着恬静的生活，没有什么压力，我的许多同学对自己的婚姻都比较满意，喜欢在梅山生活。”但在访谈中，也有部分人择偶的对象是如前文所说的单位为解决部分男性的婚姻问题从崇明岛、南京栖霞区等地招来一批女工，以及梅山男性职工自己在南京周边以及外地找的对象，这种方法虽然解决了婚姻问题，但婚姻质量却不太令人满意，出现了一些“凑合型”婚姻，这些少数低质量的婚姻，虽然不能影响梅山社区整体婚姻质量的水平，但对梅山上海人影响非常大。

20 世纪 90 年代梅山第一代上海人的子女婚姻生活又有新的特点，他们大部分人是自由恋爱，他们的婚姻观念与父辈们不一样：他们崇尚浪漫，更看重感情基础和对婚姻同质性的追求，随着择偶网络的扩大、政治因素的淡化、社会控制的减弱、对离异的包容，新一代梅山人的婚姻观和婚姻满意度基本上契合了当今的社会思潮。在被访谈的对象中，大部分人对自己的婚姻满意，他们很多人认为，他们的配偶与自己生活经历相同、教育背景相同，目前的收入相差不大，尤其是他们跟上辈的关系也比较融洽，还有部分人跟上辈居住在一起，这样孩子有人照顾，生活也比较方便。

在梅山社区，婚姻角色的平等比较明显，尤其是家庭中的男主人也积极参与家务劳动。在访谈中，大部分男同志表露出他们能烧一手好菜，在家里与妻子共同承担家务，这是理所当然的事，这种习惯也是上海文化的传承。WZY 说："我们梅山的上海男人都比较勤快，在家里不仅会烧菜，就连修修补补的细活我们也会做，女同志一样也要上班，到家还要照顾孩子，她们蛮辛苦的，因此男同志也应分担一些家务。"

男同志在上海做家务不足为怪，但在梅山这一"飞地"社区却能传承下来，这证明原生文化依然主导并影响着梅山二代移民。男人勤快，男女平等，对提高婚姻质量具有积极的作用。

高质量的婚姻是夫妻关系持续稳定的前提和保障。婚前感情基础好、双方观念一致性强的夫妻更容易协调适应和强化凝聚力①。同婚姻质量呈正相关的影响因素依次为双方的同质性、对性生活重要性的认同、婚前感情基础好和择偶时注重般配、丈夫豁达忍让、年龄、家庭结构、个人资源等。梅山社区上海人婚姻质量将会不断提高，从经济角度看，随着梅山企业的快速发展，梅山上海人收入水平稳中有升，因经济矛盾而引发的夫妻冲突会明显减少，在择偶、结婚、离婚中，经济因素对婚姻选择的掣肘作用，如在住房方面、子女养育费用方面的担忧会有所减弱。在思想价值观上，随着他们的价值观和生活方式趋向多元化，社会文化将趋向开放、宽容和多元，他们将更有可能选择适合自己的婚姻方式，独身家庭、再婚家庭等将不再被人们视为另类，家庭生活的隐私权越来越被人们重视。

3. 透视"跳板"现象

从 20 世纪 70 年代末至 80 年代中期，在梅山人的婚姻生活中出现了"跳板"现象。由于梅山公司是重工业企业，职工男女比例失衡，为了解决大龄男青年的婚姻问题，公司鼓励他们到梅山社区以外去找对象，并制定了一系列优惠政策，如凡外地女孩与梅山职工结婚，结婚一年后转为梅山户口，并安排工作。这一政策对梅山社区以外的女孩具有很大吸引力，加之梅山是上海的大企业，工资、福利待遇非常好，如果能进入梅山，就意味着有一份稳定的工

---

① 徐安琪，叶文振. 婚姻质量：婚姻稳定的主要预测指标[J]. 上海社会科学院学术期刊，2002(4)：103-112.

作，这对于农村女孩来说非常重要。在计划经济时代，处于城乡二元分割状态的中国，女性流动到城市最重要的方式之一就是婚嫁，进入梅山就意味着能改变一生的命运。通过这种方式，不少女孩嫁到了梅山，解决了梅山大龄男青年的婚姻问题，可以说，这种方式在当时对稳定人心、促进梅山经济的发展，起到了一定的积极作用。但随着时间的推移，梅山这种政策的弊端也暴露了出来，不少女孩因为婚姻的不如意选择了离婚，然后在梅山再找新的配偶。这种通过婚姻改变农村人身份，因为身份的变化而离婚的情况，即为梅山人常说的“跳板”现象。

离婚是一种最常见的婚姻解体方式。配偶关系存续期间，夫妻双方在生理、心理、社会等方面不能相互适应，这种婚姻失调若发展到极点，便会导致婚姻功能的完全丧失，只能依据法定程序解除婚姻关系①。社会学对我国离婚原因的研究，一般从宏观和微观两个角度进行。宏观上，认为我国近年离婚水平有所上升的主要原因是改革开放冲击了陈旧的传统观念、新婚姻法放宽了对离婚的限制以及市场经济发展增强了妇女的经济自立能力等②。微观方面主要有夫妻双方性格志趣不同、家务矛盾、草率结婚、第三者插足、夫妻生活不协调、一方残疾和一方犯罪等③。据统计，导致离婚的几个主要原因依次为：① 婚姻基础不好；② 婚后一方或双方发生过失；③ 性格不合；④ 夫妻生活不和谐。多数离婚者的离婚原因并不限于一项，往往是多方面因素导致的。离婚原因就个体而言十分复杂，不仅原因是多重的，而且这些原因之间又具有因果关系。性格志趣差异、家事冲突、感情淡薄和夫妻生活失调是离婚的直接原因，这些微观因素之所以和离婚率存在明显的正相关关系，关键在于改革开放以来中国社会的择偶观、家庭观、性事观和离异观发生了重大的变化④。

梅山社区里出现的独特的婚姻“跳板”现象，是梅山社区里这类特定人群婚姻基础不好，性格差异较大，两种不同文化对家庭生活的影响使然。有受访者说：“我们梅山有这样一对夫妻，女方是单位招工进厂后认识男方结婚的。起初，两个人关系还不错，后来，矛盾就多起来了，女孩比较活泼，喜爱热闹。结婚后，女孩的朋友和娘家人经常来玩，本来他们的房子就小，男方感到招架不了，于是与爱人就产生了矛盾，几次争吵后，爱人赌气就搬回娘家去住了。不久，女方主动跟他离婚，又在单位找了其他人结婚了。”还有一对夫妻，男方经人介绍，认识一位来自上海崇明岛的姑娘，结婚后，按照单位政策，女方调动至梅山工作，不久他们有了一个女儿。但几年后，女方嫌弃他没用、自私，不顾孩子尚小，就主动跟他离婚，虽经组织多次调解，还是无济于事。结果，男方带着女儿一起艰难地生活，没有再娶，孩子成了他唯一的精神支柱。

---

① 中国大百科全书社会学编辑委员会编.中国大百科全书·社会学[M].北京：中国大百科全书出版社，1991.

② 曾毅，吴德清.八十年代以来我国离婚水平与年龄分布的变动趋势[J].中国社会科学，1995(6)：71-82.

③ 巫昌祯.婚姻法教程[M].北京：中央广播电视大学出版社，1990.

④ 叶文振，林擎国.我国家庭关系模式演变及其现代化研究[J].厦门大学学报(哲社版)，1995(3)：99-103.

徐安琪、叶文振认为：婚姻质量是“夫妻的感情生活、物质生活、余暇生活、性生活及其双方的凝聚力在某一时期的综合状况”①。平等、互信、和谐是中国婚姻中夫妻关系的主流。夫妻关系满意度高于物质生活满意度，而且主观满意度高于客观指标。他们还发现，女性对婚姻不满意的概率大于男性。对于梅山社区里这类特殊的婚姻，女性的不满意度更是高于一般情况下的中国婚姻生活的不满意度。

梅山社区里婚姻“跳板”现象的主体，即嫁到梅山的女孩，大多抱着享受美好生活的期望来到梅山，当中有许多人各方面条件都不错。对于这些女孩来说，嫁到梅山不仅能改变他们的户籍身份，成为单位人，而且能够收获婚姻。但她们当时也应该明白，梅山之所以提供如此优惠的政策招她们进梅山选择结婚伴侣，是因为这些男性一定有不尽人意的地方，或者是性格内向、为人老实，或者是家庭比较困难，或者是个人长相不佳等原因，这其实为以后的夫妻婚姻生活的不和谐埋下了隐患。但是能够进入梅山公司，改变身份应该是吸引他们进入梅山的最重要的因素。当她们进入梅山、与男子结婚后，有了一定的经济地位，婚姻生活质量慢慢成为她们生活的重心。兴趣不同、性格差异、文化品位不一样等，时刻冲击她们的生活，经过一段时间的努力，最后感到无望，只好选择“跳出来”。而梅山男多女少的现实，又为她们重新选择配偶提供了条件，正如一位老师傅所说的那样：“那些姑娘到梅山以后，女的接触的男性多了，再与自己的丈夫相比，觉得他实在太差，因此，也就离婚了。但绝大多数人离婚后还是和梅山内部的人结婚的。”

离婚虽然是合法的，但现实中，它往往不能被社会所接受和容忍，离婚的夫妇会面临各种各样的指责和压力。古德在《家庭》中曾说：“除法律和神学外，人们在常识上都承认，个人的痛苦和不断争吵的社会影响可能比离婚更糟糕。另一方面，人们并不将离婚看作喜庆之事，不像发生其他地位变化时那样欢庆一番。离婚是夫妻产生敌对情绪的表现，并会切断双方家庭的联系。此外，它还会给成年人和孩子带来社会问题。”②梅山这些“跳出来”的人虽然从婚姻的苦恼中解脱，但她们必须要面对更大的社会压力和承担离婚带来的种种负担。可以说，她们“跳出来”的是躯体，她们的灵魂却要经受长期的煎熬。婚姻是人类社会一个永恒的话题。现在不少人都在讨论维系婚姻靠的是责任还是感情的问题。不管怎么说，责任感对维持婚姻的稳固起到很重要的作用，这一点是毋庸置疑的。所谓责任便是男女双方要对自己的小家庭共同承担的义务及自己在家庭当中享有的权利。责任包含权利和义务，妻子对丈夫的权利和义务、丈夫对妻子的权利和义务。这里所讲的责任清楚地规定了每个人的社会角色。相对于感情而言，两者存在着以下区别：感情是起伏不定的，而责任则是稳定不变的；感情无法讲回报，而责任则规定着双方的付出与获得；感情不能要求对方而只能要

① 徐安琪，叶文振. 中国婚姻质量研究[M]. 北京：中国社会科学出版社，1999.

② 古德. 家庭[M]. 魏章玲，译. 北京：社会科学文献出版社，1986.

求自己，责任则永远是对双方而言的。那么婚姻中的“跳板”现象究竟对错与否，从感情角度来看，对当事人来说，是一种解脱，凸显出人性化的一面；但从家庭责任角度来看，对当事人来说，就要承担一种罪责，是社会责任感缺失的表现。在梅山上海人看来，很显然，他们是倾向于后者的。

（三）“长相守”的期盼

“在天愿作比翼鸟，在地愿为连理枝。”①尽管并不是每一对夫妻都能如此，但长相守依旧是大多数夫妻的心愿。在梅山，已婚夫妻对“长相守”却有着深刻的不一样的理解。

梅山的上海人在建厂初期来梅山时，准备把一生都献给梅山，很多人都把家属调动过来。但随着“四面向”干部的不断回流，尤其是粉碎“四人帮”以后，落实政策回沪，绝大部分“四面向”干部都回上海了，三十岁以上的单身汉也被允许调回上海，这给梅山其他的上海人回上海带来了希望，一些人想方设法调回到上海去。20 世纪 90 年代中后期，梅山与宝钢的合并，企业的改制，大量女工的内退，以及回沪政策的落实，梅山上海人纷纷在上海购房，把户口迁到上海。许多内退女工回上海打零工、照顾子女上学，做好家庭后勤服务，而男同志一般则留在梅山上班。单位的特殊性和国家的政策使梅山第一代人聚少离多。

有一位老职工在 20 世纪 70 年代从上海调到梅山工作。他跟笔者说，他是家里的独子，按照上海的政策，无论如何，也轮不到他下放或到外地工作，他完全可以留在上海工作。但是，他的妻子学校毕业后被分配到安徽工作。当时上海有政策，如果男方也去外地单位工作，单位可以解决夫妻两地分居生活的问题。他是为了爱人，放弃了上海的优越生活条件来梅山，分居了五年才把妻子从安徽调到梅山，1998 年又赶上回沪政策，妻子内退后又回上海去照顾儿子了，现在两人又分居十年了。

婚姻的功能之一就是夫妻日常生活中的互相照看和情感的交流。在梅山，因为分居，导致了这些功能的缺失。上述那位职工说：“梅山像我这样的人不少，但长期一个人生活感到很寂寞，有些家庭就出问题了，但这不能单怪男方。就比如我吧，有一次发高烧，病得很重，想喝水，但家里就我一个人，我只能硬撑着起来自己烧水。这个时候是最苦的，那段时间感觉太寂寞了。”“平时吃饭，一个人就不想做了，家里有快餐面下碗快餐面，就这样垫垫肚子，有时半夜肚子饿了，睡不着了，就找点吃的。经常这样，习惯了就无所谓，我一个人过惯这样的生活，她再回来我也不适应了，像这种家庭情况最后导致离婚的也有不少。”

还有一位从上海回来的女同志跟笔者说：“梅山男人闹离婚都是打麻将和跳舞惹的祸。1998 年不少同事家的孩子到上海去了，女同志 45 岁就可内退，许多女同志为了孩子更好的前途，就回上海照顾孩子了。男同志一般都留在梅山上班，所以男的一个人在梅山呆的时间

---

① 张中宇. 白居易长恨歌研究[M]. 北京：中华书局，2005.

长了,就乱了。再加上男人口袋里有钱,就不好说了。不一定是厂里的,外面的女人也找,有的只是玩玩,但有的认真了,女同志回来的时候发现门上的锁已经换了,最后也只好离婚。”

对于这种特殊的婚居模式,梅山人自己也进行了“婚姻调适”。美国著名家庭学家欧尼尔夫妇在论述婚姻的冲突时说过一段话:“解决夫妻冲突,永远不要努力去赢。如果你们中有一个想赢,那么另一个只能输,否则冲突无法结束。然而,夫妻冲突中有一个输了,实际上也就是两个人都输了。因为有了胜负的冲突,就会把这种胜负烙印到双方的深层感情中去。所以,要打赢亲密的对象,唯一的方法就是两个人都赢。”婚姻需要夫妻双方互相持续地调适,需要不断地修正,每个家庭成员都是独立而特殊的个体。每个人都在不停地改变,他们发展的方向与速度各异。此外,社会环境的改变,使得家庭成员们也必须跟着调整自己,每个人对社会环境的变化都有不同的反应。梅山社区作为一个“飞地型”社区,因上海而团聚,因上海而分居,分分合合、聚少离多的婚姻现状,只有婚姻调适才能使得婚姻关系得以维持和巩固。

一是理解对方。有人说“他自己也没办法,她自己也很累”,这是一种消极的对婚姻的坚守。

二是增加见面的机会。在梅山社区,一些分居两地的夫妻为了提高自己的婚姻幸福感,他们会尽量增加见面的机会,享受“小别胜新婚”的快乐。有位师傅跟我笔者说:“我跟爱人分居两地,但我们感情很好,凡是节假日我都要去上海陪她。她在上海带孩子也很辛苦,很寂寞,每次回去我都要带她出去走一走。每到寒、暑假她也来梅山住一段时间,享受这里的新鲜空气。每次临走时,我们都恋恋不舍,我跟她生活几十年了,要数现在感情最好。”还有一对年轻夫妇,分居两地,他们自己有对婚姻的调适办法:“我们两人一个在上海工作,一个在梅山上班,由于上海的房子太贵,我们就在梅山安家了。夫妻分居两地并不影响我们的感情,每天我们都可以通过网络‘见面’,知道彼此每天的生活情况,每个月能有三四天在一起,等明年有车了就更方便了。夫妻之间关键要心心相通,要面对现实,学会调整自己,要有良好的心态,不要去与别人比,关键是自己的感受。”

三是不断培养自己的业余爱好,充实业余时间,养成良好的生活习惯。还有的人把更多的精力投入到工作和家庭的理财中去。

有人说:“荣华富贵大家都想要,但如果是以夫妻长久分离为代价,那么一定有许多人宁可不要荣华富贵。原因很简单,家庭的责任需要共同承担,感情需要相守在一起才能日久弥坚,婚姻需要两人长时间地生活在一起才能长久。”笔者认为,家庭生活多半是由一件件小事日积月累而成的,其中的酸甜苦辣必须亲自体会才能知道。作为夫妻,只有共同体会,共担进退,共荣辱,才是真正意义上的夫妻。作为婚姻中人,都要或多或少地牺牲一些东西,才能保持婚姻的稳定和长久。他们“长相守”是梅山社区这些分居两地的夫妻的期盼,但婚姻的真谛却是“长相知”,有了“长相知”也就能实现“长相守”。

二、家庭结构

家庭是构成社会的基本单位，是组成社会有机体的细胞，其重要性对于整个社会有机体来说不言而喻，而维系家庭的纽带是血缘关系与婚姻关系，它们纵横交织，构成了家庭这种社会群体形式。在古汉语中，“家”与“庭”常常是分开的。《说文解字》里说：“家，居也，从占穴。”①意思是指居住的地方。对“庭”的解释为：“宫中也，从广。”②意思是指室内。家庭合用，意为家族。在现代语境中，家庭的含义与古代有所差别。《中国大百科全书・社会学》对家庭所下的定义为：“由婚姻、血缘或收养关系所组成的社会生活的基本单位。”③本书主要研究这种社会群体形式的构成方式，也就是家庭成员之间不同的组合关系和组成方式，即家庭结构④。

（一）演变中的家庭结构

家庭结构的要素有两种：人口要素和代际要素。人口要素是指家庭成员的数量和规模，而代际要素是指家庭成员中的代际情况，两者间的相互作用形成不同类型的家庭结构。按照家庭成员的代际层次和亲属关系，社会学把家庭归纳为以下几类：① 核心家庭，由一对夫妻和子女两代人所组成的家庭，通常不和别的亲属住在一起；② 扩展家庭，即一个家庭包含三代及三代以上的成员；③ 单亲家庭，由一个父亲或母亲及子女组成的家庭；④ 寡居家庭，指仅有一人组成的家庭，包括终身不娶或终身不嫁的独身主义者，或丧偶、离异后单独生活的人；⑤ 其他家庭，如空巢家庭、轮值家庭、未婚同居家庭等。从梅山社区家庭结构几十年的演变来看，它们既有家庭结构应有的特征，也有其本身独特的特点。

梅山社区是典型的单位制“移民”社区，它是依托梅山企业的建立而形成的。从20世纪60年代的荒山野岭发展到今天设施齐全的现代化工业社区，凝聚了几代人的辛勤汗水，而生活在社区里的每个家庭，也随着形势的变化而不停地分与合。梅山企业建厂初期，几万名建设者来到梅山地区，他们中的大多数是单身一人从上海来到梅山工地。当时由于没有固定房屋，职工都住在临时工棚里，那个时候谈不上家庭生活。1971年下半年，梅山家属区开始投入使用，大部分职工眷属和子女陆续从上海来到梅山。在这一时期，梅山社区的家庭结构比较单一，大部分是夫妻两人或夫妻及未婚子女组成的核心家庭。20世纪70年代后期，由于大批“四面向”干部落实政策回沪，但其配偶或子女仍在梅山工作，这就出现了一些“准单亲家庭”和“准单身家庭”⑤。随着大批职工结婚，同时又出现了很多新的夫妻两人组成的

---

① 许慎. 说文解字[M]. 合肥：黄山书社，1993.

② 同上.

③ 中国大百科全书社会学编辑委员会. 中国大百科全书・社会学[M]. 北京：中国大百科全书出版社，1991.

④ 邓伟志，徐榕. 家庭社会学[M]. 北京：中国社会科学出版社，2001.

⑤ 并不是真正意义上的单亲家庭和单身家庭，仅是一个家庭的成员分居在不同的地方，因此在前面加“准”字。

核心家庭，那个年代，核心家庭仍占主流。

ZDW的父亲是“四面向”干部，当初来梅山时，他和他的母亲及姐姐留在了上海，那时，他父亲住在集体宿舍。后来，梅山家属区建好后，因当时有政策，凡是“四面向”干部可以带一个子女到梅山工作，ZDW就跟随父亲来到了梅山，他姐姐也下放到云南，于是，他母亲就来到梅山与他们一起生活，梅山分配的房子虽然不大，但跟上海的房子比宽敞多了。像ZDW这种类型的家庭在当时有很多。由于当时的梅山社区是企业办社会，所以职工的吃喝拉撒全部由单位负责，单位向职工提供免费的午餐，还有丰富的鸡鱼肉蛋等副食品。ZDW和父母都在梅山企业上班，他们基本上没有什么其他开销。粉碎“四人帮”以后，梅山企业的“四面向”干部开始落实政策回沪，大部分被组织安排回上海，此时，又引起了梅山社区家庭的震荡。如果回上海，好不容易团聚的家庭又要分开，但是如果错过机会，以后就不能回上海了，这时候，很多家庭处于两难境地。ZDW的父亲经过一段时间的思想斗争，最后还是选择回上海，这样，在梅山就又出现了许多“准单亲家庭”和“准单身家庭”，这也是梅山特殊社区在历史背景下形成的特殊的家庭结构。

20世纪80年代至90年代中期，梅山的家庭结构发生了很大变化，核心家庭一统天下的局面转变为主干家庭与其平分秋色。在此期间，梅山第一代上海人的子女逐渐长大成人，由于当时梅山公司有顶职等政策，梅山公司职工子女可以到梅山公司工作，大部分职工子女没有离开梅山，他们在这里成家立业。由于单位住房比较紧张，那时我国虽然开始实行住房货币化政策，但梅山公司此项工作开始较晚，因此还处于福利分房的阶段。由于梅山在这一阶段婚龄人口比重很大，房源特别紧张，大部分家庭的子女不能分到新房，他们结婚后只能跟父母住在一起，因此子女多的家庭就会出现矛盾，有的只好出去租房住。此时，梅山的家庭结构主要有核心家庭和主干家庭，另外，也出现了父母和两对或两对以上已婚子女组成的联合家庭。

QWS结婚比较晚，他的妻子也在梅山公司工作，妻子的父亲也是“四面向”干部，由于他妻子兄弟姐妹多，结婚后，QWS和妻子不符合分房的条件，他们只好居住在父母亲所分配的房子里①。用他们的话说，这样省事又省钱，吃喝拉撒有人管，但有时也不方便，尤其是朋友来玩时要看老人的脸色，不太自由，平时夫妻说话不能太随意，QWS跟那些兄弟姐妹多的家庭相比还是很不错的。他向笔者讲了他一位同事为了房子与父母闹纠纷的事。该同事是老大，有一个弟弟、一个妹妹，他们一家五口住在两室一厅的房子里。他的女朋友是外地人，也在梅山上班，他们交往几年了，就是因为没房子，婚事一直没办。他想让父母亲给一个房间给他们结婚，但他父母考虑还有两个孩子也住在家里，让一个房间给他们，其他人就没办法住了，就没有同意他们的提议。这时，他的女朋友向他提出了分手。最后，他回家与父母大

① QWS父亲离休后又回到梅山来住了。

吵一架，发誓不再与父母来往，这事一直闹到了单位，后来，单位出面给他们在外面租房子结婚，像这样的例子在当时也有不少。在访谈中，笔者还了解到：兄妹结婚后与父母合住的联合家庭经常发生矛盾，有的兄妹见面跟仇人一样，这种家庭气氛必然也会影响夫妻的和谐。正如费孝通先生所言：“夫妇之间需要高度的契洽是为了要经营全面合作的生活。他们需要相互依赖以得到满足的地方太多了，因之，只要有一两个方面不相融洽，整个夫妇间的生活都会搁浅。”①

20 世纪 90 年代末，梅山公司结束了福利分房，梅山社区住房制度实行市场化改革，梅山职工纷纷购买房子，大部分年轻人的居住条件得到了极大改善。而梅山企业用人制度的改革导致梅山社区人员流动性增强，梅山社区的家庭结构又出现了比较大的变化，主干家庭逐渐又被核心家庭所替代，联合家庭几乎不存在，同时出现了一些隔代家庭和空巢家庭，核心家庭又回归到主流地位。

DGQ 的儿子虽然与他们同住比较方便，但儿子还是选择了买新房。儿子居住的小区离父母居住的地方不远，平时孩子跟父母住在一起，节假日他们就到父母那里去看孩子，平时午餐在单位吃，晚上回家做一顿主餐。他们说，这样居住比以前好多了，一是避免了许多矛盾；二是能有自己的生活空间；三是孩子跟老人住一起，隔代亲，老人不寂寞了，还把孩子当成宝贝，解决了子女的后顾之忧。由于梅山用人制度的改革，梅山职工子女进入梅山公司的门槛抬高了，他们与外人相比不再有什么优势，凡是进入梅山公司都必须经过层层选拔考试，这使得梅山职工子女向外流动。有部分人把孩子放在父母家里，自己到外地找工作，这样就形成了隔代家庭；还有些子女到上海买房，迁回上海居住，而他们的父母却不愿意离开梅山，这样就出现了老人独居的现象，即所谓空巢家庭。这一时期，梅山社区的家庭结构形成以核心家庭为主，隔代家庭、空巢家庭等多种形式共存的格局。

纵观梅山社区家庭结构演变的过程，核心家庭始终占主导地位，但形成的原因不一样。20 世纪 70 年代与 90 年代相比形成的因素不一样，70 年代，由于大批职工从上海迁移至梅山，当时梅山的生活条件和居住环境比较差，不少家庭的其他成员在上海不愿来梅山，这样就决定了每个家庭的人口不会太多，而随同父母来梅山的孩子年龄不大，在较长的时间内必须和父母生活在一起，这就形成了比较稳定的核心家庭；90 年代住房的货币化制度改革为家庭结构的演变提供了条件。越来越多的人希望通过改善居住条件，为自己创造私密空间，从而提高自己的生活质量，这也是核心家庭回归的主要原因。梅山社区主干家庭的出现与当时住房紧张密切相关，同时也是核心家庭演变的必然结果。而联合家庭的昙花一现，证明了现代人思想观念的转变，传统大家庭一起生活的观念不再被人们所认同。隔代家庭、空巢家庭的出现更应该值得社会给予关爱和关注。至于那些“准单亲家庭”和“准单身家庭”也是

---

① 费孝通. 乡土中国生育制度[M]. 北京：北京大学出版社，1998.

梅山企业的政策使然，虽然是梅山人家庭类型在某一阶段出现的，但却给梅山人的生活带来了很大的影响。

（二）特殊的留守家庭——“快乐单身汉”

这里的“快乐单身汉”是指夫妻结婚生子后，妻子、儿女甚至第三代一起在上海生活男性单独留在梅山的现象，我们称之为“准单身家庭”。它不是实质性的单身家庭，这种“准单身家庭”与家庭社会学中的“单身家庭”的内涵部分相似。为了研究梅山特定时期家庭结构的需要，笔者采用了这个名称。

在梅山，“准单身家庭”出现过两次高峰。一是梅山建厂初期，随着家属区投入使用，有部分职工分到了住房，但其家人并不常住梅山，夫妻分居两地；二是1998年梅山钢铁与上海宝钢合并以后，梅山的回沪政策使然。1998年之后，有政策规定凡是从上海迁入梅山的上海人，目前在上海的住房面积达到六平方米以上的，可以落户到原居住地所在的派出所。这个政策在梅山人当中掀起了回上海买房的高潮。许多提前内退的女职工纷纷回上海，有的将子女转到上海读书，她们在上海边打零工，边照顾读书的子女，有的回上海照顾在上海工作的子女。由于梅山企业属于上海管辖，因此梅山职工子女的升学一直享受上海的优惠政策，梅山职工子女通过升学考试到上海高校学习，毕业后，大部分也会留在上海工作。这部分人往往在上海组建家庭，因此留在梅山的母亲们退休后也会回到上海帮他们照顾孩子和料理家务，而他们的父辈们还没到退休年龄，就必须留在梅山继续工作。

这一类梅山上海人生活在一个有家庭但无实质家庭生活的状况中，他们戏称自己为“快乐单身汉”。“快乐单身汉”其实并不快乐，这是他们对自己生活状态的一种自嘲。

有一位受访者说：“我今年才五十几岁，还有几年才退休，现在我一个人住两室一厅，老婆孩子都到上海去了，只有我孤零零的一个人。最难受的就是晚上时间，幸亏像我这种类型的家庭在梅山有好多，有时下班后我们几个关系好的就聚在一起，打打牌，聊聊天，有时就轮流到每家去玩，实在没事就在家看看电视。梅山这地方每天晚上八点以后除了苏果超市还营业，其他没有地方玩了，我有时还和同事在小区内锻炼身体”。

梅山的单身汉并不是没有机会去上海团聚，部分是因为他们不舍得在梅山享有的工资福利，再就是他们与上海之间的差距增大，虽然是上海人，但已经不适应现实中上海的工作节奏和拼搏精神了。有一位受访者说：“我已经适应了在梅山工作，有些人到上海去打天下感到很累，那里竞争太激烈，梅山人适应不了。不少人调回上海后就后悔了，我们这里“旱涝保收”，过日子还是蛮不错的。虽然‘单身’，没有人来照顾我们，但是为了下一代，吃点苦也值得。等我退休了，我还想在梅山住，上海那里一年去几次看看就行了，要不，就跟不上形势了，儿女们要笑话我老土了。”

另一位受访者则说：“我们最盼逢年过节，那个时候，去上海的车队浩浩荡荡，十几辆，真是梅山的一道风景,不得了的。不过话说回来,梅山这地方居住环境还是很不错的,房子比上海便宜,物价也不高,这里的空气特别好,有时到上海去都感到不太适应了。”

笔者在梅山碰巧也访谈到一位快七十岁的上海老人,目前退休后在梅山开了个便利店。他说以前他是学音乐的,在学校里是音乐老师,也擅长舞蹈。退休后,梅山社区活动中心聘请他去做舞蹈老师。他说:“这里跳舞的人很多,有时场地还嫌小,有些人跳舞的热情可高呢,甚至为舞伴还会发生矛盾呢。”由于梅山地处偏僻,使得社区人的业余生活相对枯燥,舞蹈作为人际交流的中介,自然成为人们热衷的项目。然而,跳舞使有些“单身汉”跳越了家庭的门槛,威胁到对家庭的忠贞。一位去上海帮子女照看孩子的妻子不无担心地说:“作为妻子,我们也想尽做妻子的责任好好照顾他们,但孩子们更需要我,我在上海只要一有空就来梅山照顾他。其实,我心里最不放心的就是他的饮食,担心他不会照顾自己,虽然他会烧一手好菜,但一个人生活他也就没兴趣做菜了。再就是把他一个人放在这有点不放心。梅山跳舞的人多,我怕他跳时间长了出问题呀。我们这就有人跟别的女的好上了,一直在闹离婚呢!”

梅山社区留守家庭的“快乐单身汉”们渴望幸福生活,盼望有家的归属感,但更关心下一代的成长,他们用自己的寂寞和孤独去换取儿女们的快乐生活,这是一种情结,更是一种无私的父爱。这类家庭中夫妻感情更需两个人的精心维护,在哪一方面互动不融洽就会影响夫妻关系,但如果夫妻之间互动特别融洽,又可以消除或减缓因分居而产生的矛盾和摩擦。

三、居家生活

居家生活涉及家庭生活的方面很多,既包括物质方面的,也包括精神方面的。这一部分将主要从居住、语言、饮食三个方面进行阐述。

(一) 居住:单位制的保障模式

梅山人的居住条件与环境是随着梅山企业的发展而不断改善的,从建厂初期的简易茅草房,到今天规模庞大、配套设施齐全的现代化住宅小区,凸显了梅山人的居住条件的巨大变化。

建厂初期的梅山到处都是荒山秃岭,在“先生产、后生活”思想的指导下,梅山企业中从上海来的领导和职工大部分居住在用竹篾、油纸、芦席搭建的临时工棚里。当时上海市物资局首批就拨发了5万根毛竹给梅山,江苏省政府和南京市政府也从各方面调集竹篾、油纸、芦席等物资,确保梅山企业的需要。那时床铺也紧张,职工们就用稻草铺在地上作床用,到了冬天,茅草棚四处透风,只好在外面涂上一层泥浆用来保暖,这样的居住条件持续了近两年。

1971年下半年,梅山厂区一期生活区住宅基本建成,有15.32万平方米,能容纳2万人居住。一期生活区住宅的布局利用自然地形的高差，因势建造，整体住房的建造标准较低。当时梅山建设者坚持“占地少一些，土方省一些，规模小一些，服务设施布局散一些，标准低一些，项目完备一些，规划灵活一些”的原则，以较快的速度和较少的投资，建成相对较为配套的生活区。这期住宅都是单元式，共有四种类型：其一为短外廊式和长外廊式，单元门均为北进口，以四层楼房为主，此类房为一室半户型，每层每单元由四户一室半户组合而成；其二为一室户与一室半户组合型，以一室户为主，每层每单元由八户一室户、两户一室半户组合而成；其三为一室半户与两室户组合型，每层每单元由两户一室半户、两户两室户组合而成；其四为合用户组合型，基本上以 12 开间为主，每层每单元由六户一室户、四户一室半户、两户两室户组合而成。上述房屋总的建造标准是偏低的，房屋的墙是空头墙，不搞外粉刷，均无阳台，整个生活区外貌感觉很单调。内部无壁橱，合用蹲式厕所，不能完全满足使用需求，房屋抗震能力弱，渗水严重①。尽管一期生活区房屋质量差，户型也不能完全满足居住人的需求，但由于职工人数多，房屋少，房屋依然非常紧张，再加上特殊历史时期的影响，梅山厂区将近十年时间没有再盖过房屋。因此，在梅山社区形成阶段，梅山职工的住房条件不是太好，当时人均住房面积不足 4.5 平方米，还有不少人无房可住，造成了不少家庭两地分居。这类住房现在还有一部分仍存在，房屋已经很破旧，所居住的人基本是梅山社区最贫困的阶层。

20 世纪 80 年代，随着企业的不断发展，梅山社区也在发展壮大。从 1980 年开始，梅山社区陆续新建公房，在职工的要求下，新公房改变了老公房的不足之处，户型主要有三种：一室半、两室、两室半。这种住房有独用的方厅，较正规的厨房、厕所，有阳台、壁橱等，同时，单位还建造临时住房，作为“鸳鸯楼”，解决职工结婚无房的问题。与此同时，单位还根据职工职务的高低，将房屋分为二类房、三类房和四类房。由于住房的紧张，在梅山的上海人充分发挥“石库门文化”，不断改造现有房屋，上海有句俗话叫“螺丝壳里做道场”，就是说明如何将最小的空间进行最大化利用的。在实地研究过程中，笔者特意留心看了一下 20 世纪 80 年代的建筑，这些房子现在都以个人的名义买下来了。从外观上看，会发现每家的阳台外都有用钢筋围着的一个很大的四方形凸出来。他们介绍说，这是晒衣服用的。晒衣服的时候，用竹子将衣服串起来，放在上面，这样衣服被充分展开，可以最大限度晒到阳光，容易干。这种晾衣服的方式给人看了有一种很不雅的感觉，而且与上海人注重个人空间私密性的生活方式却也有些不符。上海人看不惯外地人蹲着吃饭的陋习，听不惯外地人大嗓门地到处嚷嚷，却把本身应该归入专门空间的衣服充分展示在公共空间中，这或许是因生活空间狭小、简陋而作出的无奈之举吧。

20 世纪 90 年代末，梅山公司的住房制度改革进入了关键时期，此时，出台了三项改革措

① 梅山冶金公司编．梅山冶金公司志(1969—1988)[M]．上海．上海人民出版社，1989.

施:一是扩大部分离退休职工自行选购住房的范围;二是向公司职工优惠出售已租住成套公房,结束了梅山职工无偿分配成套公房的历史;三是集资建房,缓解建房资金紧缺状况,加快解决职工住房问题。从此以后,梅山公司职工的住房条件有了根本性的改变,新建的合建房和商品房,大部分是两室一厅和三室一厅,另外还有一些大套的,可以满足不同层次职工的需求。为了改善职工的居住环境,梅山公司投入大量资金在各小区兴建绿化,修缮道路,改善基础设施,为社区属地化提供良好的条件。

此外,梅山社区还有一种特殊的交通工具,即“电动四轮车”。梅山社区由于是依托梅山公司而建的,所以各个小区之间的距离不是太远,公交车在小区基本用不上,但如果步行,最远的两个小区之间要花半个多小时,因此既便宜又方便的交通工具“电动四轮车”应运而生。它是梅山社区独特的代步工具,以电池为动力源,一般情况下由外地人在这里经营。这种车在梅山社区很流行,它是梅山社区内主要的交通工具,乘坐一次价格为4～5元。但这种车坐起来很不舒服,一是声音大,二是颠簸,三是不安全。

(二)语言:以上海话为主流的言语交际

语言总是要随着社会的发展而变化的,无论置身于哪个地域,语言的发展常常是顺其自然的,只有这样变化才能带来语言的自然丰富和健康发展,而且语言也会自动择优除劣,梅山社区语言的发展历史充分证明了这一点。

梅山建厂初期,由于大部分建设者来自上海,上海话自然就成为梅山这一区域交流和工作的主要语言,无论是在工作场所,还是在平常的生活中,人们都说上海话。那些少数非上海人,为了融入这个社区,也对上海话逐渐认同,并有意识地接纳上海话,就连那些外地来到梅山的小商小贩也都学会了上海话。在梅山的访谈中,SYF对笔者说:“他们适应我们上海人,学我们讲话,他们讲话比我们讲话还好。上海话在梅山是通用语言,大家都习惯了说上海话。”当问及为什么大家都要说上海话时,SYF说:“我们是从上海来的,梅山企业是上海的企业,这里完全处于上海人的领导之下,上海人主导梅山的任何事务,我们跟地方一般不接触。而且,南京话我们说不来,也没有必要去学,在梅山,他们要适应我们上海人,而不是我们去适应他们。”

梅山社区形成初期,上海话在梅山属于强势语言,会说上海话其实是“民系认同和身份认证的重要标志”[①],语言在此时具有认同功能。身在梅山的上海人,无论何时他们都有一种归属的需要,而语言是他们实现这种归属的重要途径。保留说上海话的习惯,也等于他们维系着与上海人这一群体之间的认同纽带。同时,说上海话,也是他们认为自己优越于本地人的一种表现,此时,上海话就变为地域文化的载体之一,承担着独特的社会功能。

---

① 游汝杰.方言和普通话的社会功能与和谐发展[J].修辞学习,2006(1):1-8.

语言从本质上来说是一种社会现象，一种语言，无论处于怎样的主导地位，都会随人们之间的交流而产生变化，社会语言学家称这一现象为语言的变异。20世纪八九十年代，梅山企业的用工制度发生了变化，一批批非上海人被作为人才引进到梅山企业工作，企业的扩建使得许多征地工也被安排在梅山企业，而第一代上海人的子女对上海话的传承也不是那么到位，此时，出现了上海话、本地话和普通话共存的局面。这正如游汝杰所说的那样"方言历史演变的宏观取向是劣势方言向优势方言靠拢，方言向共同语靠拢。"①梅山这种"多种语言和方言的并存并用现象，是由它们的社会功能决定的，不是行政命令或人们的主观愿望所能左右的。正确的态度是让它们发挥各自的社会功能，并存并同，和谐发展"②。在梅山，尽管有三种语言共存，但它们仍有强弱之分。从工作语言角度来看，上海话强势，普通话与其共存。由于上海人在梅山企业的各个部门掌握着话语权，他们比较喜欢说上海话。但有时在技术交流方面，面对着越来越多的非上海人，他们就改用普通话。从社区生活角度来看，本地话强势，上海话、普通话与其共存，由于在梅山社区，除了个别小区集中居住着上海人，大部分社区是上海人与本地人或外地人混合居住，而社区配套服务机构的人员也习惯使用本地话。当上海人经常与本地人接触时，彼此都习惯使用各自的方言，上海人习惯于使用上海话，而本地人使用当地语言已形成习惯，想在短时间内学会上海话也不可能。于是，在梅山社区中上海话与本地话由对垒到交融，最后，出现了两种方言的变异，即梅山上海人讲的上海话中有南京方言，而梅山的非上海人的普通话或南京方言中夹杂着上海话。

不同的语言或方言相遇时会产生"语言接触"现象，即在接触过程中的相互影响，相互渗透，可表现为语言的借用、双语多语、双言或多言、语码转换，有时会形成洋泾浜语和克里奥语③。WSF给笔者讲了一个有趣的事："有一次我回上海，与外甥女聊天，随口说了'你搞的不得了'，说得我外甥女不知所措，'舅舅，侬这是？'后来他解释了好长时间，我外甥女才明白什么意思，到现在只要外甥女跟我见面就要来一句'你搞的不得了'。"

在梅山，许多上海人在说上海话时，也会在不知不觉中夹杂着南京的方言。虽然梅山上海人讲上海话，但南京方言中"搞"这个字在他们的语言中使用的频率也很高了。同样，梅山的非上海人在他们的语言中又夹杂着上海话，如"大厦"变成了"大厦(xia)"，"精明"变成了"精明(gua)"等。游汝杰曾提到："不同民系之间的文化交流和方言接触有可能产生方言的借用和模仿现象。"④"每一种活着的语言都有充分的吸收功能，会在社会生活必需时吸收新词汇，也不害怕与其他语言接触。"⑤在梅山社区语言发展过程中，上海人与本地人互相交流

---

① 游汝杰.汉语方言演变的文化原因[M].桂林：广西师范大学出版社，1999.

② 游汝杰.方言和普通话的社会功能与和谐发展[J].修辞学习，2006(1)：1-8.

③ 佐伊基.社会语言学演讲录[M].刘明霞，等译.北京：北京语言学院出版社，1989.

④ 游汝杰.汉语方言演变的文化原因[M].桂林：广西师范大学出版社，1999.

⑤ 陈原.语言与社会生活[M].北京：生活·读书·新知三联书店，2000.

时，彼此必然受到对方语言的影响，产生语言变体现象，这既符合语言的发展规律，也能更好地满足社区人员交流和工作的需要。

从语言的发展史看，出于交流的目的，语言具有趋同的需要。当今语言的一个发展趋势是向一体化方向发展。随着南京本地经济的快速发展以及南京城市向郊区的辐射，上海人无论在工作中还是日常生活中与南京当地人和外地人的交流都增多，普通话显得越来越重要，普通话也自然会成为人们更易接触和沟通的唯一语言。

在关于使用哪种语言交流的访谈中，有师傅跟笔者讲了发生在他们工作中的一件事情：“我们的车间内有上海人，也有外地人。当上海人在一起时，我们彼此之间就讲上海话，讲得舒服、省劲，外地人根本不知道我们在讲什么。本来平时我们就不怎么跟他们往来，我们讲话也没必要让他们听懂，可他们以为我们在讲他们坏话，来跟我们理论，好玩得不得了。”

随着梅山社区属地化的顺利开展，梅山社区与当地政府的互动频繁，可因为语言的差异，在工作中也闹出了许多不愉快。SZH 讲了一个这样的故事：“梅山上海人到当地政府部门参加会议，他们在休息期间喜欢用上海话聊天，由于上海话语速快，搞得南京当地人根本听不懂他们在讲什么，叽叽咕咕的，以为他们在说别人坏话，因此对他们很反感。后来，梅山街道领导给他们下了一个命令，到雨花台区开会时不许讲上海话，一定要使用普通话。”

因此，为了减少语言之间的沟通障碍而带来的麻烦，推广普通话已成为梅山地区对外交流的需要。普通话被要求作为工作语言使用。在梅山社区，你可以看到每个领导的桌上放着一块“请讲普通话”的牌子。普通话也逐步成为梅山社区的主要用语，这是社会发展一体化的必然趋势。但此时上海话和本地话也并非相互矛盾、水火不容，它们有其独特的文化价值及社会功能，彼此互相吸收、共同发展，并在一定的区域内使用。笔者认为，在经济快速发展、人才广泛流动和互联网普及的当今社会，推广普通话是语言发展的一个趋势，但作为“飞地型”移民社区，应在梅山社区里创造一个宽松的多语环境，让各种语言在人们的相互交流过程中取长补短，才能真正发挥语言作为信息载体、交际工具的作用。

（三）饮食：福利制下的趋同化

食物作为人类社会生活最基本的需求，在人类文化研究中占据着重要的地位。可以说，我们每天吃什么、怎么吃、在哪儿吃、和谁一起吃，都是文化的具体表现。食物成了集体文化认同的象征性标记。就如，“米饭在日本的中心地位得到了详细描述。同样地，法国、意大利和德国的烹调风格可被看作建构以食物为基础的集体认同的手段。喝什么同样如此——俄国伏特加、德国啤酒、美国可乐。食物不仅提供我们生存所需的营养，它还是有机体产生的体液同外来物质摄入的连接点。集体文化使食物摄入转而进入一个象征的背景中，其功能不同于作为营养基础的功能。”①梅山社区是典型的单位制移民社区，由于长期处于单位的呵护之下，其饮食文化也有很强的单位制文化的色彩，从其变化的特点来看，具有趋同性。

梅山社区形成阶段，当时的生活条件比较艰苦，如前所述，企业是在“先生产、后生活”指导思想下建立起来的。那个时候，能让职工填饱肚子是开办集体食堂的主要目标。于是，白饭、白粥、白馒头和三荤两素加一汤是食堂的菜谱，而对于饭菜的口味则没有太多的讲究，这对于大部分来自上海的职工来说不太适应，但他们又没有其他选择。后来，单位为了进一步改善职工的生活条件，提出“南菜北饭”的口号，即菜要有南方各地的特色，主食要学习北方，多做一些品种。经过一段时间的不断调整和改善，食堂的饭菜质量有了较大提高，相比较而言，梅山企业职工的生活条件比起南京本地人要好得多，因此，当时梅山企业职工对自己的生活条件还是比较满意的。

梅山社区发展阶段，梅山企业专门成立了行政福利处，负责梅山职工的生活，所有与职工生活相关的吃喝拉撒都由单位负责。当时单位有三个食堂：一是大食堂，它是多层次的服务部门，服务对象从职工到读书的学生、离退休的干部，服务品种和方式从职工的生日蛋糕到幼儿园的点心，从时令特色点心到多样化的日常三餐，从卤菜、小锅菜到夜宵服务等应有尽有；二是机关食堂，重点为机关职工服务，除了供应正常的三餐外，还根据供需情况，配有花色盆菜，代加工馄饨皮、生面条等；三食堂主要接待来宾，承办喜庆宴席。

同时，为了满足职工生活需要，单位自办菜市场，专门为单位职工服务，动用各种资源，组织菜源，保证供应。为了满足井下职工的需求，单位还办起了冷饮厂，常年为职工供应各种冷饮制品。那时候，只要职工有需求，单位会想方设法尽量满足职工②。

发展阶段的梅山企业中，职工的福利非常好，他们的“菜篮子”几乎由单位统包。尤其在计划经济时期，梅山职工的副食品基本上不用到市场上买，单位每周都会统一发放福利，或者是带鱼，或者是鸭子之类的，或者是其他食物。梅山企业的各个部门都备有一杆秤，其主要功能就是用来分发食品。梅山企业当时福利好的原因主要源于梅山企业用自有资源，如炼钢的碎渣等与山东地区交换苹果等。同时，梅山上海人对各地的信息还是比较灵通，这也为他们顺利交换副食品提供了帮助。

梅山企业职工引以为傲的是“我们家什么家电没有都行，但没有冰箱不行，而且每家的冰箱都很大。”访谈中 LWZ 老人对笔者说：“在梅山居住，以前每家电视机不买不要紧，电冰箱一定要买回来，不然单位发的副食品怎么办呢！以前基本上不用买荤菜，我 1987 年来梅山，原来是一个星期发两次三次荤菜，苹果、梨子一发就是一箱，基本上家里多得来不及吃，鸡蛋这些都不要买的。当时在我调过来之前我问我哥我要准备什么，他说我要把冰箱买好，

① 瓦西纳. 文化和人类发展[M]. 孙晓玲，罗萌，等译. 上海：华东师范大学出版社，2007.

② 梅山冶金公司编. 梅山冶金公司志(1969—1988)[M]. 上海. 上海人民出版社，1989.

所以我把冰箱买好后带过来的，来的第二天就发带鱼了。我记得最清楚，那个时候不发奖金，主要发副食品。”

这种高福利使梅山职工衣食无忧，但是长期吃相同的东西，也使梅山社区的饮食文化趋于单一，其创新远远落后于上海和南京市区。在访谈中，WZR对笔者说，他们有一次去南京市区给别人帮忙，人家招待了一顿饭，感觉非常可口，因为终于可以吃到和平时不一样的菜了。所以，单位统包职工的副食品，使得梅山社区饮食文化发展处于停滞状态，饮食个性化得不到张扬，造成职工饮食趋于一体化，这也不利于梅山饮食文化的发展。

梅山社区转型过渡时期，分发副食品的时期结束。而社区与单位渐渐分离，大量社会资本投入到社区建设发展中来，梅山社区形成了丰富的副食品供给体系，职工虽然需要用钱到市场上买日常生活所需的食材，但从某种角度来讲，他们饮食的个性化却得到了体现。尤其是上海人，他们承袭了上海人的饮食习惯，不咸、不酸、不辣、不香，鲜而带甜，这种特征表现在菜的选择、制作和口味三个方面。选菜上他们喜欢挑新菜，什么东西上市了他们都喜欢尝一尝，“上海人来了，本地的螃蟹、螺丝全贵了”，就连一些菜的名称也随着梅山上海人而改变，如上海人叫菜秧为鸡毛菜。在菜的烹饪方面，上海人讲究量少而精细，荤素搭配，注意营养，而且不浪费。吃螃蟹为例，他们一般是来亲戚的时候才买，通常买六到八只，洗干净后放在蒸锅里蒸。把剩下的螃蟹肉剔出来包馄饨、或者做蟹黄包。在做菜的口味上，他们也很讲究，口味要爽口，感觉新鲜带点甜，如他们用大白菜做泡菜时，先把大白菜切成丝，再用盐稍微腌一腌，然后把水挤掉，再放点糖，再放辣椒拌一拌。由于梅山社区与当地互动性的增强，当地饮食习惯不断冲击梅山社区的家庭生活，尤其是梅山第二代上海人与当地的通婚日益增多，饮食逐渐形成多样化的态势。

第五章 代际传承

代际传承是文化传递的基本途径之一，包括代际文化传承、职业传承、代际差异等，涉及人类生活的方方面面，是人类社会延续和发展的重要前提。代际关系对代际传承的顺利进行，起着非常重要的作用。所谓代际关系通常指两代人之间的人际关系，泛指老年人与年轻人之间的关系。比如，祖辈和父辈、父辈和子女辈，或者祖辈与孙辈。在传统社会，由于社会发展相对稳定，社会环境不会有太大的变化，年轻一代在年长一辈的规训下，习得的价值观念、社会规范与年长的一辈人较为一致；在一个开放的社会或急剧变革的社会时期，两代人之间对同一现象或一系列社会现象会有不同认识，其价值观念就会产生明显的差异，通称"世代隔阂"或"代沟"。

一、家庭文化传承与教化

家庭是孩子社会化最早的机构，家庭不仅承担着养育、经济的功能，还承载着文化传递的功能。家庭作为第一个社会化机构，将人们从生物人培育成社会人，成为合格的社会个体，并复制其所接受的文化传统，成为具有特定文化素质、特定文化气质的社会成员①。同时我们还意识到由于所处的环境不一样，"每个家庭似乎都产生了自己的或多或少的有特色的产物"②。而这"有特色的产物"的传承又是靠个体对生活实践的体悟，通过践行的方式实现的，常渗透在家庭主体之间的互动中，在潜移默化中完成"有特色的产物"的传递过程。因此家庭文化传承不仅涉及向年轻一代传递什么，还涉及如何传递，即传递的内容和方式，梅山社区上海人的家庭也不例外。

（一）家庭文化启蒙和教化

梅山社区在很长的一段历史时期都处于自给自足、相对封闭的生活状态，这里的孩子从出生到成长再到就业，大部分没有离开这一社区，因而，家庭的养育和教化对他们尤为重要。孩子的在日常的家庭生活中，通过父母的言传、身教，直接或间接地学习社会规范、传统道德、习俗等价值体系，并逐渐将之内化。他们的文化启蒙主要表现在以下几个方面：

家长通过含蓄、间接的方法，对孩子产生积极的暗示作用，实现其初级文化传承的目的。

---

① 张怀承. 中国的家庭与伦理[M]. 北京：中国人民大学出版社，1993.

② 英克尔斯，戴维・H. 史密斯. 从传统人到现代人——六个发展中国家中的个人变化[M]. 顾昕，译. 北京：中国人民大学出版社，1992：347.

暗示是指在无对抗的条件下，用含蓄、间接的方法对人的心理和行为产生影响，从而使人按照一定的方式去行动①。暗示按手段可分为言语暗示和非言语暗示；按效果可分为积极暗示和消极暗示。言语暗示往往是家长通过言语表达自己的内容，孩子通过父母的言语来反省和评价自己，从而改变自己的行为。非言语暗示指通过眼神、肢体语言、表情等来让孩子明白哪些是许可的，哪些是禁止的。积极有效的暗示能够帮助孩子正面思考和解决问题，有助于孩子增强抗挫折的能力，对孩子意志、品德的形成起到积极的作用。笔者与一位访谈对象谈及积极有效的言语暗示的作用时，她告诉笔者这样一个育儿的例子：“我的孩子刚学走路时，常常会摔跤。起初他会边哭边望着我们，好像很委屈，于是，我用言语鼓励他，让他自己站起来，有时他很不情愿的，但当他起来以后，我进一步夸赞他，有时还给他奖励，这样孩子再遇到困难时，他就会明白自己必须去解决，所以别人总会说我家的孩子独立能力强。”

上海文化熏陶下的梅山上海人的含蓄暗示教育更多的是一种非言语暗示，父母的眼神、一举一动时刻影响着孩子，是孩子效仿的对象，对孩子的成长有一定的导向作用。

梅山社区的第一代上海人大多数是“四面向”干部和技术工人，整体素质比较高，在培养孩子方面更趋向潜移默化的长久影响。在日常生活中，家庭成员的言行之间、笑颦之际都会对孩子的感情和心理产生影响。

WZC 师傅说：“以零花钱为例，平时我们不会随意给孩子零花钱。如果孩子需要，我们认为是合理的，我就把钱放在她房间的桌子上；如果不合理的，我就不会主动放了。时间长了，她看看桌子上是否有钱，就知道我们的态度了。”家长通过是否放钱在孩子的桌上这一行为举止来含蓄地将自己的意图告诉孩子，让孩子知道自己的要求是否合理。

再如，以餐桌礼仪的教育为例，WZC 说：“每次吃饭时，我们常常教孩子如何用餐，尤其他喜欢吃的菜肴不能独享，要与别人共享，特别是家里来客人时，要懂礼貌，守规矩。由于平时的教化，每次有客人时，在餐桌上，他会不时地看看我们，我们点头或微笑，他知道我们对他的表现满意，我们皱皱眉或很严肃，他就知道我们对他的某些行为不满意，他立即就会改过来。在出去作客时，每当看到他喜欢的菜肴时，他就会习惯地看看我们。不少老师傅表扬我家的孩子懂规矩、有教养。”无论是平时待人接物，还是在婚丧嫁娶、欢度佳节的重要日子里，上海人都非常注意自己的行为举止，非常爱面子。因此，在家庭文化传承中，他们将这些习惯通过非言语的行为暗示或认知暗示等方式传递给孩子，使孩子举止得体，并赢得别人的尊重和赞扬。

通过特定情境的感染，引起孩子的共鸣，是上海人家庭文化启蒙的另一种方法。梅山上海人传承了上海的文化习性，他们的房屋从外表上看，没有什么特别之处，但每当你走进他们的家庭，你会感觉他们的精心设计和对生活的热爱。房子再小，但各种物品的摆放比较整

① 陈一筠，陆士桢主编.家庭与下一代——国际学术研讨会文集[M].北京：社会科学文献出版社，1996.

洁、到位，良好的环境给孩子产生爱整洁的暗示。有一位被访女士跟笔者讲了这样一件事：她家女儿小时候放在奶奶家里。她奶奶有一个不好的习惯，就是平时小孩小便时，就随便找一个盆给她，或者干脆让她在地上小便，久而久之就养成了不去卫生间的习惯。由于奶奶家住的是老式公房，卫生间是合用的，加上很久没有维修，看上去很破旧，有时强迫她坐在马桶上，女儿就是不愿意。后来，她家买了新房，孩子就被他们带回了家。当时他们还担心孩子会不会随地小便，但令他们惊讶的是，孩子一到新房就高兴地跑来跑去，后来发现女儿竟然自己坐到马桶上小便了，看到他们时，女儿脸上满是骄傲的神情。干净、整洁的家庭环境，便于孩子养成良好的生活习惯。此外，良好的家庭人际关系氛围，也会使孩子保持愉悦的心情，形成积极向上、信任他人的性格，这就是人的一种同化反应形式，表现为个体对他人以及特定情境自觉产生共鸣和欣赏的心理状态①。

通过可模仿的道德样板，让孩子养成良好的道德规范，也是梅山上海人家庭启蒙和教化的重要途径。梅山社区是工业社区，这里的居民大部分都在梅山企业工作，又同是上海人，彼此之间经常来往，谁家孩子好，谁家孩子不懂事，在这个熟人社会里，大家都一清二楚。这就使得家家都重视对孩子道德品质的培养，而梅山社区的相对封闭性，使得家长成为孩子主要的模仿样板。

孩子们往往将父母的行为看成是自己行为、动作的典范，父母的一言一行会对孩子产生终生影响。民主型家庭，孩子能和父母和谐相处，孩子往往是友善的，会形成尊重他人的人格特征；若父母是专制型的，培养的孩子会暴躁、粗横。父母是孩子模仿的道德样板，孩子在父母的影响下，逐步调整自己的行为和规范，形成初步的人格特征。

社会心理学研究表明，模仿是个人受非控制的社会刺激所引起的一种行为，它再现或部分地再现他人的外部特征、性格特征和行为方式②。在家庭教化阶段，孩子接触的主要对象是父母，因此，模仿父母的行为方式总是优先于模仿其他人的行为方式，而且一旦这种模仿开始，便以几何级数的速度增长，迅速蔓延，将对孩子的一生产生重要的影响。俗话说，有其父必有其子。在梅山社区访谈的过程中，这句话让笔者有着深刻的感受，尤其梅山上海人常说："我们是不会让子女下井当矿工的。"事实也是如此，梅山上海人的子女要么回上海，即使在梅山工作的，大部分也是好工种，这一现象与父母的工作岗位和平时家庭中的耳濡目染有一定的关系。

通过代际间的互动形成契合，从而强化孩子对家庭文化的认同感。美国社会学家 T. 帕森斯认为：儿童把家庭作为一个"参照群体"加以认同，从而将家庭规范变成自己规范的一部

---

① 陈一筠，陆士桢主编. 家庭与下一代——国际学术研讨会文集[M]. 北京：社会科学文献出版社，1996.

② 同上，第 119 页。

分。儿童之所以能对家庭文化中的制度文化加以认同，重要的一点就是“亲情”的参与①。对孩子来说，父母是他们社会化过程中，接触最多、对自己最亲近的人，因此，他们更容易接纳父母的行为和态度，并将之转化为自己人格特质中的一部分。就拿上海文化中的上海话在家庭教育中的影响来说，在家中，梅山上海人比较喜欢说上海话，当孩子牙牙学语时，他们就教孩子说上海话。语言是文化的重要表现形式，他们用上海话来让孩子认同自己是上海人，来自于大城市上海，那是孩子的根。因此，在日常生活中，代际之间的互动语言就是上海话。尽管孩子们在南京地区与当地人的言语交流中受到南京当地方言的影响，但说上海话一直是他们坚持的习惯。

家庭作为人降生后第一个归属的“社会群体”，家长的教育能力、教育方式，家长的素质将对未成年的孩子行为习惯的养成和对社会的认同产生很大的影响，并将一直延续到孩子成年后。所以说，在家庭教育中，孩子是站在父母的肩膀上的，父母能走多远，孩子就能走多远。让孩子养成好的教养的最好方式就是父母能做好的表率作用，所以林语堂说：“家庭润色着中国人的大部分人生。”

（二）理想人格的形塑

中国传统文化强调，正家必先正身，身教重于言教，突出了人格修养的重要性。在社会化的早期阶段，子女往往把父母奉为理想人格典型，模仿父母的情感、认知、行为和评价方式。可见，父辈自身的修养如何，对后辈有着至关重要的影响。在早期家庭教育中，首先要孩子学会“做人”，孔子说：“富与贵，是人之所欲也，不以其道得之，不处也；贫与贱，是人之所恶也，不以其道得之，不去也。”②这是讲做人贵在有德的道理。这个道理不仅为历代文化精英们所再三强调，而且也为普通的中国人所认同。

在笔者访谈的多户梅山家庭中，他们对培养孩子如何做人有着一致的看法，他们认为孩子成长的过程要堂堂正正，长大后好好做人，对社会有用，对家庭要有责任感。晏阳初说：“家庭是制造人的基本工厂，要制造有学问、有道德的好人，须看家长是否是有学问、有道德的好人。”WZR的孩子在上海工作，目前已经进入白领阶层，他谈起自己教育孩子很是自豪。他认为，孩子小时候要让他们有爱心，别人有困难要帮助，但不要图回报；不要随便要别人的东西；小孩犯错误时，应让他们主动承认错误，应该通过讲故事启发他们，千万不能随便打骂，再就是让孩子懂规矩，尤其到别人家做客，孩子想玩东西，首先要问可不可以玩，别人家的好东西也不要随便拿，只有经大人允许后，才可以玩，家里的东西也不能随便拿出去。WZR认为以身作则很重要，身教重于言教，做父母的要严格要求自己，时刻不要忘记旁边有个正在成长的以你为榜样的孩子。

---

① 陈一筠，陆士桢主编. 家庭与下一代——国际学术研讨会文集[M]. 北京：社会科学文献出版社，1996.

② 钱穆. 论语新解[M]. 北京：生活·读书·新知三联书店，2005.

谈起如何教育孩子，QNS这样讲述道："我们家当时两个孩子都在上学，我们为了让孩子做作业时有一个安静的环境，就把孩子安排在两个房间内做作业，我和爱人一人带一个。孩子做作业的时候，我爱人在边上织毛衣陪着他，等他作业做完，再帮他检查一遍。在孩子做作业的时候，我在边上看报纸，看杂志。儿子有不会做的就问我们，我们一直这样陪着他们做作业，等他们作业完成后，我们看看电视或做其他事情。我们要给孩子树立一个好的榜样。"除了在学习上对孩子的教育一丝不苟外，在平时的言行中，QNS夫妇也特别注意。比如夫妻俩在谈论单位或其他事情时，孩子来了，他们往往就转换话题，用他们的话说，有些事情不该让孩子知道，就不要在他们面前说。

善于与孩子交流沟通也是他们教育孩子的特色之一。教育是一门科学，也是一门艺术，艺术是需要智慧的，教育孩子是一个漫长的心与心沟通的系统工程。随着孩子年龄的增长，对孩子负责不能靠简单的说教或管教，父母要善于与孩子沟通，按照其生理、心理的成长规律引导教育，恰当地选择沟通方式。饭桌上、马路上或孩子正集中注意力做事时，家长的唠叨最容易让孩子疲劳、厌烦，从而破坏了和谐气氛。YZT夫妇是这样与孩子沟通的："咱们占用一点时间好好说说话，好吗？"其实，家长已经选准了合适的时机，但他们通过与孩子商量时间是否合适，然后再进行交流，这样效果会更好。交流沟通的过程也要讲究艺术，沟通不等于说话，说话是单向的"我说你听"，沟通则是双方的"我说你听"和"你说我听"，彼此吸纳对方的部分观点，最终达成共识。沟通的态度非常重要，若重要的沟通被埋怨、指责、愤怒、讽刺等消极的态度包裹，孩子会拒绝沟通。运用沟通技巧发现孩子身上的闪光点，蹲下身子和孩子"共感"，将会发现教育不是无计可施，发现孩子并不是不可教化的。

守时守信是梅山人形塑孩子人格的另一个重要方面。笔者在梅山实地研究的两年多时间里，与梅山各方面的人员接触比较多，感受最深的就是梅山上海人非常守时守信，只要他们答应的事就肯定会履行。例如，有一次笔者到梅山取资料，事前通过电话联系确定了见面时间，但由于保管资料的人临时有一个重要会议要参加，当知道他有事时，笔者已经在去梅山的路上了。此时，他完全可以让笔者下次再去，因为笔者跟他不是太熟悉，而且他开会的地点离他办公室还有一段距离。可当笔者到了梅山，他把笔者需要的资料已全部准备好了，而且还交待同一办公室的人代他向笔者表示歉意，这让笔者很感动。事后，笔者问起这件事，他们说，从小父母就这样要求他们的。他们不仅自己守时守信，他们教育自己的子女也要守时守信，这是做人最基本的准则。

形塑孩子人格特质的动力就是"好好学习，长大到上海去"。这句话成为家长教育孩子的口头禅，也成为孩子们奋发向上的动力和源泉。不管是爷爷、奶奶，还是爸爸、妈妈，只要是上海人，他们有一个共同的心愿，就是孩子长大后能回上海去，但回上海的途径，就是要通过升学考试到上海去，要通过考试就意味着要好好学习，不仅要学好文化课，还要习得上海人的文化特质。由于梅山与上海之间特殊的关系，上辈没能实现的心愿又转嫁到儿女身上，常年的期盼，造就了儿女们心中的理想：做一个成功的上海人。

（三）生活实践的濡化

蒙培元教授认为："中国哲学是典型的'实践性哲学'，其思维方式自然是实践性的，不是思辨性的。中国人的思维具有强烈的实践性和经验特征，重视个人的实践和经验。无论是儒家还是道教，还是佛教，都把重心放在实践或修行上，而不是理论思辨上，因为中国哲学的根本宗旨是如何做人而不是建立什么理论体系，具体来说就是如何成为圣人。实现这一目的，只能靠主体自身的实践，不能靠别的力量，只能靠意志行为，不能靠理智能力和知识多少。归根到底，这是一个实践的问题，不是一个理论的问题。"①家庭把文化的主流价值观生活化、伦常化，使家庭成员在潜移默化中、在宁静淡泊的平常生活中接受传统文化的教化。梅山上海人就是把自己的家庭文化融合到具体的日常生活中的点滴小事中去，他们让子女去亲身体验、去感悟，从而使得文化在人们的生活中于渐变中实现濡化，从而实现代代相传。

在访谈中，LNS 告诉笔者，凡是从上海来的人，在他们家庭中，在孩子的清洁、着装、自立等方面非常注重良好习惯的养成，尤其注重在日常生活中让他们身体力行。"平时孩子的生活起居，一定要养成良好习惯，规定好时间，就要让孩子执行。早上七点钟起床，晚上九点睡觉，这要让他们自觉遵守，不能含糊。再就是每天早晚刷牙洗脸一定要坚持，个人要养成好的卫生习惯，这也是不能马虎的，孩子惰性大，你不监督他们有时就不做了。我的孩子还坚持冷水洗脸，包括冬天的时候也要用冷水洗，主要是防止感冒，从他们小时候就培养了这个习惯，很管用，他们跟别人的孩子比，真的很少感冒。再就是包括睡觉都要自己脱衣服，然后叠好，就连脱衣服的顺序也规定好，现在，他们长大了还保持这样的习惯。"

"习惯不是造就你，就是毁掉你。"这是全球销量超亿册《杰出青少年的七个习惯》的作者肖恩·柯维的名言。在梅山，有很多家庭非常重视孩子良好习惯的培养。

笔者的访谈对象 ZZY 说："我孙女在学校里很活跃，这也是小时候培养的。她很自立，很自主，不依赖别人，平时她能干的事情就让她自己干，不能干的就教她，这些都是对孩子的教育。我爱人经常告诉她，为什么爷爷有这么多同学，有这么多老师，就因为爷爷读过大学，让她对大学有一种向往。同时，还要培养她学会尊重人，比如说，带她到上海去，看到人要喊'叔叔好、阿姨好、爷爷好'等。另外，别人给她东西了，她要说'谢谢'，告别时，要说'再见'，这也是最起码的，都要从小就培养这些习惯。"

对于孩子独立意识的培养，每个家庭都有自己的培养方式，让孩子做一些力所能及的事，这是让孩子社会化的一种有效手段。由于梅山是熟人社区，让孩子在社区中养成良好的文明习惯，懂得尊重人，学会感恩是很有必要的。

① 蒙培元.中国哲学主体思维[M].北京：东方出版社，1998.

LZP 说:“我家孩子七岁就生活自立了,包括自己洗澡、洗衣服呀,有时候,大人做饭做菜时,让她在旁边看。在梅山,大部分是双职工家庭,当孩子放假时,午饭就成了问题。虽然单位有食堂,但孩子去不太方便,于是,就教会她做饭,还让她多练习,在她十岁时,饭菜都会做了,她一个人在家,我们也就放心了。此外,在节假日,我们常常会带她到上海去玩,让她感受大城市的繁华和发达,开阔眼界,教育她要有远大抱负。平时也让她多参加社会活动,鼓励她去做一些公益性的事务,帮助一些弱势群体。每年我们还带她到铁矿去看看,有机会还下井,让她体会矿工的辛苦,感受到挣钱不容易,从小养成节俭的习惯。”

RZW 说:“对于我们上海人来说,在生活中,让孩子学会理财也很重要。要学理财,首先要让孩子养成良好的消费观念。20 世纪 90 年代以前,梅山企业职工的生活基本上由单位包下来了,我们平时基本上不怎么消费。目前,由于单位与社区脱离,各种店都开到社区来了,消费诱惑力增强,尤其是孩子,穿衣服要名牌,吃东西想中西结合,而梅山上海人的孩子又经常到上海去,不少孩子在上海住就不想回来了,所以,在孩子小的时候一定要让他们面对现实,让他们明白大人的钱是来之不易的,享受是无止境的,要多带他们到市场上去,感受那些小商小贩挣钱的艰辛。我们梅山的孩子大部分都懂事,就像我的孩子,平时你不给钱给他,他很少开口向我们要钱,穿衣服、吃饭都不讲究,有时我们带他到饭店吃饭,他还说我们太浪费了,瞎摆阔气呢!”

二、职业传承与代际流动

社会学研究表明,传统社会由于其封闭性,几乎没有社会流动,相应地,自然也就几乎没有代际流动。所谓代际流动,是指上一代(父亲)与下一代(子女)之间的职业地位或阶层位置的变化情况。封闭的传统农业经济通过“父子相传”实现农作技术和经验的传递,一个人注定要在他父辈所属的阶级和阶层里终其一生,子承父业,代际流动很少。这是传统社会的一个典型特征。而在现代社会,传统的力量衰减,开放性增加,再加上现代社会的信息化和交通便利等条件,社会流动性增多,代际流动不仅在职业和社会地位上,而且在时空上也以前所未有的规模和速度发展。

(一) 职业传承的社会因由

梅山社区的发展经历了从相对封闭到逐步对外开放的过程,对于社区大部分来自上海的职工来说,他们常说:“在南京,我们奉献了青春,也贡献了子孙。”许多上海人的子女都与父母一样,心系梅山,扎根梅山,为梅山企业辛勤工作,形成了浓厚的职业传承氛围,究其原因,有多种因素共同影响。

梅山建厂初期,5 000 多名上海“四面向”干部中有一部分拖家带口来到了梅山,还有一批技术工人中也有一部分带着眷属来到梅山。当时的上海已经形成了“上山下乡”的强烈氛围,一批一批的学生被下放到农村,而当时的政策规定来梅山的职工能够享受带一个子女到梅山工作的优惠政策。梅山跟其他地方比起来，离上海近，又是国家重点工程，用他们家属的话说“还能吃到大米”，所以，不少职工子女选择来梅山工作，这就出现了父与子同在一个车间的场面。随着时间的推移，刚来梅山时还没成家的职工，都先后成立家庭，而“四面向”干部的子女大部分在梅山成家立业，到了20世纪八九十年代，这一批职工的子女也已长大成人。由于梅山地域的封闭性，使得梅山职工对外交流很少，职工子女们相应地与外界接触也少。他们除了常到上海去，就连南京市区去得也比较少，对他们来说最理想的工作就是能到上海去，但真正能升学考试到上海高校的毕竟是少数，因而，对于梅山企业职工子女来说，能在梅山企业工作也是不错的选择。

改革开放后，梅山企业得到了快速发展，职工的福利和待遇也有了很大提高，梅山上海人的工资标准基本上与上海一致。跟南京同类企业相比，梅山企业中职工的工资比较高，这种高工资和高福利对梅山上海人的子女具有很强的吸引力。许多梅山子女选择到梅山企业开办的技、职校读书。当时，梅山企业不断扩展，人力资源比较短缺，而企业又不能随意到其他地方招人，进人都由上海市政府统一安排。在那个年代，为了解决企业人员短缺和职工子女就业问题，国家对一些大型企业和一些农场采取优惠政策，职工子女可以进入父母任意一方的企业内就业，或是在父亲或母亲退休后接替他们原来的岗位。在当时劳动力由国家统配的情况下，很多单位通过这两种方式解决了劳动力不足问题。这对梅山职工子女来说是好事，同时也带来一定的负面影响。好的方面是解决了职工子女的就业问题，形成了子承父业的格局；坏的方面是使不少职工子女有一种依附心里，减弱了他们的进取心，在他们心里形成了“不管学习努力不努力，反正有工作干”的思维，从而也为梅山企业职工的职业传承奠定了基础。

此外，梅山的特殊户籍制度也为梅山企业职业传承提供了条件。由于梅山企业是上海的外地企业，它隶属上海市管理，企业与南京当地政府互动不是太多，而梅山职工的户籍管理也比较特殊，它有自己的户籍管理部门，由上海市管理，这使梅山企业与当地政府的关系渐渐疏离，地方政府也就不过问梅山企业职工子女的就业问题，从而也为梅山上海人职业传承及在梅山的延续提供了条件。

（二）职业传承的嬗变与代际流动的认知

梅山社区上海人的职业传承是随着国家政策和企业改革而不断变化的，职业传承实际上也是计划经济的产物。由于人员不能流动，企业的劳动力由国家统一调配，企业用人没有自主权，这种状况在梅山企业持续了15年。改革开放后，用人制度有所改变，直到20世纪90年代末，梅山企业的用人制度才完全市场化，职业传承逐渐减弱，代际流动进而成为主流。

梅山企业在1984年以前的所有干部和职工的进出都是统包统配，按指标接收。从1969

年到 1983 年，梅山企业共招收职工子弟 1 000 多名，解决了梅山企业人员短缺的困难，而这些职工子女大部分是技、职校毕业生和梅山中学的毕业生，通过顶职等途径进入梅山企业，他们经过短期培训后，被企业分配到各个部门工作，有些人碰巧能和自己的父辈在一个部门工作。访谈中，两位职工向笔者介绍了他们来梅山工作的经历。

QCH 告诉笔者："我的父亲是'四面向'干部，1970 年来到了梅山，当时我才 12 岁。由于我正在上学，而梅山这里还没有学校，我和母亲住在上海，就没有和父亲来梅山。1972 年，我父亲由于不太适应梅山的体力劳动，身体不太好，想回上海，单位又不同意，最后，答应给母亲安排工作，我就随母亲来到梅山上学，那时，学校不大，人也不多。初中毕业后，我又到技校学习，我的专业是机电，主要是机房维护，我们那时候就业的途径只有一条，毕业后到梅山企业上班。在学校学习仅是完成任务，学校的老师对我们也比较宽松，可不像现在的孩子那样辛苦，但在我快毕业时，我的父母亲可急了，还好，他们给我找了现在的这个岗位。我现在所在的部门还是可以的，不太累，奖金也多，我一直在这个岗位上干了这么多年。"

WDZ 说："我出生在梅山，我父母亲都来自上海。那时，他们刚初中毕业就来到了梅山。我从小到大除了到上海看望祖父母外，很少离开梅山。我从幼儿园、小学、中学到走上工作岗位一直生活在梅山，我的大部分同学跟我一样，有着相同的经历。本来我是想考大学的，那时，我在班上的成绩还不错，我父母亲经常督促我要好好学习，离开梅山回上海去，我也有这种想法，但有一件事让我改变了命运。我父亲有一次在工作中不慎触电，他的身体落下了残疾，因此失去了劳动能力。我在家中是老大，还有个妹妹，从那以后，家里的大小事都由母亲来做。后来，厂里为了照顾我们家，允许我到厂里当合同制工人。那时，我正在高中二年级读书，看着妈妈劳累的样子，我于心不忍，妹妹正在初中上学，也需要照顾。最后，我还是决定不上学了，到梅山企业当工人，虽然父母不愿意，但也没有其他办法，只好认命了。梅山企业近几年发展特别快，我的收入还可以。由于我工作踏实肯干，还当上了车间主任了，现在想起来没有什么后悔的，就是有时候到上海看妹妹，想想由于家里的变故，自己失去了去上海的机会，心里总是不太舒服。而现在我也不想离开梅山了，有许多大学生想进梅山，但现在进人可没那么容易呀。"

1984 年以后，随着国家政策的变化，梅山企业根据梅山的实际情况，进行人事制度改革，取消了统包统配的用人方式，试行多种形式的招工。为了解决招工中产生的矛盾，尤其是工种的选择问题，企业对职工子女进入梅山企业工作，采取公开招工、自愿报名、统一考试、全面考核、择优录取的方式，打破了以往一揽子用人制度，增强了职工子女的竞争意识，从而增加了他们的学习压力。谈起用人制度的改革，YGW 深有体会："当时梅山企业好的职位和工种不是太多，大部分都被上海人占有。尤其是每次定向招工时，大家都在找关系，想把自己的子女安排好。由于单位领导大部分来自上海，当然是上海人占优势，这就引起了非上海人的不满。我来厂里工作的前一年，非上海人怀疑上海人在招工中走后门，他们聚集起来，集体到上海找上级主管部门上访。后来，来了一个调查组，经过半个月的走访，查出了许多违规的事情，负责招工的领导被调离了梅山。”为了杜绝走后门现象，企业进行了人事制度改革，所有工种公开招工，大家自愿报名，统一考试，然后根据成绩分工种。YGW也赶上了那次招工，由于是第一次进行用人制度改革，大家都不知道如何准备，YGW也就糊里糊涂地参加了考试。等到公布成绩的时候，她感到非常兴奋，因为她报的岗位只招收一人，报名的却有五个人，她通过考试，被录取了。她说，如果在以前，她肯定是上不了的，在梅山，比她家有背景的人多得多。因此，用人制度的改革，促进了企业对人才的合理选拔和任用。

1985年，梅山企业的人员严重不足，为了照顾职工子女就业，企业决定从符合退休条件、年老体弱、本人自愿离岗回家休息、接近退休年龄的工人的子女中招收一名符合条件的男孩进厂，但这些男孩进厂后，第一年作为“试用工”，然后根据每个人的表现再转为合同制工人。与此同时，对于非上海人，主要是井下工人，由于这些工种招工比较困难，而不少井下工人的子女也找不到工作，梅山企业又决定招收矿山井下职工子女，在现有职工中招收一名符合条件的男孩下井当合同制工人①。这些政策受到企业职工的欢迎，也为职业传承在梅山的延续提供了条件。WZR向笔者介绍，梅山建厂初期的职工大部分是上海人，但随着用人制度的改革和大批上海人落实政策回沪，非上海人源源不断地进入梅山，这部分人有大学生，也有最基层的井下工人。20世纪八九十年代，第一批来梅山的职工中有部分到了退休年龄或快到退休年龄，因此增加企业的新生力量很有必要。由于梅山职工子女能出去工作的很少，一方面他们没有出去的机会，另一方面梅山企业的高福利对他们具有很强的吸引力，在这种情况下，企业让老职工的子女顶职到企业工作，他们也很愿意。大部分职工在梅山企业工作了一辈子，对企业有着很深的感情，子女能继承他们的工作，从心理上讲，他们也能得到一些安慰。

20世纪90年代以后，梅山企业主要招收大学毕业生来梅山工作，除了一些特别困难家庭的子女可以到梅山工作，还有梅山企业的技、职校毕业生可优先录用进入企业工作外，员工子女高校毕业后欲回梅山企业工作，同样要参与公平竞争，进行“双向选择”。这些措施使得梅山职工子女到梅山企业工作不再享有特权，多年形成的职业传承逐渐淡出历史的舞台，取而代之的是职业代际流动。许多梅山职工子女从梅山走出去，他们有的通过升学到其他城市就业，有的步入人才市场寻找能发挥自己特长的职业，子承父业的传统被打破，梅山职工子女就业选择面更广、更宽。CZJ说：“梅山公司用人制度改变以后，首先，梅山上海人的职工子女就业首选地是上海，因为上海对他们来说既陌生又熟悉。陌生是因为他们长期生活在梅山，与上海的接触不是太多，那里有机会，但竞争也很激烈，没有梅山清闲；熟悉是因为他们的父母来自上海，会说上海话，吃得惯上海菜，多年的家庭熏陶也让他们更加向往上

① 梅山冶金公司编.梅山冶金公司志(1969—1988)[M].上海.上海人民出版社，1989.

海，这也是了却父母的心愿吧。其次，他们会选择南京，现在有许多梅山职工子女到南京市区工作。南京市区经济发展也很快，就业机会也多，离梅山又近，不少从上海来的老职工退休后，留在梅山养老，子女在南京市区工作，子女照顾老人也比较方便。还有一些子女，他们还选择在梅山工作，但与以前不同的是，现在进梅山企业工作与上一辈没有什么关系，完全取决于个人综合素质，同非梅山人没有什么区别。”

企业的发展，用人制度的改变，社区对外开放性的增强，新一代思想观念的转变，使得代际流动更加频繁。如果一个社会成员靠子承父业来获得工作岗位和社会位置，这个社会一定是一个封闭的社会。相反，在一个开放的、流动的社会，社会成员往往会通过后天的努力，获得较高的教育程度以获得技术、技能等，获取向上流动的机会，来提高自己的社会地位，梅山社区职工子女的职业传承转向代际流动就是社会转型的结果。

三、代际差异与“文化反哺”①

20世纪七八十年代的梅山社区，由于处于计划经济时代，资讯不发达，无论是老年人、中年人，还是年轻人，他们接受的都是同一种途径获得的同样的信息，报纸和广播是主要的信息来源。这个时期，年长的人经验丰富，具有一定的权威性，父母、师傅在年轻人成长的过程中具有重要的作用，年轻人不断地重复和接受父母、师傅的经验，代际间冲突不太明显。

20世纪90年代后，梅山企业得以迅速发展，新的资讯传播手段渐趋发展，尤其是互联网的普及，老年人、中年人、年轻人所选择接受信息的途径不再统一，这使得他们的思想观念、道德标准等产生了差异。当今社会，“世界变化很快，每一代人所处的文化、生活方式和社会基础结构都与上一代不同，而且差异程度一代比一代大。”②对于这种差异，玛格丽特·米德认为产生差异的主要根源即在于文化传承上的差异，她从文化传递的角度，将全部人类文化由古至今分为三种基本形式：前喻文化、并喻文化和后喻文化。前喻文化主要是在发展迟缓、相对封闭的社会中，晚辈向长辈学习的文化；并喻文化指晚辈和长辈的学习都发生在同辈人之间，年轻一代已不能从他们的长辈那里获得解决现实社会问题的知识和经验，必须通过他们自己的习得来形成自己的价值判断；后喻文化指长辈反过来向晚辈学习的文化③。在并喻文化中，年轻一代获得的知识和解决问题的方法与他们的父母的经验有着极为显著

① 文化反哺是周晓虹教授创造的一个概念。他对文化反哺作如下定义：“在急速的文化变迁时代所发生的年长一代向年轻一代进行广泛的文化吸收的过程。”见周晓虹.试论当代中国青年文化的反哺意义[J].青年研究，1988(11)：22-26.

② 兹比格涅夫·布热津斯基.大失控与大混乱：21世纪前夕的全球混乱[M].潘嘉玢，刘瑞祥，译.北京：中国社会科学出版社，1995.

③ 玛格丽特·米德.文化与承诺：一项有关代沟问题的研究[M].周晓虹，周怡，译.石家庄：河北人民出版社，1987：第85-86页.

的不同，这必然会产生代际差异，形成代沟①。

所谓代沟是指由于时代和环境的急剧变化，在基本社会化的进程发生中断或模式发生转型，从而导致不同代际之间在社会的拥有方面，以及价值观念、行为取向的选择方面所出现的差异、隔阂及冲突的社会现象②。本书主要从文化传承的角度来研究梅山上海人的代际差异。

（一）代沟的具体表象

对于代沟的理解，社会学家众说纷纭，有的承认代沟的存在，有的则予以否认。笔者认为代沟在生活中确实存在，而它具体的表现，笔者赞成周怡在《代沟现象的社会学研究》和《论“代沟”的未来发展趋势及其跨越》两篇文章中的观点。她认为：代沟现象有拥有性代沟和选择性代沟两个方面的表现，拥有性代沟集中表现在两个方面，即经济地位的差异以及知识与经验的矛盾；选择性代沟主要是不同代人在价值观和行为取向方面存在的差异或矛盾等。她通过问卷调查，证实不同代际在“生活方式”“价值观念”“拥有的知识或能力”“目标追求”、“拥有的地位或经验”五个方面存在差异③。梅山上海人的代际差异主要指梅山第一代上海人与他们子女之间的差异，由于各自的生活经历和所受教育程度的不同，他们在现代型社会中所接受的文化营养也不一样，导致他们之间的代际差异非常明显。本书从选择性代沟视角分析梅山上海人代际之间的差异性。

首先从生活方式和价值观念来看，两者有所不同。第一代梅山上海人感受过创业的艰辛，他们在物质消费上务实简朴，满足于现状，安于舒适的生活。在访谈中，50 岁以上的人提倡节俭和务实。以买汽车为例，他们认为，虽然他们买得起车，但认为没有必要，到上海去，花 50 元坐大巴就可以了，他们有钱就要在上海购置房产，或补贴子女。在人际交往方面，他们的交际圈较小，习惯于说上海话，来往局限于上海人之间；对待家庭责任心强，具有很强的归属感，为了家庭可以不惜牺牲一切；事业至上，为了自己的事业可以牺牲爱情；在与异性交往上，过于传统和保守，看不惯青年人在公共场合卿卿我我的样子，有时还加以干涉。他们的子女虽然在梅山出生，但他们的成长环境不一样，梅山企业的发展，为他们追求和享受高质量的物质生活提供了条件，社区各种娱乐设施齐全，为丰富的文化娱乐活动提供了场所；在对待家庭的态度上，他们追求自由，看重感情，喜欢浪漫，讲究婚姻质量；在对异性的接触和交往上也比较开放；在社会交往方面交际广，接触面宽，既有是上海人，又有本地人，他们交往时更看重双方是否投机，有无交往价值；他们一般讲普通话，但有时也会说上海话。在价值取向上，第一代梅山上海人具有很强的集体荣誉感，集体利益高于个人利益，关心企

① 吴贤义. 从前喻文化、并喻文化到后喻文化：浅析《唐人街》的代际冲突[J]. 东南传播，2007(8)：132－133.

② 周怡. 代沟现象的社会学研究[J]. 社会学研究，1994(4)：67－69.

③ 周怡. 论“代沟”的未来发展趋势及其跨越[J]. 江苏社会科学，1995(5)：144－146.

业的发展，对企业文化具有很强的认同感，还有很强的依附性，平时思想比较保守，不计较个人的得失。而他们的子女对梅山企业文化虽有认同，但刻板、单调的企业文化不能满足他们的心理需求。他们通过互联网等传媒，大量汲取新的文化；他们具有强烈的爱国热情，但也有很强的民主意识，喜欢个性化的生活；在对待社会与个人的关系方面，认为在不牺牲个人利益的前提下，个人利益服从集体利益。

从拥有的知识或能力来看，二者各有千秋。第一代梅山上海人是由干部、技术工人和初中毕业生组成的，他们的知识结构不一样，干部和技术工人的文化层次比较高，经过几十年的工作磨练，积累了大量经验，尤其对梅山企业的发展有着更深的理解。他们是梅山企业的功臣，也是新一代的榜样。而他们的子女大部分在梅山工作，这些人生在梅山，长在梅山，小时候一直在浓厚的企业文化熏陶下长大，从小学到中学、大学，再到梅山企业工作，他们经历了现代教育，掌握了许多现代文化知识。他们对企业的发展有着新的理解，有很强的求知欲望，在尊重老一辈所积累的知识经验的同时，他们有着极强的创新意识、强烈的社会责任感和历史使命感。他们对企业中存在的种种现象深恶痛绝，急切地希望改变这些不契合时代发展的问题。但老一辈们不这样认为，他们批评子女，说他们急于求成。老一辈很难体察和理解年轻一代的追求，压制了他们的进取心和创造能力。

从对目标的追求来看，二者具有很大的差异性。老一辈梅山人有着丰富的人生阅历和情感体验，他们对人生、社会的理解较为深刻、透彻，因而显得宽容、豁达。年老时，他们追求的是安逸、舒适、和谐的生活环境，他们满足于梅山的生活，但“上海情结”又让他们向往大都市的繁华和发达。因此，他们将自己没有实现的梦想投射到下一代身上，对下一代要求比较严格，要求他们学有所成，长大后，能回上海的尽量回去，不能回到上海的，在梅山也要成就一番事业。年轻一代大部分向往上海的大都市生活，但上海的就业压力又让他们回归现实，面对多样化的就业渠道，他们有的选择在梅山工作，也有的选择在南京市区工作。他们向往美好生活，但更注重自己的实际情况，选择适合他们的地方。他们对上海虽然向往，但与老一辈有着不一样的追求和理解。

从拥有的地位或经验来比较，二者不均衡。老一辈拥有的最大财富是过去，通过几十年的辛勤工作，积累了丰富的经验，也构筑了坚实的社会地位。在梅山企业，他们是元老，有着较高的威望，常常喜欢回忆年轻时的奋斗经历。他们对所经历的人和事能够比较客观地进行评价，过去所受的挫折和磨练使他们在思考问题时比年轻人更为审慎，防范意识比较强。对于这一点，笔者在访谈中也深深地感受到了。记得有一次笔者对一个访谈对象进行第一次访谈的时候，他讲的都是套话，因此，访谈所获材料基本无用。后来笔者跟他接触多了，他对笔者戒备之心才有所降低，慢慢地讲出了一些事情。他说第一次要采访他的时候，他在家考虑了很多。他们这些经历过特殊时期的人，养成平时说话一定要小心谨慎的习惯。而他们的子女与上辈比较，没有经验，更没有强势的社会地位，他们有的仅是未来，相信自己可以创造一个崭新的未来。

梅山社区每一代人的经验和体验都是不可重复、不可替代的，每一代人都有自己的特殊命运和使命。历史为每一代人提供的机会是大致相等的，没有哪一代人会被真正“跨”过去或永远不被超越。每一代人都有外人难以进入的特定的文化空间、精神空间、政治空间和社会空间；同时，每一代人都要经历从边缘到中心，然后再从中心到边缘的历史过程，都有自己的生存年代和历史环境，其意识也有局限性。在日常生活中，彼此应该相互尊重和理解，相互适应和促进，使两代人能够在同一个社会目标下，以不同的方式，发挥出各自特定的历史作用①。

（二）“文化反哺”的认知

“文化反哺”在社会心理学范畴上又被称之为“反向社会化”。周晓虹教授认为：“反向社会化 ”即指传统的受教育者对施教者反过来施加影响，向他们传授社会文化知识、价值观念和行为规范的社会化过程。他把这种和“嗷嗷林鸟，受哺于子”的生物现象十分相似的、年长一代向年轻一代学习的社会文化现象称为“文化反哺”②。文化反哺一般发生在这样两种情况下：一是由于地理迁徙而产生的旧文化断裂和新文化出现，例如移民家庭来到一个陌生的文化环境中，由于家庭中的年轻人能够较快学会当地的语言和习惯，他们往往能够向父母及其他长辈解释周围的事务，说明应该做与不应该做的事情。二是当社会文化的急剧变迁带来传统社会向现代社会迅速转变的时候，这种转变可能造成年长一代的知识变得陈旧，而年轻一代则可能因为反应敏锐、接受及时、认同感强、更贴近时代，于是能够向长辈们提供新的信息和新的生活样式③。梅山作为“飞地移民型”工业社区，第二代梅山上海人与地方的互动和融合比第一代上海人要强得多，第一代人接受外来信息的手段和渠道远远落后于第二代人，“文化反哺”在梅山存在就不足为怪。通过“文化反哺”这一形式，能够推动梅山社区上海人与非上海人更好地融合与共生。梅山社区隔代上海人的“文化反哺”表现在多个方面，形式也是多样化的。

年轻一代的“反哺”突出地表现在对新生事物的接受和应用上。随着现代社会的快速发展和文化传播途径的多样化，年轻人思想开放、头脑灵活，他们具有极强的好奇心，对新事物的敏感度高，这使他们能迅速地接纳、使用新事物，诸如电脑、卫星电视接受器、导航系统等，他们都能够运用自如。正如 LZR 说：“我家儿子聪明得很，他虽然没学过电脑，但他无师自通，什么制作网页、编制程序等，他都懂。以前在家每次吃饭都是在听我们谈论国家大事，但现在变了，我们说的他都知道，而他讲的事，我们反而不知道了，现在他成了主角，原来网上

① 杨东平. 代际冲突和独生子女的一代[J]. 青年研究，1997(12)：6－9.

② 周晓虹. 现代社会心理学[M]. 南京：江苏人民出版社，1991.

③ 刘豪兴，朱少华. 人的社会化[M]. 上海：上海人民出版社，1993.

的信息比报纸多。后来，我们在他的指导下也学会了上网，报纸在我们家也‘下岗了’”。LZR 的同事也有同感，他说：“我们家节假日都要出去玩，以前我要准备好地图，事先把路线标好。后来，我女儿买了一个导航仪，出去时输入目的地，现在出去我就不用愁了，有了导航仪，我们也能节省许多时间。我现在也学会了使用导航仪，女儿还常为我的导航仪升级。”另外，年轻一代对各种时髦或时尚人物组成的偶像群体了如指掌，许多人成了追星族，有时不惜花费重金到上海和南京市区去看明星演出。再有，他们在对外来文化吸收方面也引领着时尚和潮流，这表现在过圣诞节、情人节、愚人节等洋节上。不过，对老一辈来说接受这些事情倒不是什么难办的事情，毕竟他们的童年是在上海度过的。

年轻一代在消费方式上也显示出了巨大的“反哺”能力。对消费生活方式的考察通常有三个指标，一是消费行为；二是消费意识，这是消费生活方式的内部主导；三是消费环境，这是消费生活方式的外部制约因素。一定的消费生活方式是其主体意识和其所处的消费环境的共同作用所表现出来的消费行为①。在消费意识和消费环境共同作用下，梅山年轻一代的消费行为表现迥异于其父母辈。

梅山年轻一代虽然生在梅山，长在梅山，但他们所受的教育和接触的环境发生了变化，上海版教科书让他们受到上海大都市文化的熏陶，平时与上海亲人的频繁来往，也让他们体会到现代生活消费理念对自己生活的影响。各种媒体的传播，以及周边环境的变化，使他们对生活有着独特的理解和追求。他们崇尚那种轻松、自由、随意、无拘无束的现代生活方式。他们注重创造生活，又懂得享受生活。他们对传统生活模式不满，交通的改善拉近了梅山与南京市区的距离，他们开始感受南京丰富多彩的夜生活，追求新的生活方式。WZR 介绍说：“现在梅山不少年轻人喜欢在上海生活，他们到了上海，第一年还回梅山看看，第二年就让他们父母到上海去，以后也就不回梅山了。他们喜欢上海的生活方式，还有部分年轻人虽然在梅山有房子，但他们还是适应市区生活。”梅山与南京市区直达的 153 路公交车为梅山年轻一代来南京市区消费提供了便利。在笔者去梅山访谈乘坐的公交车里，经常会碰到来南京市区消费的年轻人，他们有的来购物，有的来城里吃麦当劳、肯德基，而梅山社区周围茶舍、麦当劳等消费场所则不多。

年轻人的消费生活方式对老年人的影响很大。退休拥有的闲暇时间、购物免费班车的开通，使梅山老年人去市区的人数增多。有时因为人多没座位，老年人往往自己带一个凳子。用他们的话说，我们老年人有的是时间，到市里去买东西选择的范围广，而且又便宜。这在一定程度上也改变了梅山老年人的生活理念，与年轻人趋同性增强。在食物消费方面，梅山老年人也开始有了变化。以前他们喜欢在家里招待客人，只要有人来做客，总喜欢“露一手”，烧一桌菜。但现在，在年轻人的影响下，他们也讲究享受生活，也更注重休闲，来客人

---

① 何明生，王雅琳. 中国城镇居民的消费生活方式[M]. 哈尔滨：黑龙江教育出版社，1992.

就带到饭店去，这样把自己从厨房里解放出来，也更便于彼此之间的感情交流。网上购物这种新的生活方式，也逐渐为老年人所尝试和接受。

在社会价值观念的更新方面，也体现着年轻一代的巨大影响力。价值观是人们用来评价现实生活中的人和事的基本观点，它主导着人的社会行为。梅山年轻一代价值观的变化对上一辈产生的影响力主要体现在三个方面：一是多元化就业样态。以前的梅山人，子承父业的现象比较多，在梅山公司找到一个好的职业岗位是大多数人的追求。随着企业由计划经济向市场经济过渡以及用人制度的改变，人才流动日益广泛，梅山企业不再是年轻一代的唯一选择，他们选择的就业空间更宽、更广。在梅山、南京、上海或其他地方，只要有利于他们抱负的施展，地区选择不再是考虑的唯一要素，即使老一辈想把他们的子女留在身边，并为自己奋斗一生的梅山企业做出贡献，年轻人也往往更看重职业的发展而不再将梅山企业作为唯一选项了。二是婚姻家庭观的变化。梅山社区形成初期，大部分职工来自上海，他们的择偶圈局限于上海人之间，大部分人主动与本地人隔离，常常以上海人自居，看不起非上海人。这使得在那时出现了“婚姻跳板”现象，但年轻一代梅山上海人的婚姻观发生了变化，他们的择偶圈不断扩大，与本地人、非上海人通婚不再被看成是另类。他们对“婚姻跳板”现象的认识与上一辈迥然不同，他们认为婚姻不是随意凑合的，关键要看婚姻质量，离婚是很正常的事，再婚也不是什么见不得人的事情。在梅山，还有一些老年人在年轻人的支持下再婚或离婚了，他们都有一个共同追求，就是寻找幸福的婚姻生活。三是追求人生的价值不同。年轻一代追求的是实现自己的人生价值，最大程度发挥自己的才能，为企业、为社会作贡献，他们通过自己的努力，掌握一些技能，以便更好地服务社会。而梅山的第一代上海人是在“备战备荒为人民”“好人好马上三线”的政策感召下和“要早日把铁抢出来”的指示背景下来到梅山的，多年与企业共荣辱，养成了爱岗敬业、无私奉献的精神。他们的人生追求的是为企业、为国家多做贡献，往往把集体利益置于个人利益之上。有许多离退休老工人被企业返聘，继续为企业服务，用他们的话说就是“能做点事就多做一些，企业可是我们一辈子的牵挂呀”，这也是他们一生的追求，企业的兴旺发达时刻牵系着他们的心。

发生在梅山社区两代人身上的“文化反哺”是一种正常的文化传递现象，不同的是文化传递的路径不一样，是年轻人向年长一代的逆传递。限于年长一代的权威、阅历，年轻人进行文化传递时要积极地引导，帮助年长一辈适应新的文化。年长一辈在接受新的文化过程中，要调适自己，以积极的、健康的心态包容新事物，从而促进新一代反哺积极效应的发挥，促进两代人的共同进步和梅山社区文化的健康、持续发展。

第六章 人际交往

古语云:“人之生也,不能无群。”人类从类人猿进化到人,一直过着群居生活,他们通过相互交往维系着社会关系,正如前苏联社会心理学家A.H.列昂节夫所说:“在一般情况下,人同他周围的物质世界的关系,总是通过他同人的关系和同社会的关系间接地表现出来的。”①人们需要交往,只有交往才能沟通,才能促进人类的进步和发展。所谓交往就是指人与人或与人群共同体之间为了实现变革世界和生存环境的目的,通过媒体中介而开展的相互沟通、相互影响、相互渗透、相互制约、相互改造的各种实践活动和所形成的普遍性社会关系。交往行为从动态上看产生出人的各种交往实践活动,从静态上看则形成了人们之间的种种交往关系状态,它是人的社会化的根源和动力之所在②。但交往肯定是在一定的社会空间中发生的,作为交往的主体之间结成的关系又叫人际关系,而交往的空间及主体之间的关系构成了社会网络。美国社会科学家米歇尔对不同的社会网络进行整合,发展出社会网络的四个基本构成要素:① 结构要素,指行为主体之间的关系形式与关系强度。② 资源要素,指网络中流动的事物,包括能力、知识、财产、性别、宗教、个性等。行为主体的资源既包括自身所占有的资源,也包括能够接触到的资源。③ 规则要素,指影响行为主体的各种规则。④ 动态要素,网络也总是处在不断地发展过程之中,动态要素指影响网络形成与变化的各种机会与限制③。本章节根据米歇尔社会网络的四个要素将梅山上海人的人际交往操作化为人际交往对象的选择、人际交往意愿、人际交往方式的选择、人际交往时空的选择、人情的往来五个指标,来研究梅山社区人际网络的建构特征、互动特征和维系特征。

一、人际关系网络的建构

根据所处地域的不同和交往对象的不同,人际交往又可分为工作交往、居住交往、同事交往、亲友交往等分支,而在这些交往中结成的人际关系逐步形成一个网络,人们称之为人际关系网络。

---

① 林玉莲,胡正凡编著.环境心理学[M].北京:中国建筑工业出版社,2000.

② 姚纪纲.交往的世界——当代交往理论探索[M].北京:人民出版社,2002.

③ Michael Davern. Social Networks and Economic Sociology: A Proposed Research Agenda for a More Complete Social Science[J]. The American Journal of Economics and Sociology, 1997.

（一）人际交往对象的选择

梅山社区是一个相对封闭、人员流动性较差的社区。在计划经济时代，公司职工子弟往往可以直接招工进厂，这就出现了一家两代几口人在同一单位共事的情形。相当长的时间里，由于单位职工可以享受较好的社会福利和较高的报酬，使得他们很少愿意在单位外找配偶。在梅山社区，夫妻同在梅山企业上班的家庭很多。在工厂中还保留着一种师徒关系，每个新进厂的工人，都有师父，必须跟着师父学习一段时间后才能“转正”。由于同在一个车间里，时间久了，师徒、师兄弟之间往往会发生超出工作关系的亲密交往，梅山企业职工大部分来自于上海，不少人具有类似的生活经历、知识构成和情感体验，同质性很强，在进厂之前往往已经有了密切的往来。纵观梅山社区人际交往情况，可以分为三个阶段来观察，一是梅山社区形成阶段，二是梅山社区发展阶段，三是梅山社区转型阶段。在这三个阶段内，他们交往选择的对象有所不同。笔者通过对不同年龄段和不同身份的梅山上海人访谈，从中归纳出其异同。

梅山社区形成阶段，大批上海人来到了梅山，开始了艰苦的创业。起初两三年，由于工期紧张，繁重的体力劳动使得这些人除了工作交往外，私人交往很少。当时住的是草棚，大部分人都是独自一人来到梅山的，即便带家属来，彼此也没有太多时间接触，那时大家都忙于工作空闲时间很少。

LSF(男，72岁)介绍所说：“刚来那几年，大家干劲足，早上5点钟就起床，晚上有时要忙到11点，每天最想做的就是能睡一觉，但那都不能得到充分满足。大家都在忙，都在抢进度。那时候，我们接触的对象除了自己的同事，就是工地上的民工，还有周边需要拆迁的农民，但这些都是因为工作才发生交往，至于家人，我们一年能见两次面就不错了，有的人甚至两年都没回去过，朋友和亲戚的来往就更少了。”

随着梅山社区一期工程的竣工，梅山社区初步形成，此时，梅山企业也开始运转起来，职工的生活条件有了很大改善，许多职工的家属和孩子也从上海来到了梅山，职工之间的交往开始频繁起来。由于来梅山的职工在上岗前都要进行三个月的岗位培训，因而以前彼此之间不太熟悉的人变得亲近起来。另外，同一车间的同事，尤其是师傅和徒弟之间的关系特别亲密，这时，来到梅山的上海人逐渐有了自己的关系网。他们的交往一般是在同事之间、师徒之间和同学之间进行，但是人际关系主要以业缘关系为主。

WSF(男，68岁)说：“我们那时交往圈子主要限于一个车间的同事、领导以及与工作有关系的同事，还有就是培训期间认识的同学，但最多的是师徒之间的交往。梅山的职工大部分来自上海，每个家庭在梅山的亲朋好友比较少。平时我们车间的同事常聚在一起，大家有时下班后留在车间里打一会牌，有时聚餐。大家相处得比较愉快。”

梅山社区的发展时期，也是梅山企业的快速发展期，用人制度的改革，企业规模的不断扩大，社区资源的进一步整合，使得梅山社区的非上海人越来越多，梅山原有的人际交往圈受到了冲击，上海人与上海人交往的传统也被打破，交往圈不断向外延伸。

CGN(女，50岁)说："那段时间，梅山企业的福利待遇比较好，不少人都想进入梅山工作，其中包括南京本地人和一些大学生。以前，梅山企业的人员补充大部分是老职工子女。现在就不一样了，老职工子女再想进入梅山工作，和其他人一样，必须公平竞争，这样就有许多非上海人来到梅山工作。大家在一起工作，那么肯定要有往来，不过，这些人也有很多比较优秀的，尽管语言不一样，生活习惯也有差异，但他们很快就能彼此适应，所以，我们上海人与非上海人接触来往也不少。"

笔者在访谈中发现，不少家庭结构发生了变化，许多家庭的子女已长大成人，不少子女娶了媳妇或嫁了人，原有的核心家庭向主干家庭转变，姻亲关系进一步扩大，尤其是子女结婚后，子女相互之间以及与其他亲人之间的来往趋于频繁，家庭交往方式发生了很大变化。

WGT(男，36岁)说："第一代梅山上海人的子女大部分在20世纪90年代初成家立业，由于住房紧张，不少人选择与父母同住。当时梅山上海人找上海人的观念也有了改变，择偶时关键看对方是否能干，梅山上海人的子女与非上海人通婚也多起来了。那些子女多的上海人家庭更为复杂，本来是小家，现在就是一大家。例如，我姐姐嫁给了在梅山工作的南京大学生，这样姐夫家人与我家人就有了来往。而我又娶了一个本地人，那么，我爱人家与我父母家就有了来往。此时，我爱人家人与我姐夫家人也就自然有来往了，每到节假日，有时候会相互走访，尤其是春节期间是我们走动最多的时候，几家聚在一起，得摆上好几桌。"

20世纪90年代以后，也就是梅山社区转型阶段，社区的人际关系和社会交往有了很大改变。一是社区中上海人交往选择的对象更为广泛；二是不同年龄段的人交往的对象有所区别；三是社区属地化进程的加快，许多社会资本涌入梅山，使得上海人与非上海人的关系不断趋于融洽；四是以业缘关系为主要维系纽带的情况有所改变，姻亲、朋友等关系互动趋于频繁，居住在梅山的上海人越来越重视与业缘以外的对象的社会关系的经营。

CYC(男，62岁)说："在梅山生活几十年，亲身感受到梅山的巨大变化。在人际交往方面，我们上海人观念也在不断地变化。刚来的时候身边都是上海人，后来，随着外来人口的增多，上海人的交往就有选择性了。一般情况下，我们是不跟非上海人来往的，但随着孩子们的长大，姻亲关系使我们与本地人有了接触，这扩大了我们的交往范围。但我们老年人交往的大部分还是上海人，我们在一起时说上海话，感到亲切。现在梅山社区什么地方的人都有，交往起来比较复杂，我们习惯与上海人交往。"

ZHY是20世纪90年代后出生的，他的交往圈比起CYC要大得多，他说："我们这代人，生在梅山，同时也在梅山长大，所以我们有小时候的好朋友，也有许多同学，他们的父母有的是从上海来的，有的是本地人。我们交往的对象通常是同学和朋友，在工作过程中，我们与南京地区互动多了，在南京我们也有很多朋友。我们跟非上海人关系比较融洽，我们跟他们没有什么特别的不同之处，因为我们都是梅山人，我们的生活习惯都没什么差别，唯一不同的就是我们上海人中有些人的户籍迁到上海了。我们虽然有许多亲戚在上海，节假日期间我们也会去上海，但由于我们在梅山长大，所以我们交往的对象还是同学、同事。”

TJW说：“以我的孩子为例，他们的交往范围更大，以前我们梅山学生是就近上学，相对而言上海的孩子在一起的还比较多，现在小学合并了，梅山一小里的非上海籍的学生很多，孩子们在交往过程中，根本不在意谁是上海人，他们都会讲南京话，只要志趣相投就是好朋友。小朋友们有时也互相串门，比如我家孩子上周就被一个家长邀请到他们家玩，那我就跟孩子说到人家要有礼貌，下次我们也邀请人家来我们家玩。他们的孩子来我们家后，也懂礼貌，我感觉现在上海人的孩子与本地人的孩子在行为、生活习惯等方面都差不多，没有什么区别。”

（二）人际交往的意愿

“社会交往不是发生在社会真空里，个人的期待以及他们对别人期待的感知对于交往的发生具有重要意义。”[①]梅山社区的建立是依赖梅山企业而生成与发展的，企业员工由最初以上海人为主，到厂矿合并后的南京、上海职工并存，再加上企业组建和发展过程中招收的退伍军人、回乡人员，抽调的技术人员，引进的大学生等，他们在同一个企业工作，除了正常的工作交往之外，还根据自己的交往目的和意愿形成了一定的交往圈子，建立了私人的人际关系网络。

几十年来，梅山上海人的交往意愿有着明显的变化。梅山建厂初期，这一群体在日常交往中倾向于把公共领域和私人空间合二为一，在生活中他们愿意交往的对象是和自己比较亲密的同事，尤其是师徒，即由同事组成人际群体。正如LWS所说的那样：“我是1971届的学生，我一个人到梅山后，被分配做钳工，那时都有专门的师傅带我们。我师傅是上海来的技术工人，他一家子都来梅山了。星期天的时候，师傅看我单身一人，就会叫我去吃饭，我也会带一两个菜过去。这样一来二去，我们师徒关系非常好。在梅山，像我们这样的师徒关系交往很多。梅山比较封闭，平时娱乐的地方又不多，因此单位的同事，尤其师傅是我们接触最多的人了。”

随着梅山社区的逐步形成，梅山上海人的交往对象也有所变化。他们与家人和朋友的交往多了起来，公共领域和私人领域的交往慢慢分开，正如WSF（男，68岁）所说：“厂里房子盖好后，好多家属和孩子来到梅山居住。家人的到来使得家庭交往比较稳定，此时，我们与同事的交往就变少了。平时，大部分人都与自己的亲朋好友交往，这些人与我们交往不存在利益关系，只是一种感情联络的需要。”从这种交往的变化可以看出梅山上海人在寻求一种

---

① 康少邦，张宁，等编译. 城市社会学[M]. 杭州：浙江人民出版社，1986.

情感满足。

在访谈中，梅山上海人最不愿意交往的是苏北人和本地人，他们认为苏北人和本地人的生活方式和思想观念与他们不一样，跟苏北人和本地人在一起合不来。

CSF(男，56 岁)说："梅山的苏北人大部分是退伍军人，文化水平比较低，在厂里干的大部分是粗活。他们喜欢抱团，如果你跟他们其中一人有矛盾，他们会有一群人来对付你，我们平时一般跟他们不来往。而本地人，不管在什么场合，总是大嗓门，不讲卫生，说话土里土气的，他们的生活方式与我们完全不同。"

但苏北人和本地人对梅山上海人也有不同的看法，QSF(男，65 岁)说："刚来梅山，处处都是上海人，他们讲上海话，不管你听得懂还是听不懂，对我们苏北人非常不尊重，好像他们天生就高人一等。平时他们非常滑头，做事不地道，又小气，非常抠门，请人吃饭还要一起分摊费用，我们和他们合不来。我们在部队学的是通信，我们在梅山也是从事通信工作，我们的师父不许我们学上海话。但当时梅山是上海人的天下，我们也不跟他们计较，我们平时交往的对象是苏北人和本地人，跟上海人不来往。"

梅山上海人选择与上海人交往，这是因为他们之间的同质性较强，意愿的高低取决于他们的生活方式和对身边事情的看法，排斥非上海人，就是为了加强上海人之间的认同感。

梅山社区发展阶段，梅山上海人的交往圈不断向外延伸，最典型的就是姻亲关系不断扩大，上海人与非上海人交往也就比较频繁。但此时上海人的交往意愿出现了分化，一类人是梅山的第一代上海人，另一类人是他们的子女。第一代上海人的交往意愿是自己的家人、在梅山生活的上海人或多年的老朋友。至于自己的亲家，他们要看是上海人还是非上海人，如果同是上海人，他们就乐意交往，如果是非上海人，他们虽然心里不太愿意交往，但出于礼节也不得不交往。而第二代上海人，他们完全没有他们父辈那样的地域观，他们的交往意愿是谈得来的同学和朋友，以及与自己有姻亲关系的人，他们注重的是感情和友谊。正如 WGC 所说："人与人的交往要平等，尤其我们这些与本地人有姻亲关系的，更要尊重人家。同学的交往更加可靠，也是最值得信赖的，因为学校培养的感情是最纯的。现在每当我有困难的时候，就找几个要好的同学商量，至于他们是否为上海人并不重要。"

在梅山社区转型时期，梅山上海人的交往意愿与以前相比发生了不同程度的变化：

第一，与朋友、同学的交往意愿有所提高。这类人主要是梅山的第二代上海人，由他们的同学和朋友构成的交往群体是他们交往圈中的一个重要的社会支持网。

WYN(女，30 岁)如是说："现在与我关系最好的是几个朋友，他们有的是我小时候的邻居，有的是我从网上结识的朋友，还有一个是我在工作中结识的朋友。我们几个常结伴去旅游，平时只要有空就互发信息，有时通过 QQ 聊天。我们信息互通，尤其是谁有了困难，大家都会全力以赴地帮助他。"

第二，与非上海人的交往意愿也有了显著上升。由于梅山社区与企业逐渐剥离，社区划归地方政府管理，梅山街道的领导经常要到南京雨花台区开会，并且有时街道人员也会与雨花台区其他街道的人员互相调换岗位，因此南京的许多观念也渗入到梅山社区。这些客观因素促使他们增强与地方接触的意愿，以便更好地生存。梅山上海人回流比较多，补充人员中的大学生大部分是非上海人，梅山社区中非上海人逐年增多，使得梅山上海人的优势也逐渐消失，生活中不与非上海人接触是不可能的。

第三，与同事交往程度有所降低。梅山职业传承逐渐被代际流动所替代，梅山上海人的就业渠道呈现多样化的态势，使得上海人对梅山企业的依赖性减弱。同时，现代化的企业管理制度也让企业职工之间的关系逐渐程序化，竞争的加剧也使得他们之间的情感淡化，职工的个人事务在单位同事间一般不会分享。

第四，邻里之间交往的意愿也逐渐减弱。随着住房制度的改革，房屋进入了市场流转，原来一幢楼居住着同一个企业的人员的格局被打破，同一幢楼，居住着不同身份的人，现在刚盖的高楼也使得邻里间的相互来往比较困难，形成了隔离，陌生的面孔、冷漠的人情，让居住在梅山社区的上海人失去了与邻居交往的意愿。

（三）人际关系网络的构建特征

费孝通先生指出：“在（差序格局）这种富于伸缩性的网络中，随时随地是有一个‘己’作为中心的。这并不是个人主义，而是自我主义。”①根据以上分析，可以发现和归纳梅山社区上海人人际关系网络的状况和特征。

第一，同事、家人和上海老乡始终是梅山上海人最主要的交往对象，反映了他们人际交往的对象主要是以业缘、血缘和乡缘为主要纽带的。正如WSF（男，56岁）所说：“在梅山生活这么多年，跟同事和上海老乡交往最多，工作上彼此帮助，与上海老乡相处，语言沟通也方便，有事可以互相照顾，与自己的亲人交往就更不用说，那肯定是最亲最密的，谁也替代不了。”

WYN（女，30岁）说：“同学和朋友非常重要，也是不可缺少的，但有的事情只有自己亲人能做，比如我生孩子，此时，只有家人能来照顾我，平时家里有什么事主要靠兄弟姐妹来帮忙。但我们的父辈就没有我们幸运了，他们那时候来梅山，兄弟姐妹都在上海，家里有什么事主要靠同事和上海老乡来帮忙。”

梅山社区上海人在与他人的交往互动中，与自己亲人的互动频率显然是最高的，当他们寻求帮助时，亲人无疑是他们的第一选择。但在不同时期，他们关系强弱又不一样。如建厂初期，对业缘群体依赖性更强一些；而到发展期，血亲和姻亲为主要纽带的强关系网络对他们的社会交往产生很大影响；到了20世纪90年代后期，学缘与友情在社会交往中发挥着巨

① 费孝通.乡土中国生育制度[M].北京：北京大学出版社，1998.

大的影响力。

第二,姻缘关系增强,交往圈不断向外延伸。20 世纪 90 年代后,梅山社区与当地互动性增强,梅山上海人的通婚圈不断向外延伸,他们择偶时不局限于找上海人,与梅山非上海人、本地人和南京市区的居民通婚比例在不断增加。例如,梅山的一户上海人家里有三个孩子,随着孩子们长大并相继成立家庭,这户家庭的交往圈由原本的一个家庭扩大到了现在的三个家庭,交往范围扩大。

ZYC 说:"我父母到梅山时,他们这里一个亲戚都没有,平时父母主要与厂里的同事来往,或者与从上海来的老乡往来。但等我们四个孩子成家后,我们家的交往圈一下子变大了,我和妹妹找的对象都是梅山本地人,他们也在梅山企业工作,而我哥哥和姐姐找的是上海人,都在梅山企业上班。平时我们兄弟姊妹有来往,不管大事小事,在我们之间都能解决。而我父、母亲也闲不下来,几个亲家有时也会聚一聚,虽然他们与我爱人、妹夫的家人来往要少一些,但每年春节聚餐是少不了的。现在我们家有 16 个人,每个人都有自己的社会交往网络。"第二代上海人的成家立业,使小家庭变成大家庭,这是自然规律,它必然使他们的交往圈不断扩大并向外延伸。

第三,业缘关系减弱。20 世纪 90 年代以前,梅山社区相对封闭,梅山上海人之间的交往主要靠业缘关系来维持,它们主要由师徒关系、同一车间的同事关系、上级与下级的关系等构成。那时单位制下的工业社区基本自给自足,福利很好,待遇不错,人们过着丰衣足食的生活。但 20 世纪 90 年代以后,随着现代企业制度的逐步建立、用人制度的改变、福利住房的取消,已有的业缘关系受到冲击,梅山上海人不得不面对一些新情况和新问题:岗位竞争激烈,同事之间的利益冲突加剧;子女的就业面临困难;房屋市场化使他们对社区的归属感减弱等。这些使他们对梅山企业的依赖性趋于减小,业缘关系在他们人际交往网络中逐步边缘化和弱化。

THC(男,36 岁)说:"我们小时候,父母的同事对我们特别好,平时经常来往,谁家有好吃的,都要拿出来几家孩子共享。大家都是从上海来的,在一起都说上海话,彼此之间特别亲切。但现在不一样了,工作节奏快,孩子上学压力大,还有其他七七八八的事情,我们每天就像陀螺一样在忙个不停。同事之间除了上班期间工作上的事情需要交流外,私下里往来很少。下班后各回各家,绝对不会像父亲他们以前那样,下班后几个人一起拿出从家里带来的菜聚餐聊天。但是,如果碰到同事孩子结婚等主要的事情,在对方的邀请下,我还是会参加的。"

格兰诺维特认为强弱关系在人与人、组织与组织、个体和社会系统之间发挥着根本不同的作用。他从四个维度来测量关系的强弱:一是互动的频率、互动的次数多为强关系,反之则为弱关系;二是感情力量,感情较强、较深为强关系,反之则为弱关系;三是亲密程度,关系密切为强关系,反之则为弱关系;四是互惠交换,互惠交换多而广为强关系,反之则为弱关系。如果我们以格兰诺维特这四个维度来判断梅山社区人际关系，我们会发现，梅山上海人的交往对象在以亲情、姻亲、学缘、朋友和业缘组成的人际关系网络中进行。血亲和姻亲组成的群体处于强关系状态，同学和朋友等形成的关系网络也属于强关系状态，而业缘、地缘群体的关系则逐步弱化。梅山上海人的交往圈虽然延伸到外地人，但是交往仍按照费孝通先生所说的“差序格局”确定远近、亲疏关系。

二、人际交往的时空与方式

人际关系网络总是随时间和空间的变换而不断变化的，它是一个动态的过程。下面将主要从梅山社区上海人交往的时空和方式来研究人际关系网络的变化与维系。

（一）人际交往的时空选择

梅山社区上海人的交往时空选择不仅受地域内梅山企业发展的影响，还与国家休假政策息息相关。下面还是从梅山社区发展的三个不同时期来分析其人际交往的时间与场域选择。

梅山建厂初期，梅山上海人除了工作中的交往外，很少有空闲时间与他人交往。他们天天都在抢工程的进度，一心想着搞生产几乎没有休息的概念。家属区建好后，工厂开始正常运转，他们才有休假时间。但那时我国实行每周 6 天、每天 8 小时工作制，每周只能休息一天。对家在梅山的人来说，他们利用这一天时间在家里休息或做一些家务，那些家不在梅山的人，有时和朋友逛逛南京城，缓解一下一周劳动的疲劳，但大部分时间他们都是在集体宿舍里消磨时间。他们最期盼的就是春节等节假日，在这期间，他们能和上海的亲人团聚。LSF(男，52 岁)对笔者说：“每年春节单位组织统一回上海，那时人很多了，浩浩荡荡的，大家带些花生米、河虾、螃蟹回去，非常受上海的亲人和朋友们欢迎。我是一个人来梅山的，父母都在上海，有时想早一点回去，就坐夜班货车，晚上走，早上就到上海。坐这趟车很划算，既省时又省钱。”

20 世纪八九十年代，也正是梅山社区的发展时期，梅山上海人的生活比较富裕，也很有规律，人们的休闲意识有所增强，相互之间的交往变得频繁了。ZXL(男，36 岁)说：“我父母的人缘比较好，有一帮朋友，还有同事、同学，也有一起从上海来的朋友，平常晚上经常有人到我家串门、打牌、聊天；过年过节也都会互相拜访，但每年我们家都要找时间去上海一趟，那里亲戚朋友多。”那时的梅山社区比较闭塞，晚上下班后大家有许多空闲时间，职工们又同住一个小区，交往也比较方便，而梅山社区的娱乐活动场所又比较少，他们有时就选择串门、打牌、聊天来互通信息。在梅山的上海人与上海有着很强的纽带关系，他们有许多亲人和朋友在上海生活。梅山的上海人只要一有时间，他们就会到上海去看望亲人和朋友，这也是他们维系人际关系网络的一种办法。

20 世纪 90 年代末，梅山公司下属各企业开始合并重组，用人制度也开始改革，社区属地化势在必行。这些因素促使梅山上海人必须走出去，而国家黄金周制度的实施，又为他们人际交往与休闲提供了条件。在访谈中,WG深有体会地说:“在梅山,像我们这种双职工家庭很多,平时早出晚归,每天晚上回家不仅要照顾孩子,还要忙家务,只有双休日才能有些时间。因为我们的父母都在梅山,我们也只好利用这段时间去看望他们。有时,我们兄弟姐妹也会利用双休日在一起聚一聚,而‘五一’‘十一’、春节等长假时我们大多数是去上海看望亲戚朋友,有时也会一家人出去旅游。”WYN(女,30岁)也说道:“现在的工作压力大了,竞争很激烈,平时很忙,基本上没有闲暇时间。我许多朋友跟我一样,但现在人际关系非常重要,没有关系有时很难办事,尤其是我们上海人在外地。以前什么事单位都包了,不管是工作,还是住房,以及其他的一些小事,根本不用我们去操心,但现在不一样了,所以与人交往很重要。双休日我们有时会和南京地区的同学联系一下,有时打打牌或逛逛街,以便联络感情,这也是非常必要的,而‘五一’‘十一’春节等长假,我们基本上回上海去拜访亲戚朋友,或者参加一些聚会,有时还同朋友结伴一起出去旅游,我有几个要好的朋友就是在旅游中认识的。”面对新的形势和环境,梅山上海人感到生存的压力,加强对外交往是他们改变困境的一种途径,选择利用双休日扩大、巩固交际圈,利用长假拜访亲戚朋友,使得这种强关系网络不至于弱化,可以说与不同角色的人交往已经成了梅山上海人不可缺少的生活内容之一。

(二)人际交往的方式

梅山上海人的人际交往方式也有一个变化过程,20世纪七八十年代,他们的交往范围主要是同事和居住在梅山社区的亲戚朋友。那时交往主要有两种形式,一种是通过单位所组织的集体活动或参加某种社团组织相识与交往,如周末晚上看电影、成立协会、与其他单位举行联谊会等。

WSF(男,68岁)回忆说:“我们厂建成的时候,就有了影剧院,每到周末我们全家都要去看电影。在电影院可以碰到许多熟人,电影放映前大家在一起闲聊,等到电影结束后,还要聊一会儿。”

CGC(女,50岁)说:“那个时候(指梅山建厂初期),我们单位为了丰富职工的业余生活,加强职工之间的交往,办起了体育协会、书画协会、摄影协会、集邮协会、灯谜协会等。我比较喜欢摄影,每次活动的时候,我们会员就会见面,时间久了,大家也熟悉了,我现在的几位好朋友都是通过参加协会活动认识的。”

ZWK(男,49岁)谈到单位组织一些活动时深有体会地说:“那个时候,单位对我们非常关心,还与南京其他单位组织联谊活动,让我们有机会和外单位的人接触。我跟我的爱人就是在单位组织的活动中认识的。”

另一种是个人自愿往来,如串门聊天、打牌、传递书信等。打牌在梅山上海人的业余活动中非常受青睐。他们发明的一种叫“大怪路子”的打牌方法,在梅山非常流行,梅山人从小就会玩“大怪路子”,公司还会举办全公司的“大怪路子”比赛。一项在社区中得到普遍参与的娱乐活动能够有效地强化人们对社区的认同。社区中所形成的文化与习俗能够强烈地唤起一个人对社区的记忆和情感。

20世纪90年代以后，随着现代通讯工具的使用，梅山上海人的交往方式有了很大变化，每家安装了固定电话，BP机、手机的使用，改变了他们以串门、写信等为主的交往方式。随着经济收入的提高，节假日到饭店吃饭已成为他们一种新的交往方式。梅山社区棋牌室的开设，又为交往增加了一条渠道，互联网的运用也改变了年轻人的生活。

正如WG(男，36岁)所说："现在每家不仅有固定电话还有手机，联系起来特别方便，无论你在哪里，都能够联系上，有什么事情打电话就可以说清楚了，社区内的、社区外的，包括上海亲戚，一个电话，什么事都能解决。再就是通过互联网联系，晚上在家里，坐在电脑旁，看看QQ群，有朋友上线就招呼一声，有事就通过网聊来解决，实在不行就打开视频通话，方便得很。我与朋友交往大部分都是通过这些方式，感觉省钱又省事，快捷得很。"

WYN(女，30岁)又有另一种看法："我也喜欢通过电话或网络与亲戚、朋友联络，这比较方便，但我总觉得缺少什么，尤其是春节等一些重大节日，电话问候以后，我会有一种失落感。以前，没装电话时，我们会一家一家拜访，那种气氛比较好，也比较真实，现在的短信拜年，问候语都是'克隆'来的。不过，对一些重要的亲戚、朋友除了电话问候外，我也会上门拜访的，或者跟他们到饭店一起吃饭，至于父、母亲，那肯定要去看他们的。"

现代通讯工具的广泛使用拉近了社区居民之间距离，方便了联络，对于离退休职工来说，更为他们相互之间保持联络提供了方便。第一代梅山上海人有不少人回到上海，但大部分人还留在梅山生活，他们仍然保持梅山上海人之间传统的交往习惯。而大部分第一代梅山上海人的子女们也是通过电话与他们联系，了解他们的生活情况。在梅山，还有一部分年轻人利用网络来推销自己的产品，也有人通过网络广交朋友。WG(男，36岁)说："现在的世界变小了，你看，我的朋友遍天下。"现在的梅山社区，人际交往的方式趋于现代化和网络化，同时也向多样化发展。

（三）人际关系网络的维系特征

人际关系网络的维系主要靠互动主体之间一定的互动频率来维系，并通过一定的方法与手段促使互动不断延续，而这种方法和手段就是我们所说的人际交往方式。但这交往方式的前提是选择合适的交往时机。通过对时空选择和交往方式的研究，可以看出梅山社区上海人人际关系网络的维系具有以下特征。

第一，节假日是频繁进行交往活动的最佳时机，但受到国家休假政策的影响。无论在梅山社区发展的哪个阶段，梅山上海人的交往时机都选择在节假日，但交往时长和交往频率的多少，又与假期的长短密切相关。20世纪七八十年代的休假政策，使得他们没有太多的时间用来交往。他们交往的目的性非常明确，除了与自己的亲人相处外，与其他人交往带有很强的目的性。而20世纪90年代以后，双休日、长假的制度的施行，使他们有了更多的空闲时间与他人交往，此时的社会交往带有一定的休闲性和价值理性，但交往的时长和频率比起20世纪七八十年代要多得多，这也与他们物质文化生活水平的提高和社会进步是分不开的。CG(女，50岁)说："现在竞争激烈，平时大家都忙于工作，根本没有时间去交往。长假制度实行以后，我们的休闲时间多了，每次放假前，我们都要订计划，并主动与自己的亲戚、朋友约好时间和地点，这是我们与他们接触与交往的最好机会，也是彼此加深感情的好时机。"

第二，人际交往具有很强的同质性和单位制色彩。以前，这里的上海人不需要出社区，一切生活事务在单位里都能够解决，就连找对象，单位也会组织相亲会，平时各种互动都有单位在有意识地安排，这样他们的交往就必然离不开单位，增加了职工对单位的依附性。同时，如同前面多章所论述的，上海人的身份认同，使得他们的交往具有内卷化特征，在20世纪90年代前尤为突出。之后虽然有所变化，人际交往圈向外延伸，但仍有同质交往的偏好。

第三，由于互联网的发展及普及，使得梅山上海人人际交往的方式由传统的书信往来、探亲等被在线聊天等问候方式所代替。现代通信的便捷、快速等特点使人们之间的互动频率提高。但现代通信是一把双刃剑，过度的依赖和使用会压缩私人的空间，减少亲人之间面对面的情感互动。

第四，交往侵入私人空间日渐减少。随着梅山上海人生活条件的改善和经济收入的增加，他们开始注重自己的生活质量，更介意私人生活的私密性，以前串门和在家里请客吃饭逐渐被去棋牌室、到饭店吃饭所替代。

WYN(女，30岁)说："每个人都有自己的隐私，现在的同学朋友很少去彼此家里串门了，大家聚会一般会在饭店里，在那里大家都很自由，不用担心影响他人，也不用太劳累。"

WG(男，36岁)说："我们是三口之家，平时与朋友交往比较多，但我们彼此之间有个默契，除非有特别困难要帮助，要不从不到对方家里去。我老婆跟我一样，她最怕有客人在我家里抽烟，她不反对我跟别人交往，就是反对我带朋友到家里来。"

梅山上海人交往的时空选择出现交错的状态，他们按个人的喜好选择不同的人际交往方式，私人空间从交往空间中得以释放出来。

三、人情往来和互动特征

在惯用法中，人情有不同的含义。第一，它意味着人的感情和这个人在面对多种多样的日常生活情境时基本的情感反应。在这种含义中，人情是社会性的，要求一个人根据他或她自己的情感来理解他人的情感反应。第二，人情是指一套社会规范和道德义务，这些规范和义务要求一个人与关系网中的其他人保持联系，介入礼物、问候和帮助等的互换。第三，在它的扩展用法中，人情可被看作一种资源，比如一种恩惠或一件礼物，可被用作一种社会交换的中介①。

从某种意义上说，人情往来的内驱力就是某种文化与情感，不参与人情往来的圈子首先要忍受被隔离、没面子的情感煎熬。人情往来是生活的一部分，无论你是积极的还是消极的，总是有一张无形的大网罩住你。对于移民社区来说，人情往来更是不可缺少。

下文从梅山社区的人情样态、人情往来的润滑剂即礼物的流动和人情意愿三个方面来讨论梅山社区人情往来及其特征。

（一）人情往来的样态

前面章节已提及梅山社区是在南京梅山建立起来的由上海管理的“飞地”，因此，梅山上海人的人际关系网络除了包括已有的与上海的血缘、姻缘以及同学和朋友组成的人际网络关系外，还包括在梅山社区工作和生活过程中形成的关系网络。所以，研究梅山上海人的人情往来也应该围绕他们在梅山和在上海所形成的血缘、姻缘、业缘等组成的人际关系的互动而进行。

梅山企业建厂初期，梅山上海人之间人情往来比较少，主要发生在师徒之间，ZSF（男，54 岁）说：“师傅有时会请我们去他家吃饭，我呢，带一两个菜去师傅家。平时，偶尔会给师傅一包香烟抽，那时没有送礼的习惯，纯粹是为了表达感激之意。”一两个菜或者偶尔一包香烟作为人情往来的互动媒介，将师徒联系起来。其实那时人情的主要给予者是单位，在梅山，不管哪位职工，只要家里有红白事，单位就会派人、派车参与操办，甚至职工患病住院，也可以向他所在的部门提出申请，派人护理，那时的人情有着很强的单位色彩。

20 世纪 80 年代以后，在梅山生活了十多年的上海人逐步建立了自己的人际关系网络，同时，随着孩子的长大成人并组建家庭，血缘、姻缘关系不断扩大，人情往来的关系网慢慢变得复杂，有更多的人进入他们的人情圈。

WZR 说：“梅山建厂后十年内，大家工资少，虽有人情方面的往来，但不是太多；但到了 20 世纪 80 年代以后，人情往来逐渐增多起来，大家彼此之间也有了来往；20 世纪 90 年代以后，人情往来的情形就有了大的变化，一是经济条件好了，大家口袋里有钱了，二是在梅山生活二十多年，人情往来多了，消费也多了起来，我的孩子那个时候都长大了，而且成家立业了，他们都在梅山工作。我们原来的一家分为几个小家，而几个小家又与几个大家有血缘关系，这就让我们的交往圈变大，那么交往的人肯定是越来越多。”

在梅山社区，一个人的声望和社会关系可通过参加人情往来的客人数量是以及在此期间这些客人所予以的精神支持反映出来。来的客人越多，主人就越有“面子”。比如 SJL（男，52 岁）对笔者说起他儿子结婚宴请宾客的事情：“就如我儿子结婚，我如果要摆 80 桌酒席，我

① 辞海编辑委员会编. 辞海[M]. 上海：上海辞书出版社，1979.

肯定能办到，就凭我在这里的为人、关系和知名度，肯定会有那么多人来，但我不想那样做，我当时只请了18桌的客人。事后，好多人冲我发火的说：‘你儿子结婚，招呼都不打(指‘你儿子结婚怎么不让我们知道’，含有责备对方不邀请他们参加SJL儿子婚礼这件事)。’我做事有自己的原则，首先，在梅山，孩子结婚摆多少桌酒席是要向上级领导汇报的，我不想麻烦(注：当时有一个规定，不同行政级别的人，家里有重大事情需要宴请宾客时，需要向单位报告，单位按规定进行审批)。其次，我以前所在单位同事结婚，我出礼，就是觉得大家关系不错，热闹热闹的，但我并不一定需要他在我儿子结婚的时候要还礼，我不介意这个。”

像SJL这样的人，他虽然不介意别人是否还礼，但他依然与马林诺斯基提出的礼物交换的“互惠原则”相吻合，他认为：“一个人‘给’是因为期待着‘回’，一个人必须‘回’，否则的话，对方会终止‘给’。”所有的权利和义务被组织进一个十分平衡的互惠链条中①，不过SJL得到的“回”是别人的尊重和知名度，即马克斯·韦伯所说的声望。

梅山上海人不仅在上海人组成的人际关系网络中进行人情互动，还因为子女与当地人通婚，也与本地人的家庭产生互动。WSF(男，68岁)介绍说：“在梅山，有不少上海人子女与本地人结婚，平时与亲家来往不是太多，只有家庭有大的事情时才走动，但逢年过节常常在一起吃顿饭。为了显得隆重，他们一般要请地方的领导陪我们。还有一件奇怪的事，女性一般不上桌的，我们吃完了她们再吃，而且小孩也不能上桌子。我一开始不知道，第一次去做客的时候，他们把我的孙女安排在下面小桌上吃饭，当时我就不乐意了，我宁可自己不吃也要孙女上桌子。后来，每次他家邀请我们去吃饭的时候，我都让孙女坐我边上，他们家也习惯了，但其她女孩子还是上不了桌的，这我管不了。但每次轮到我们请他们吃饭就没有那么多讲究了，我一般请亲家来，你来几个人就几个人，一般儿媳妇爸爸来，妈妈不来，其他人都是家里人，我们不请外人，全家一起吃，不讲那么多规矩，这样比较随意。”

从WSF的谈话可以看出，虽然平时他们总说，上海是移民社会，他们的祖籍都不是上海的，但由于长期生活在上海，早期的生活经验和生活经历在其思想和行动图式中积淀下来并且内在化，这种大城市培养出来的“惯习”(habitus)使他表现出特有的生活风格，与乡土文化相遇时，很明显的形成了一定的区隔。虽然他们看不惯农村的一些风俗，但姻缘关系又让他们甩不掉与亲家的人情往来，这也是迫使他们与当地文化逐渐融合的重要因素。

(二) 人情往来中的礼物流动

“礼物”一词由两个字组成：“礼”和“物”。《论语·为政》中有“道之以德，齐之以礼，有耻且格”的说法，朱熹将“礼”，解释为“制度品节也”，泛指奴隶社会或封建社会贵族等级制的社

① 阎云翔.礼物的流动：一个中国村庄中的互惠原则和社会网络[M].李放春，刘瑜，译.上海：上海人民出版社，2000.

会规范和道德规范①。“物”是指物质性的东西。从汉语词源上讲“礼物”本身并不只是物品本身，即更多涉及规则仪式。但在人际交往中，“礼物”被广泛运用，“被视为一种符号，或一种传达人情的工具”，也就是说礼物的物质载体与它的文化意义及仪式情境的表达是三位一体的。

礼物在梅山上海人的人情往来的过程中发生了变化，由最初的一些物品如土特产和日常用品，到后来被礼金所替代，而且礼金由开始的10块钱、20块钱到后来的数量很大，并且在人情往来中形成了“收礼”与“回礼”的循环系统。

WSF(男，68岁)说：“在我们这里，逢年过节，人情往来主要送一些物品，如我与乡下亲家的往来，每到过节，他们会送老母鸡、柿子、鱼，还有一些土特产，老母鸡是自家养的，味道特别好，柿子能降血压，也是好东西，他们知道我爱人血压高。而我们会回送一些月饼、香烟、酒等，这些都是在商店买的，带起来也方便，也是他们平时是舍不得花钱买的，我们是各取所需吧。”

CG(女，50岁)介绍说：“以前要是同事和朋友家有喜事和丧事，我们通常会送一些物品，主要表达一种心情，但八十年代以后，人情往来就变了，刚开始是10块、20块、30块钱，可现在是越来越多，有几百元甚至几千元，但是我今天“出礼”，明天就有可能收到别人的“回礼”。别人有事你不去，那你家有事情别人也不会来，另外，别人请你了，你总不能不去吧，那是很没面子的事。”

礼物流动过程中，必须遵循一定的习俗。首先，一定要邀请对方，没有收到邀请的人不能去，收到邀请的，无特殊情况的一定要去参加，否则，会直接影响人际关系网络的维系。如CG(女，50岁)说：“一般重大的事，如娶媳妇，平时大家有走动的都会叫上(指平时有人情往来的)。但我们上海人有个规矩就是：你不请我，我不能去，就是再好的关系也不会去，那是对我的不尊重。如果请我了，说明你看得起我，我当然去了，不能找任何借口不去。即使确实有事，比如，工作很忙，(这时)礼也要到，这是做人的基本准则。人家看得起你，用我们上海话来说就是你不能讲不识抬举。”

那么，谁会被邀请参加呢？梅山上海人有他们自己的一套规矩。通常情况下是平时交往较多的人，如单位的同事、同学、朋友等。亲戚中被邀请的人中，娘舅家人一定要请到，然后，男方、女方的家人，叔叔、阿姨和姑姑等近亲也会被邀请到。但是，由于梅山远离上海，不便的因素太多，所以邀请对象也就渐渐地发生了变化，不像过去那么严格了。比如ZQW说：“我儿子结婚时，如果按照上海风俗，孩子的舅舅、姑妈等共有八个家庭，都要被邀请来参加婚礼。但是这么多亲戚朋友大老远地从上海来确实不方便，因而我就没有全部邀请他们，而且他们来，我还要解决他们的住宿。”他的言下之意就是如果邀请所有上海亲戚参加他儿

① 辞海编辑委员会编. 辞海[M]. 上海：上海辞书出版社，1979.

子的婚礼，双方付出的时间和金钱成本都很高，所以，就找个体面的双方也都能接受的理由，没有邀请对方来参加他儿子的婚礼。空向距离成了弱化仪式和相互之间互动的重要原因。

其次，梅山上海人人情往来中的大事，如婚事和丧事等，对如何出礼有一定的讲究，要求不同的场合礼金的数目不一样。如：丧事礼金不能送整，也不能成双，如一百块不行，非要一百零一块之类的，一定要是单数，如果你没按照这些规矩做，会引起主人不高兴。另外，礼金必须要用纸张包好。喜事用红纸包、丧事用白纸包。据他们说：用纸张把钱包起来的目的有两个：一是对别人家的尊重，说明是情感的互动，而不是钱的问题。二是为了不想让别人知道自己出了多少礼金。因为根据关系的远近亲疏，不同的人礼金是不一样的，而如果没有用纸包上，有的亲戚看到送的礼金多的会觉得自己送这么少不好，这是对他人的尊重。

再次，生日（老人过生日除外）、孩子升学一般不邀请其他人参加。过生日时不邀请其他亲戚，即使是在同一厂里的兄弟姐妹也不会请他的朋友。但在梅山长大的孩子，由于他们的理念发生了变化，他们一般会邀请他的朋友参加，但长辈基本不参加，也不会被邀请。过生日时的礼物不能是现金，必须是有一定纪念意义的礼物，用他们的话说："以后她看到礼物时，就会想起这是生日的时候某人送的，有浓浓情意，不是冷冰冰的。"

最后，所收礼物的分配方式也有一定的特点。家人开始分配礼金时。礼金要分为两部分，一部分是别人"回礼"的，那就是回给谁的就归谁；另一部分是收到的礼金，这部分礼金一般按给礼金的人与一家人中谁的关系最紧密来确定礼金的归属。通常晚辈出的礼归晚辈所有，但这里也有条件，也就是说谁"收礼"那以后"回礼"的事也就由谁来完成。

（三）人情往来的意愿

人情往来的意愿往往与礼金流动过程中双方关系的强弱、收礼方社会资本的拥有量、给予礼金一方是否在人情往来中存在"欠"对方人情以及所发生往来的事情在人们日常生活中的重要性等相关，从而来判断人们进行人情往来的意愿。

人际关系网络中处于强关系的双方，如人际关系网络中的血缘和姻亲关系，人情往来的意愿相对比较高。WG（男，36岁）说："我家人情来往的对象主要是亲戚和兄弟姐妹，同事范围比较小，来往的也少。"而且由于他们的关系比较亲近，礼金的数目也比较大。

有些人出于维系自己在人际关系网络中的地位的目的，人情往来的积极性往往比较高。在访谈中，有的人认为人情往来很正常，这是我国的传统，正因为有了人情往来，人际关系网才能得以维持。LCB说："我在梅山人缘好，朋友也多，朋友有事情只要请我，一般都会去，这是加深感情的一种方式。我现在每个月基本上要花五六百块钱在人情上，去年我算了一算，一共花去六千多。平时礼金最少两百，最多的有两千，那是自己的兄弟姐妹。"LCB是笔者访谈过程中接触最多的一个人，在两年多的相处中，发现他在梅山有很多朋友，有老年人，也有年轻人，还有一些孩子，他通过人情往来与别人建立人际关系，正如萨林斯所概括的："物品流动和人际关系之间的联系是相互的。某一特定的社会关系可以界定物品的既定运动，但某一特定的交易也同样能促成特定的社会关系。如果说朋友创造了礼物，那么礼物也创造了朋友。”①

但是，过度的人情往来的维系有时也会增加别人的负担。SJL 向笔者讲了这样一件事：有一次他生病住院，每天来看望他的人一个接着一个，害得他不能安心养病，就连医院的小护士都差点要赶他出去，埋怨他朋友太多，病房快成为接待室了。SJL 实在没有办法，为了休息，他晚上逃回家，那些晚上去看他的人就责怪他了，他也只好告诉朋友实情。由于他白天陪来看他的人谈话，一天要坐七八个小时，不利于康复。从这件事可以看出 SJL 虽有着良好的人缘关系，这是他多年人情往来的结果，但是由于交往的人太多，使得 SJL 不仅无法安心养病，而且影响了医院的正常秩序。

处于回礼或欠人情状态的一方随礼的积极性比较高。梅山上海人的人情往来中强调“平时有往来的都会一起请来”。通过礼物在不同家庭之间的流动，他们的人际关系网络得以不断维系。

但是，在梅山，也有人对人情往来持反对意见，他们认为人情往来会给他们的正常生活带来额外的经济压力，给家庭带来负担，而且在一起吃吃喝喝没什么实际意义，既浪费时间又浪费钱财。GZY 这样评价别人家给去世老人办丧事：“老人家去世了，操办丧事是做给活人看的，吹吹打打的还扰民，老人家在世时对他好点就行了。”

（四）人情往来的互动特征

人情往来的实质是一种“消费”，是对社会资本的“购买”，可见人情消费具有明显的经济行为性质：就家庭经济而言，人情往来必然导致既有家庭收入的减少，构成家庭支出的一部分，但从社会资本的获得角度看，人情往来则是一种投资或购买，其购买的方式是人情的交换。人情的“来”与“往”总有一个时间差，成为一种“延期交换”，总有一方处于“欠情”的状态，这样这种有来有往的社会交换才会一直延续下去，形成一种长期稳定的人际关系。这种“延期交换”是一种经济交换和社会交换交织的产物②。纵观梅山社区人情往来的互动样态与礼物流动情况，有如下特征：

第一，遵循互惠原则。20 世纪 90 年代以后，随着梅山上海人的子女长大，他们建立了许多姻亲关系，兄弟姐妹的独立居住也为他们之间的人情往来提供了交际圈，而通婚圈的不断外延，扩大了强关系互惠的范围。

CG(女，40 岁)说：“现在家庭的人情往来主要在亲戚之间进行，而礼金的多少就要看关系的亲疏远近了。一般关系的礼金 200 元，自己兄弟姐妹最多，结婚礼金 2 000 元，孩子 10

---

① Marshall Sahlins. Stone Age Economics[M]. London: Tavistock Publications Limited, 1972.

② 马春波，李少文. 农村人情消费状况研究——鄂北大山村调查[J]. 青年研究，2004(12)：16－21.

岁、20岁生日礼金1 000元，老人过寿就更多，要看寿礼上花费了多少钱，然后兄弟姐妹平摊。”这也说明近亲关系导致（短期内不求回报的）一般性互惠，随着亲属关系的疏远，互惠类型也会成比例地向消极一端发展①。在人情往来过程中，强关系之间不要求对方立即报答，在经济上一般并不要求等价，它涉及生活的方方面面，遵循互惠原则，不仅通过礼金来体现，还可以通过日常的互助、家庭琐事上的帮忙等来实现等价，最终交换的是人情和面子②。

第二，遵循对等原则。在人情往来上，梅山上海人承袭了上海人理性消费的特征，他们对什么“人情”可以随礼、随多少礼，形成了比较一致的认识，彼此之间自觉遵循这种约定俗成的习惯。他们在邀请别人的时候总会作出某种承诺——“侬下次有事要让我知道”，体现出他们在人情往来中平等交换的心态。WYN（女，30岁）说：“我有好几个朋友，都是在同学生日宴会上认识的，他们平时给予我很大的帮助。如果没有人情往来，就少了许多机会，在人情往来方面，不需要强调礼金的对等，这些每个人都明白，随什么礼，随多少礼，怎么随，每个人都有一本账。”

第三，遵循情感性和工具性相结合的原则。梅山社区亲情、姻亲之间的往来主要体现了情感性的功能，他们不仅仅是为了达到经济上的目标，而且是一种情感的交换。但如果是感情投机，就有一定的目的性，那就是期待未来的回报，这就隐藏着工具性的目标。而从他们与同事的人情往来看，工具性更明显些：以礼金作为中介物，在人际关系网络中流动，但在流动的过程中，每个人所拥有的数额并没有减少，却实现了维持和巩固他们在梅山社区人际关系网络中的地位的目的。但不管哪一种人情的往来都是情感和工具的混合，只是在人情往来中的强弱不同而已。在日常生活中，大部分人情往来都是以情感性为显在的形式，其工具性掩藏在内部，使人不易觉察，从而实现人情往来的目的。

---

① 阎云翔.礼物的流动：一个中国村庄中的互惠原则和社会网络[M].李放春，刘瑜，译.上海：上海人民出版社，2000.

② 孟涛.礼金、理性与农民随礼行为——一项关于农村社区随礼现象的实证研究[D].济南：山东大学，2006：第22页.

第七章　社区文化的移植、冲突与融合

文化使普通人成为特殊的人，它包括人们所共有的信仰、思想、情感和符号，总之就是具体表征，正是符号的组成系统，影响和控制着人们的交流①。用克鲁克洪的话说，一种文化就是人类学家在他们的讨论中，归纳来表现群体独特规律的抽象模式的网络②。梅山社区文化就是梅山上海人这一移民群体在逆城市化的迁移过程中在梅山这块陌生的土地上建立起的自己的“飞地文化”（enclave culturel），它是动态的，也是不断发展变化的。本章节从梅山社区文化发展的三个阶段，即内卷化阶段、互动与冲突阶段、调适与融合阶段，来分析梅山上海人文化认同的渐变过程。

一、移植与维续：建构独特自我

由于梅山社区是一个工业移民社区，是上海移民在荒山野岭上兴建起来的，梅山社区形成阶段的社区文化实质上就是上海文化的移植，这种文化通过交流从一个人传递给另一个人，并且通过社会化的过程被社区的新成员所接受，产生了“飞地文化”。而梅山社区典型单位制的管理模式、特有的工作和生活方式、特殊的区域位置等因素，使得上海文化得以维续，促使梅山上海人成为南京的“边缘人”，从而形成“内卷化”的文化特征。

（一）“阿拉上海人”的由来

有人说，上海人“个体意识”要强于“圈子意识”，小气是上海的个性，崇尚西洋文化是上海的内质，雅致是上海的情调，精明是上海的特征，上海是小市民的天堂③。让我们首先来了解历史上上海人的形成过程。

从1843年开埠后，上海逐渐发展成为中国特大的多功能的中心城市，吸引着全国各地形形色色的人，也为各色人等施展才华、寻找生路提供了广阔的天地，上海于是成了容纳五湖四海各色人等的海洋。来上海的人口分别分布在英、法租界和华界，那时他们和今天的农民工的心态相似，怀着只把上海当作避难地、淘金地的过客心理。他们以同乡会馆的形式在上海暂住，还以同乡作为单一的认同标准，如建立了“广帮”“宁帮”等。

---

① Parsons T. The Social System [M]. New York: The Free Press, 1951.

② Kluckhohn C. Culture and Behavior in G. Lindzey(ed.) Handbook of Social Psychology, Volume2[M]. Cambridge: Addison-Wesley, 1954.

③ 张鸿雁. 城市形象与城市文化资本论[M]. 南京：东南大学出版社，2002.

那么,移民是从什么时候起开始认同上海的呢?熊月之在其《略论上海人形成及其认同》一文中认为这是20世纪的事。"上海人"的概念第一次出现是在1904蔡元培等人主编的《警钟日报》上题为《新上海》的社说中。"民国"年间,"上海人"一词使用得越来越频繁,移民对上海的认同已成普遍现象,最为典型的实例就是1930年上海文明书局出版的《海上名人传》收录的100个上海名人中,非上海的外地人占90%。他们对上海认同的原因主要有:①上海的稳定;②居留的时间,移民对移民地的认同与居住的时间长短成正比;③公共媒介的作用。不过,1958年以前,他们虽然对上海表示认同,承认自己的上海身份,但他们也保持对故乡的认同,这一点体现在在语言上及其他方面。这一阶段他们保持对上海和原籍的双重认同。1958年以后,上海实行户籍管理制度,严格控制人口迁移,人口流动性很小,上海人成了固定的群体,上海人的身份也有了固定的意义①,同时在全国支持上海、上海支持全国的国家战略,"由于城市生活的种种方便,文化发达,科学技术先进,商品丰富,物价也不高,上海人极其珍视城市生活的种种优越性……于是,上海人的上海意识逐渐确立,由原来的双重认同,演变为对上海的单一认同,上海人也渐渐变得看不起外地人"。②

曾有位作家写过一个关于上海人瞧不起外地人的故事:1956年末,作者从寄养的外婆老家来到上海,由于初来乍到,不会讲上海话,结果几天不到便与里弄的四个小伙伴发生了一场"激战",起因是他们编了个顺口溜不断地嘲弄他这个"乡下人":"乡下人到上海,上海闲话讲不来,米西米西吃咸菜。"他们经常围绕着他齐声高唱的那种傲慢的神态与自以为是的语调,让他至今难以忘怀。而且,那四个小伙伴还抢他的小皮球,这只小皮球对上海小朋友来说或许算不了什么,但对他这个贫穷的乡下人来说,却是他第一次用钱买来的小宝贝。他从外婆家挑了50斤柴火,走了七里(3.5公里)山路到县城,只卖得5角钱。他记得这只花皮球花了他3角钱,在街上吃一碗小馄饨花了1角钱,这是舅舅对他的首次犒劳,因为他即将离开乡村前往上海,故而当这四个将他骂为"乡下人"的"上海人"前来抢他的宝物时,逼得他狠狠地跟他们开了战。这场"战争"在他往后的回忆和重建解释的过程中形成了这样的结论,"上海人" 深刻地鄙视"乡下人"③。

从故事中可以看出,上海人在他们的思想意识里对"乡下人"有深刻的鄙视,瞧不起乡下人,他们不愿意同外来人交往。

那么,拥有上海身份的上海人究竟对上海认同什么?是精明、算计、追求自我、守规则的市民社会性格。说上海话被认为是上海人的主要标志。无论在哪里,只要看到两个上海人,他们会立即改用上海话交流。用他们的话说,说方言比较自然。在行为方式和审美方面,上

① 熊月之.略论上海人形成及其认同[J].学术月刊,1997(10):55-61.

② 同上。

③ 上海证券研究所编.上海人[M].上海:学林出版社,2002.

海人比较注意打扮，布料质量不一定非得要最好，但是款式、颜色都要比较得体，这也符合其节约的特点①。解放后，虽然经过改造，但是文化一旦形成就有它的稳定性，很难说变就变，讲究穿着打扮的习惯一直被上海人保留了下来。居住方面，虽然为典型的石库门建筑，但居室内布置得舒适、典雅。

这种殖民地文化中逐步形成的认同，是“一只脚踩在新的价值世界中，另一只脚却还未从旧理念中拔出来”②，是“传统的中国人加上近代高压生活的磨炼，新旧文化种种畸形产物的交流，结果也许是不甚健康的，但是这里有一种奇异的智慧”③。可以说上海文化是中西文化互动过程中形成的混合文化，它既有西方文化中的现代性成分，又有中国传统文化的特质。但由于是在殖民地情境中形成的，因此这种文化使上海人的性格显得尤为复杂。一方面，他们在国际化大都市中长大，“是见过大世面的”，另一方面又处于被欺压的状态。这种复杂的性格导致上海人在与外国人和国人的交往中表现出截然不同的方式。在与外国人的交往中，上海人尽显客气的一面，而与国人的交往中，则充分显示具有优越感的一面，外地人如何的“土气、不懂规矩、言语粗鲁”，但一旦外地人成名，他们又立即改变对“乡下人”的看法。这种复杂的心态使外地人对他们是敬而远之，正如张爱玲所说：“看不起别人，也不大看得起自己。”④

这一瞧不起外地人的上海人身份形成以后，对后来的上海人的生活方式和为人处世产生了很大的影响。“我们是见过大世面的”使上海人即使被下放、整体搬迁至外地，还恪守着他们对上海的认同，对拥有上海身份的自豪感，对外地人言行举止的看不惯，而不符合他们的风俗习惯会被归结为“没文化”和“低素质”。

（二）梅山社区的文化移植

文化移植是文化传递的一种特殊形式，既不同于文化的传承，又和文化的传播有异。“移植”概念的本意，按照《辞海》的解释，又称“移栽”，农业上指自苗床挖起秧苗，移至大田或他处栽种的工作。按照《现代汉语小词典》的解释，增加了第二层含义，指将机体的一部分组织或器官补在同一机体或另一机体的缺陷部分上。移植意味着异地的培育，如将生长良好的树苗由甲地移到乙地栽培，目的是使这棵树苗在乙地生机盎然地成长发育而不失本性⑤。梅山社区的文化移植，是指梅山上海人将上海文化直接移植到梅山社区，其文化的风格特征及精神内涵没有改变，并且准备在新的“飞地”内得到很好的继承。上海文化被移植到梅山社区，这里的上海人拥有与文化源地上海人群同样的文化，从而使两个人群产生文化上的相

① 熊月之．略论上海人形成及其认同[J]．学术月刊，1997(10)：55－61．

② 叶南客．边际人：大过渡时代的转型人格[M]．上海：上海人民出版社，1996．

③ 张爱玲．张爱玲散文全编[M]．杭州：浙江文艺出版社，1992．

④ 同上。

⑤ 林英杰，王尔新，蔡辉．高校新校区建制与校园文化移植[J]．中国大学教学，2003(2)：10－11．

互认同感和同约性，当地人称梅山社区称为“小上海”，就是文化移植使然。当然，文化移植不是机械的、一成不变的，更不可能“原汁原味”地移植，在很多情况下是在创造和发展的过程中进行的。在梅山初创时期，上海文化的移植对社区的形成和发展具有重要意义。

有些社会学家把移民这种在新的聚居地通过全面移植原居住地文化而建立起来的文化称为文化“悬挂”。所谓“悬挂”即不能落根，是移民的一种特殊文化状态。移民聚集在他们的移居地，基本不与外界接触，传承和维系着自身固有的文化，并努力地与其生存环境的周边文化不同甚至格格不入，作为自己在完全陌生的社会条件下生存的家园。因为坚持自己的传统，他们不能认同移居地的文化，不能融入当地的社会，因而悬挂在当地社会文化之外。初创时期的梅山社区聚积着几万上海人，他们生活在陌生的土地上建立起的文化“飞地”中，不论是生活方式、价值观念，还是交往理念、育儿方式，都是上海文化的持续，平时说上海话、吃上海菜、和上海人交往，也是理所当然的。ZLH 说：“我们跟周围农民不达嘎(没有关系)，我们(梅山初创时期第一批过来的学生)都是大都市出来的，都是见过世面，或者接受过正规教育的，我们的生活理念与他们完全不同，我们的工作、学习、生活方式和人际交往都是城市的东西，都是上海的(模式)。我们的工作地点虽然在梅山，但我们的工作跟南京没有什么关系，我们完全属于上海。原来我们属于上海冶金局，现在属于宝钢集团，我们参加培训或者学习都按照上海的统一要求进行，都是大城市的东西。你可以去问一下上海人，他们绝对都很自豪，这等于是个小社会呀，它这里面的生活观念、理念都是我们从上海带来的。”

典型的单位制模式为上海文化的整体移植提供了保障，梅山上海人独立于南京地方政府管辖之外，在自己的文化飞地中安逸地生活着。ZCZ 说：“这里有稳定的工作，我们不愁吃不愁穿，生活很安定，两室一厅，住得舒舒服服的，水电、煤气都享受单位福利。看病去自己的医院，上学有自己的学校，可以说，当时九四二四这样的条件，全国都很少的。一切都是自给自足的，周边的南京人都羡慕我们上海人的生活，那个时候，就连到梅山社区来做生意的小商小贩也会模仿我们上海人，说上几句上海话。”这就使得梅山上海人对上海文化的认同感增强，主动地与当地进行隔离。

但梅山“飞地”移民文化只是特定时期、特定区域、特定条件下的产物，随着国家政策、区域经济的发展以及居住群体等因素的改变，必然会不断地受到侵蚀并发生变化。一般飞地文化变迁通常会有两种结果：一种是飞地社区内部发生文化变迁，产生新的文化；另一种是大量同质性人口的迁入，文化飞地不断壮大。对于梅山社区来说，前一种的可能性很大，因为除了初建时期，集中迁移“四面向”干部、支援重点建设的上海各大单位的技术骨干、职工家属、1970 届和 1971 届学生外，以后就不再有上海人大规模地迁移到梅山社区了，而且随着政策落实等原因，梅山上海人还在不断地回迁至上海，外来人口如大学生被不断地招聘进来补充因上海人人口的流失而造成的缺额。外地人口的移入，虽然规模较小，但却在不停地侵蚀梅山上海人的飞地文化。

（三）社区文化的"内卷化"

初创时期的梅山社区，由于上海人这一群体对上海文化的高度认同感，因此，他们在与异群体接触中表现出强烈的排他性，人为地构筑屏障，进行主动隔离。隔离一般分为三种类型，即区位性隔离（ecological segregation）、自愿性隔离（voluntary segregation）、非自愿性隔离（involuntary segregation）①。所谓隔离，就其概念而言，是指对空间位置进行竞争的结果，是使相似的人群或职能机构聚集到一个特定的区域。人口和机构分别并入与自己同质的地区，这些地区彼此分离②。个体的认同与他的互动对象密切相关，个体的公共认同以及他的阶级归属感是由与其经常互动的群体的特性决定的。这样，有共同需要的群体，面临共同的问题，群体成员生活在一起就能更好地满足大家的需要、处理共同的问题，并逐渐形成群体亚文化圈③。移民群体在他文化和异地域生存，必然会被移民迁入地文化集体排斥，帕金认为集体排他的结果产生了一个"共同集团"，由于这个共同集团是被整体排斥的，它必然会作出比较激烈的反应，由此常常会激化社会矛盾④。无论是梯姆斯（Timms）的群体亚文化圈还是帕金（Parkin）的"共同集团"的研究，都具有一定的局限性，他们都把被动隔离的少数族群作为研究对象进行研究而得出结论。如果换一个视角，把他们所研究的少数族群生活的当地的白人群体的主动隔离作为研究对象，那么就会有不同的研究结论。梅山社区的上海人，恰恰也是移民群体中的主动隔离的这一类群体，他们虽然在嵌入异地的梅山社区生活，但在梅山企业中，他们拥有绝对的话语权，掌握着大量的社会资本，占据着梅山企业的管理权力，领导、车间主任绝大多数是上海人，他们拥有好的岗位，而且还享有与非上海人同工不同酬的工资差异，工作中的语言为上海话。WCH 说："梅山企业上海以外的人毕竟少，我们上海人多，'四面向'干部过来，他们好多人做班长、车间主任。外地人在我们上海人的领导之下，他们要适应我们上海人。"

梅山上海人群体的主动隔离形成的"共同集团"，在日常互动中呈现出"内卷化"的文化特征。

"内卷化"（involution）又译为"过密化""内涵化"，但从其词源涵义及在中国所指的对象来看，"内卷化"似较形象、妥帖，是近些年来对中国历史和社会发展的某些现象富有解释力、影响较广泛的一个概念。这个概念在国内学界的传播是随着黄宗智教授的著作《华北的小农经济与社会变迁》和《长江三角洲小农家庭与乡村发展》的面世而在中国农村研究中受到关注。"内卷"（involution）是吉尔茨从美国人类学家高登维瑟（A. A. Goldenweiser）的理论

---

① 郭星华. 社群隔离及其测量[J]. 广西民族学院学报（哲学社会科学版），2000(6)：23－25.

② 康少邦，张宁，等编译. 城市社会学[M]. 杭州：浙江人民出版社，1986.

③ Timms D W G. The Urban Mosaic：Towards a Theory of Residential Differentiation[J]. Cambridge Geographical Studies，1971(2)：277.

④ Parkin F. Strategies of Social Closure in Class Formation[M]. London：Tavistock Publication，1974.

里援用的一个概念。高登维瑟用它做文化分析：当某种文化的发展达到定型之后，就趋于稳定以至于无法进行创新。他把这种在既定的模式下不断地进行填充式的修补或细加工而使其趋于更加复杂化的过程叫做致密化（involution）。吉尔茨认为，内卷化是指一种社会或文化模式在某一发展阶段达到一种确定的形式后，便停滞不前或无法转化为另一种高级模式的现象，而文化内卷化（cultural involution）主要是指文化参与的社会复制（不是简单的复旧）与精致地规定各种秩序。文化内卷化也是文化的实践。实践者选择何种文化，何种文化可以作为行动的资源和手段，与习性和场域的共同作用有关①。

习性和场域是布尔迪厄社会学理论中的两个重要概念。所谓习性是指一个有生产力的先验图式的习得系统②。能动者的习性，亦即他们理解社会世界的心智结构，基本上是内化了那个世界的结构的结果③，而场域是指位置间客观关系的一个网络或一个形构，这些位置是经过客观限定的，是有内含力量的、有生气的、有潜力的存在。它是由社会成员按照特定的逻辑要求共同建设的，是社会个体参与社会活动的主要场所，场域内存在竞争，每一个场域中都有统治者和被统治者，场域的确定和场域边界的确定都充满着不同力量关系的对抗。习性和场域的共同作用使梅山上海人选择和复制上海文化，通过上海文化的内卷化，来精致地规定梅山社区的各种秩序。

人际交往中，趋内性比较明显，交往圈边界清晰。前面已有一个章节专门对梅山上海人的人际交往进行了专门研究。形成初期的梅山社区，上海人人际交往圈处于初步形成时期。虽然同属于上海人，共享上海文化，但是，来梅山之前，他们许多人之间并不认识，所以初来梅山的上海人，他们之间需要构建人际关系网络。由于是在同一单位，工作岗位在人际关系建立初期起着重要的作用。职工交往主要围绕师徒、同事之间进行，交往的对象是上海人的内群体，同质性较强，容易接触，便于沟通，他往往不与非上海人尤其是本地人和苏北人交往。他们之间的交往方式也相对比较简单，仅限于下班后打打牌，偶尔喝点黄酒或周日去梅山附近的农村河边钓钓鱼。正如ZSN（男，68岁）所说："当时梅山比较封闭，交通不太方便，每天除了上班，就是和同事打打牌。平时我们一般不跟外面的人交往，那个年代，厂里上海人很少有人跟外面的人来往，我们跟他们处不来，我们喜欢上海人在一起，我们都在一起上班，彼此之间比较信任。"

非上海人被排斥在梅山社区上海人的交往圈之外，人际交往中形成了上海人"集体排他"现象。通过内卷化的交往，我群、他群的边界特别明显，以保持上海人群体文化的纯

---

① 张小军. 理解中国乡村内卷化的机制[J]. 二十一世纪，1998(2)：150－159.

② Bourdieu P. Outline of a Theory of Practice[M]. Translated by Richard Nice. Cambridge: Cambridge University Press, 1977.

③ Bourdieu P. Social Space and Symbolic Power, Sociological Theory Vol. 7, No. 1[M]. Washington D. C.: American Sociological Association, 1989.

洁性。

从择偶理念和通婚圈来看,"内卷化"特征也非常明显。梅山企业是重工业单位,它的人口结构特点就是男多女少。因此,当时在梅山社区,对于男同志来说,能在企业内部找到一个上海姑娘做伴侣是最理想的结果。虽然有些男性职工与当地人或外地人结婚,使梅山社区上海人的择偶范围扩展到梅山社区之外,梅山社区的择偶圈看上去很大,但实际上,总体来说,还是以上海人之间的互相通婚为主。他们的通婚半径与他们的生活空间有很大的重叠,社区内通婚仍然是一种持续而稳定的择偶模式。至于后来的出现"婚姻跳板"现象,上海人谈及此现象时往往用嘲弄的口气,这也与上海人的文化内卷化有一定的关系。

在梅山企业工作的本地人 TNF 说:"上海人就是自高自大,瞧不起人,你看那些不起眼的男人,他还口口声声地要找上海人,看不上本地人。虽然他们来自大城市,而我们本地人大部分都来自农村,其实,我们本地人中也有许多优秀的。你看上海人那个小气样,真让人受不了,我们本地人还不愿嫁给他们呢。"上海人不愿意选择本地人作为择偶对象,对于本地人来说,也比较反感这种观念,由于异质婚姻在认同上的差异性,最后导致上海人婚姻中出现了"跳板"现象。

语言作为文化的外显形式也是梅山上海人在日常交往过程中文化内卷化的重要标志之一。第一代上海人一直保持着说上海话的习惯,他们不太会说普通话,也不会说南京话。梅山公司初创时期,上海话成为梅山工作和生活语言,不会说上海话在梅山生活就会遇到许多障碍,也会被上海人瞧不起,WGN 说:"那个时候,我们厂里大部分都是上海人,我们喜欢说上海话,他们听不懂,语言就是障碍,我们不和本地人来往。"是否会讲上海话,被上海人判断是否愿意与非上海人交往的重要条件。WGN 还说:"他们必须学讲上海话,为什么呢?因为在一个车间或一个班组,我们上海人多,我们讲上海话的,他们要是不会上海话,分配工作任务时,他们是没有办法跟上我们的。"

梅山上海人的文化内卷化特征也能从住房中清楚地看出来。福利分房时期,房屋是按照个人在单位中的岗位、职位、工龄、工资级别等综合指数分配的。上海人由于所在的岗位比较好,而且职位比较高,因此所分到的房屋比较好,而且比较集中。虽然梅山上海人群体内部出现住房分层现象,但这并不影响上海人居住比较集中的特点。居住集中使上海人从居住空间中保持其文化的内卷化,即使有少数非上海人分到与他们同一处的小区,他们也会努力地保持自己的生活方式。SFN 说:"我们上海人不喜欢与本地人居住在一起,生活习惯不一样,语言交流困难,而且一旦与他们有矛盾,他们的亲朋好友都会来帮他们,难以对付。"

(四)南京的"边缘人"

梅山上海人的文化内卷化,使得上海人成为南京的"边缘人"。谈及"边缘人",不得不提到的是齐美尔的异乡人"的概念。异乡人不是今天来明天去的漫游者,而是今天到来而且明天留下的人，或者可称为潜在的漫游者，尽管没有再走，但尚未完全忘却来去的自由①。齐美尔从空间的角度，梅山对异乡人进行了阐述。而帕克继承了齐美尔的“异乡人”的思想，他从文化冲突和心理的层面提出了“边缘人”的概念。他认为：“‘边缘人’是指一个人由于参与了两种截然不同的文化群体而在思想上产生矛盾与冲突、陷于两难境地的人。它既不能对其中任何一种文化群体的价值标准忠贞不渝，又不能为他所认同的任何一种文化群体所充分接受。这两种文化群体可能有某些彼此冲突的价值标准或行为规范，可是他对二者都可在一定程度上接受。他决不愿意与他的过去割裂，也不会很快地被新的环境所接受，他处在两种文化和两个社会的边缘。”②尽管梅山上海人对梅山的生活很满意，也因为梅山被当地人称作“小上海”而感到自豪；尽管他们将上海文化移植到梅山，通过主动隔离，保持上海文化的内卷性特征；尽管梅山是上海文化的承载之地，但他们并不认同梅山这个物理空间，他们认为这里只是他们的工作地点，也仅仅是因为工作的原因他们暂时住在梅山，他们是上海人，他们绝大多数都有退休以后（意味着工作的结束）回上海生活的打算，他们的户口仍然属于上海户口，但他们事实上生活的地方仍然远离上海。于是，梅山上海人一方面主动排斥梅山当地的文化，形成人为的“种族”隔离，另一方面又担心被故乡上海的文化所抛弃，处于一种“我是谁”的矛盾和困惑境地，逐步成为南京的“边缘人”。尽管后来，梅山企业与宝钢的合并，符合回迁条件的梅山上海人可以迁回上海，但大多数人还是因为上海工作节奏太快、适合自己的工作岗位很少，而且房价昂贵而对上海望而却步。

A. H. 马斯洛在分析人的防御和成长关系时指出：“每个人在他内部都有两套力量。一套力量出于畏惧而坚持安全和防御，倾向于倒退，紧紧依附过去，害怕成长会脱离同母亲的子宫和乳房的原始联系，害怕承担机遇的风险，害怕损害他已有的东西，害怕独立、自由和分离。另一套力量推动他向前，建立自我的完整性和独特性，充分发挥他的一切能力，建立面对外部世界的信心，同时也认可他最深邃的、真实的、无意识的自我。”③由于空间的转移，上海和梅山的环境之间差异性非常大，梅山上海人用他们自己的话说“是见过大世面的”，他们在来梅山之前，就已形成自己的价值观念和行为规范，因此，当梅山的上海人与非上海人两个亚文化群体相遇时，梅山上海人对新的相对落后的梅山的社会环境产生一种抗拒，不愿意接受当地的风土人情。他们的方法就是除了因为工作关系与非上海人接触外，在生活和社会交往上基本不与非上海人有联系，他们只生活在自己的圈子中和有限的空间里，也就是说，他们在生活和社会行动层面主动将自己与当地隔离，也就是外地人所说的上海人只愿意和自己圈内人交往。

---

① 成伯清. 格奥尔格·齐美尔：现代性的诊断[M]. 杭州：杭州大学出版社，1999.

② 彭克宏主编. 社会科学大词典[Z]. 北京：中国国际广播出版社，1989.

③ 马斯洛. 存在心理学探索[M]. 李文湉，译. 昆明：云南人民出版社，1987.

其实从理论上讲，两种文化相遇时，梅山上海人可以站在"中立"的角度去审视两种不同的文化，在两种文化的比较中吸纳各自具有生命力的东西，从而形成更能提高个体适应性的人格特征。但社会流动理论告诉我们，社会成员在层次高低不同的社会位置之间流动时，一般来说，人们都希望向上流动，而不愿接受向下流动。齐美尔也在社会上层与社会下层的关系理论中分析到：社会上层总是力图保持与社会大众相应的距离，即社会上层的求异心理[1]，因此梅山上海人保持着他们特殊的上海人身份，不愿接受他们心目中的梅山乡土文化，对当地文化持全盘否定的态度。这虽然是他们对自我文化的一种保护，但久而久之，他们在当地就边缘化了。

初来梅山的上海人的这种"边缘性"是一种介于南京和上海之间的状态，它表现为生活和行动层面的隔离和排斥，以及在交往方式上的"内卷化"，并形成了过客心理。

二、互动与冲突：身处尴尬境遇

萨义德认为："任何一种文化的发展和维持，都有赖于另一种不同的、相竞争的异己的存在。一种自我的构成，无论是东方还是西方，最终都是一种建构，即确立自己的对立面和'他者'，而这些'他者'，实际上又总是通过不断地对'他们'与'我们'之间的区别进行阐释和再阐释而实现的。"[2]梅山社区文化就是由上海文化与本地文化在不断互动中形成和发展的，整个过程一直处于动态之中。20 世纪 80 年代以后，梅山社区里由于梅山上海人通婚圈的扩大、企业用人制度改革、企业与地方互动性增强等因素的影响，梅山上海人与非上海人的接触增多，非上海文化对以上海文化为主导地位的社区文化形成侵蚀，不同的行为规范、价值理念和风俗礼仪必然碰撞在一起，两种文化的冲突就不可避免。与此同时，梅山社区的上海文化与现时上海文化之间的差异性也越来越大，梅山上海人又成为上海的"边缘人"。

（一）行为规范的相互排斥

梅山位于南京郊区，上海"移民"来到梅山，他们接触到的大部分是南京郊区的乡土文化，作为"见过大世面"的上海人，他们从小就接受上海大都市文化的熏陶，养成特有的城市性格：精明、算计、守时、守规则、讲法制，这种特有的城市性格所表现出来的行为与南京郊区乡土文化有不相容之处。生活在梅山社区的上海人在与周边人接触与交往过程中，两种不同文化的遭遇必然会使梅山上海人和梅山周围的人在行为方式上产生矛盾。

在访谈中，梅山上海人经常这样描述梅山当地人："他们吃饭的时候，两手饭碗一端，蹲在地上就开始吃了"。"那时，周日休息的时候，他们喜欢在一起喝老酒，声音大得不得了。我们上海人喜欢去打些黄酒喝喝。""他们说话的声音太大，一大早，在小区内吵得别人都没

① 于海. 西方社会思想史[M]. 上海：复旦大学出版社，1993.

② 爱德华·W. 萨义德. 东方学[M]. 王宇根，译. 北京：生活·读书·新知三联书店，1999.

法休息。""随地扔垃圾。""一有什么事情，七大姑八大姨全来了。""农村礼节太多。"……其实，征地工所代表的乡土文化和上海人所代表的市民文化相遇，他们在思维方式、生活方式、价值取向、心理习惯等方面不一样，导致冲突和碰撞是在所难免的。"早上一大早在村头叫，村里空旷，没人听见"的乡土生活环境使得梅山当地人难以形成城里人已习以为常的生活守则，其中包括不随地吐痰、不乱扔杂物、遵守公共交通规则等城市规则。

由于各自生长的环境和受教育的程度不一样，梅山上海人与本地人的言语表达和处世形式的差异性也比较大。上海人说话喜欢"拐弯抹角"的，比较含蓄，而当地人说话则又直率得很，因此，话不投机半句多，这也会导致他们之间交流的机会减少。这里有一个由于语言习惯差异而导致矛盾的事例，访谈对象 ZSF 有一次到商店去买东西，结果货没有了，他就自然地问什么时候再有，谁知营业员回答他道："没有就没有了，我哪知道什么时候再有。"这件事使得他非常恼火，他对笔者说："营业员不会讲话，没文化，上海人绝对不会这样说的，他肯定会说'过一阵你再过来看看'。"从这个例子中我们发现由于语言表达方式的不同也会导致矛盾的产生。从营业员的角度看，或许他确实不知道什么时候东西才能有，他就直接告诉他不知道，或许他对上海人的说话方式有些看不惯，有意破坏话语交流的语境，致使交流无法进行下去。这使这位上海人感觉有点不能接受，所以 ZSF 很气愤，他说："如果对方能说'过一阵你再来看看'，不是很好嘛，至于到时货到还是没到则是另外一回事，这完全是一种表示货物库存没有暂时的表达方式而已。"

在社区的邻里关系上，他们也不习惯当地人不分场合地大嗓门说话。"有人一大早用很高的嗓门说话，丝毫不考虑是否会影响他人，尤其不考虑那些上夜班回来正在休息的人。""征地工"原本生活在乡土社会里，习惯于早起，习惯于大嗓门，但社区作为公共空间，每个人都可自由使用的同时，每个人也有维护公共空间秩序的责任。梅山上海人认为当地人侵占了公共空间，影响了他们的休息。但他们往往不直接说，而是说成"还有人上夜班回来要休息呢"，巧妙地把自己个人的不满转换成为了维护公共空间的利益。还有很多类似的例子，所以在访谈中，你若问当地人对上海人的印象，他们非常一致地说上海人欺负人，其实这只是由于两种文化的差异而导致的。

（二）价值理念的相互博弈

20 世纪八九十年代，梅山社区大部分还是上海人，上海文化在梅山社区处于强势，梅山上海人能淋漓尽致地把上海文化传播到梅山的每个角落。梅山当地人虽然处于弱势，但他们也在不停地抗争着，"小气""冷漠""算计"是他们对上海人的评价。

一般来说，乡村是礼俗社会，城市是法理社会，这两种社会的运行规则有所不同。城市里，人与人的关系从本质上看是一种契约关系，遵从的是等价交换的理性规则，因此，征地工认为上海人"冷漠""小气""算计""上海人不能吃亏"。而在农村，人与人之间是一种相互依赖的共生关系，遵循的是人情规则。他们的日常生活中，由伦理道德支撑的乡规民约成为人们的行为准则。梅山企业中的征地工，以及从其他地方招过来的工人，在进入梅山工作的同时也将他们所拥有的形形色色的乡村社会规则带进了梅山，他们用自己的是非标准来评价一个人。在梅山社区中文化差异而导致矛盾产生主要表现在以下四个方面：

一是日常生活方面的观念不一致表现出来的差异，如在人情往来方面，上海人讲究理性化消费，而梅山本地人认为这是面子问题。在访谈中，上海人跟笔者说，他们亲戚而且是嫡亲的亲戚之间，除了孩子结婚、丧事等重要场合大家要随礼外，其他一般都不随礼，即便是住在同一小区的兄弟姐妹之间过生日也不会邀请对方参加，而且就算是孩子结婚，上海人也不会去大操大办，他们遵守“互惠”原则，在考虑请哪些人和不请哪些人方面非常理性化。正如FSF所说的那样：“我儿子结婚，凭我在这里多年的人际关系，肯定会有那么多人来，但我不想那样做。如果我请那么多人，以后怎么办。别人有事请我我要去，我既然收了人家礼了，那就要还，有来有往，非常麻烦。在这方面要耗很多时间，不值得。”但梅山本地人并不这样认为，ZMG(本地人，男，58岁)说：“人活着就要面子，这是最基本的。一个人的人缘是好是坏，只有在你家里有事的时候才能体现出来。就以我女儿出嫁为例吧，当时我摆了二十几桌，乡里乡亲都来了，热闹得很。”对于本地人来说，家里办事要热闹，来的人越多就越有面子，这样才能被别人看得起。

二是对“大家”与“小家”的看法不一。上海人的家庭一般都是女方理财的，而且非常关注小家庭的生活，遇到双方“大家”里的事，双方都要商量的。这与南京有明显的不一样，在南京尤其是南京周边的农村，他们非常注意“大家”里的人和事，一个人“发”了，就要想到自己的兄弟姐妹，还要想到内亲和外戚，还有村子里的人，一波一波推及他人。一个人已经不是独立的个体，是大家的，公众的。如果一件事处理得不好，以后就会被所有亲戚及村里人责怪，父母也会没面子。这种文化的体现就是不管一个人“混”得如何，既然是城里人，那么他就是有钱人，就是有脸面的人，遇到事不仅要慷慨解囊，而且还得亲自到场，给人家撑面子。嫁到梅山社区的媳妇，对当地人来说，他们是嫁给大城市的人了，因此，过年过节都要往娘家送礼。当地的风俗又多，不仅要送娘家的，还要送舅舅家、伯伯家，用上海人的话说就是“七大姑八大姨”都要送。媳妇的娘家有什么事，比如结婚、过生日，大大小小的事情都要去。这跟上海人喜欢清净、节约是明显冲突的，再加上“当地人的语言表达习惯实在让梅山上海人接受不了，即使夸赞也会让人觉得浑身不自在”。对于上海人来讲，我娶你，是跟你在过日子，你们家有这么多的风俗习惯，我怎么受得了，因此家庭矛盾很快会激化。这也是梅山离婚率高、婚姻幸福指数低的一个很重要的原因。

谈到嫁给上海人，TNF也有一肚子的苦水，她说：“没结婚之前，感觉找了一个上海人做男朋友还挺幸运，但结婚后，我感觉不是很幸福。我们感情不错，在生活中，最大的分歧就是平时的人情往来。我丈夫很反对我跟别人来往，比较小气，但我家里亲戚多，平时，大家相互走动走动才能加深感情。他们上海人人情淡薄，没有人情味。另外，就是怕花钱，我有几个好朋友，都是因为人情的事与上海丈夫离了婚，但我孩子小，我们之间没有其他矛盾，忍让一点就算了。”

三是审美观的迥然不同，在对衣服款式、颜色的搭配上双方看法也不一致。LZG对他媳妇买给孙女的衣服鞋帽作了一段评价：“我媳妇认为给孩子就要买精品，知名品牌的，这没有什么实际意义。一百来块钱的鞋子看上去很不错，为什么非得买贵的？还有，她喜欢给孩子买卡其色衣服，说小孩子调皮，那种颜色耐脏。而我认为我孙女不调皮，穿上大红大绿亮点的，才好看。”在布迪厄看来，消费就是主观与客观相统一的社会实践。这是一种社会行为，首先具有“区隔”和标识的功能，是一种阶级“区隔”的方式，不同地位的阶级群体通过在其独特的消费行为基础上形成的消费模式而区分开来。基于相异的“惯习”，不同的阶级群体在消费过程中形成不同的文化欣赏“品位”，从而达成本群体的社会认同，与其他“品位”不合的外群体相区分。因此，被社会公认的人文学科的等级体系，以及在每一种人文学科内部，在各种风格、流派或时期内部的等级体系都与消费者的社会等级体系相适应，这使鉴赏预先就具备了标志“等级”的功能①。

四是在与人相处，以及对待集体财产处置方面也有所区别。梅山上海人喜欢在钱上算计、节约，与人交往吃饭时，喜欢AA制，而当地人无法接受。当地人认为一个人既然请别人吃饭，那就不能让别人付钱，否则别人在情感上是不能接受的。在人际交往中，梅山上海人讲究互惠，吃亏的事他们是不可能干的，这些算计投射在梅山上海人与外地人的关系上，本地人认为这是无法忍受的，他们就评价梅山上海人“小气”“算计”等。另外，梅山上海人的个体与集体界限比较明显，本地人对此则比较含糊。梅山上海人说：“我们一般不愿意跟他们在一起吃饭，(因为)我们吃完饭，大家平摊费用，而他们(指本地人)跟你一起吃完饭，也不主动给钱，别人也不好意思向他们要。我们出差，差旅费单位是报销的，但某人却找借口把宾馆退了，去找关系户为其安排食宿，把出差费赚下来了。他们只要一有机会就会捞好处，损公肥私，这点让人不理解，我们都很瞧不起他们。”而对于本地人来说，他们认为：“靠山吃山，靠水吃水”，“吃一点、拿一点，只要不犯大的错误，没什么了不得的。他们上海人工资比我们高，工种也比我们好，平时还瞧不起我们，有时候就会讲大道理唬我们，其实，他们才是最自私的。”

(三) 风俗礼仪的相互冲突

梅山地处南京郊区，民俗、民风是本地文化构成的主体。英国民俗学者班尼曾说过：“民俗包括作为民俗精神秉赋的组成部分的一切事物，而有别于他们的工艺技术，引起民俗学家

① Pierre Bourdieu. Distinction: A Social Critique of the Judgment of Taste[M]// Translated by Richard Nice. Cambridge, Massachusetts: Harvard University Press, 1984.

注意的,不是耕犁的形式,而是耕田者推犁入土时所举行的仪式;不是渔网和渔叉的构造,而是渔夫入海时所遵守的禁忌;不是桥梁或房屋的建筑术,而是施工时的祭祖以及建筑物使用者的社会生活。"[①]梅山上海人来自大都市,他们接受的是都市文化的熏陶,"都市文化是市民在长期的生活过程中,共同创造的、具有城市特点的文化模式,是城市生活环境、生活方式和生活习俗的总和。"[②]两种文化对风俗有不同的理解,因此它们的相遇必然会产生冲突。

城市和农村的生活关系正如德国社会学家滕尼斯所认为的那样,农村的社会关系以朋友、血缘等个人纽带为基础,在乡村生活中,大多数社区成员的关系是非正式的、宽松的、充满人情的,他们互相认识、互动频繁;城市的社会关系是正式的、契约性的、非人格化的、专门化的,强调隐私和个人性,使人与人之间保持着适当的距离。在乡村,生产与生活是融为一体的,个人联系、友谊以及亲戚关系较为紧密,而在城市,社会关系和社会活动的裂散,社区组织的扩大,家庭和志愿者的功能被政府组织和商业组织取代,所有这些因素使得人们的工作与生活呈分离状态,随之,人们与他人的情感卷入和社会卷入也减少了。因此,当城市文化遭遇乡土文化的时候,各种各样的矛盾和冲突就暴露出来。

梅山上海人和本地人在风俗习惯方面有很大差异。例如关于"坐月子"的问题,"月子"里吃什么,在荷包蛋里放糖还是放盐?"月子"里是否能喝凉水?"月子"里产妇是否能洗澡?对于这一系列问题,上海人与南京本地人在观点上差异很大。

WZT 的媳妇是梅山本地人,媳妇坐月子时由他完全来负责照顾。在伺候媳妇"坐月子"的过程中,对于在荷包蛋里面放糖还是放盐产生了争执。南京人喜欢吃咸的,而上海人则喜欢吃甜的,要放很多白糖,WZT 说:"我们吃东西比较讲究,注意热量的补充。如荷包蛋里要放糖,可我媳妇那个时候却要放盐。我们上海人月子里吃荷包蛋是不允许放盐的,吃盐会导致母乳不足。但她坚持要放盐,我不跟她正面冲突,她说放点盐,我说好的,我就尽量少放些。所以有时候地区的观念冲突是不断的,他们有他们的,我们有我们的……。"两位老人特别喜欢孙女,盐糖的差异不仅仅是风俗习惯的差异,而且直接关系到下一代的健康成长。母乳是孩子的食粮,正因为它如此重要,所以也最能引起冲突和矛盾,但由于媳妇在月子里,老人只好妥协,只是媳妇吃一次荷包蛋,老人家就会增加一份担忧,没有母乳了怎么办,因此肯定会尽量地往鸡蛋里少放盐,控制媳妇盐的摄取量。尽管如此,老公公也明显地妥协了,只是"尽量少放一些盐"。

在随礼问题上,梅山上海人与本地人也有分歧。梅山上海人认为:"别人家有事请我去,我才能去,如果不请我,我就是知道了,也不会去的,人家没请你,你怎么能随便去呢。"SZH 说:"我们上海人,家里有事一般不声张,请来的客人多数是嫡系亲戚,或有过人情往来的要

---

① 查索·博尔尼. 民俗学手册[M]. 上海:上海文艺出版社,1988.

② 张钟汝,等编著. 城市社会学[M]. 上海:上海大学出版社,2001.

好朋友，不能随便请别人的。”但本地人认为，亲戚家或朋友家有重要的活动，如果请我了我肯定要去，即使不请，我知道了也要去，要不然很没面子。在离退休处工作的XSF说，“我在老龄委工作这么长时间，给我明显的感觉就是上海人的葬礼冷冷清清，不像我们南京人，如果一个人去世，他的亲戚、朋友、单位的同事都会过来吊唁的。”

个人的消费是家庭、社会阶级、次文化团体、种族、生活方式、朋友、职业团体、个人所属的团体中成员共同影响的结果①。在消费的层次上，物品本身是没有性格的，只有在人们消费、使用时，才会赋予物品以意义，物品也才会有社会关系。梅山上海人的消费方式从某种角度看不近人情，如AA制、人情和实物的等价交换等，看上去比较冷漠，但这也可省去不必要的麻烦和矛盾，如还人情债、计较个人得与失等。但梅山当地人却把人情、面子看得非常重，这与费孝通先生所描述的乡土社会非常吻合，即人情、面子在农村人看来尤其重要。

（四）上海“边缘人”的尴尬处境

生活在梅山的上海人，他们虽然在外地有一种文化优势，仍然保持着上海的生活方式，如服饰、语言、饮食以及居住等方式，他们当中好多人都回上海几次，但是他们与上海的当地人之间也有隔阂。隔离可能是自愿的，也可能是不自愿的，但它们都无一例外的是特定群体或职能机构在空间上与其他群体或职能机构的分离②。非自愿性隔离实质是社会成员被排斥的过程，梅山上海人在主动隔离非上海人的同时，却同样又被现时的上海人所排斥。这是因为梅山上海人由于生活时空的变化，他们的语言、服饰（时尚）、价值观、生活习惯等与高速发展的上海产生了很大的差异性，这种差异性表明昔日的上海人不能等同于今日的上海人，梅山上海人又成为上海的“边缘人”。

在访谈中，QXY说：“我们回上海只在家里和兄弟姐妹聚聚，一般不出去，上海变化太大了，我们在上海也不太习惯了，在上海人眼中我们也变成乡下人了。就拿在上海买衣服来说，由于在梅山常和当地人打交道，所以经常说普通话。回上海后，有一次到商场买衣服，用普通话跟营业员说话，营业员态度冷淡，不怎么理睬，去为说上海话的顾客服务了。我非常生气，就改用上海话狠狠地数落了她一顿，结果服务员的态度很快就转变过来了。这件事对我的打击太大了。”

梅山上海人的语言中，虽然仍在讲上海话，但是现在上海流行的许多新词他们都不会用，他们的语言还是“老上海”的风格，比如他们仍将“普通话”称为“国语”。另外，他们虽然竭力保持着自己的上海语言的纯洁性，但是长时间地与异文化接触，使得他们上海话中还是杂夹着当地的方言，如WSF在与外甥女说话时用了“搞”字。在服饰方面，虽然上海的服饰曾让他们引以为骄傲和自豪，但由于他们长期生活在梅山这个单位制的熟人社会里，由于缺

① 陈坤宏．消费文化理论[M]．台湾：扬智文化事业股份有限公司，1995．

② 康少邦，张宁，等编译．城市社会学[M]．杭州：浙江人民出版社，1986．

乏流动，异质性小，他人心目中的"镜中我"(库利)是一个非常熟悉的角色，追求衣服的新颖已被别人看作是一种"奇怪"现象。

其实"时尚因阶级的不同，其内容、式样也会有所不同。也就是说，社会上层的时尚与社会下层的时尚决不会是一样的。实际上，下层社会的人们刚一介入某一时尚，上层社会就已经将它放弃了"①。QXY说上海变化太大了，20世纪90年代的上海确实得到了快速发展，尤其上海文化也在不断地发展和演进。但因为买衣服而让她发了那么大的火不仅仅是因为普通话和上海话的原因，更多的是触及了她的心头之痛：她不愿意被别人瞧不起。因为她过去是上海人，虽然生活在梅山，但她对上海具有高度认同感，因而，她要努力保持上海人的特征，在她心灵深处有着一个对上海根深蒂固的情结，不管什么时候，她自认为自己是上海人，而事实上，在上海她却被看作外地人，在她的心目中外地人就是土气、不文明的代名词，这才是她愤怒的根源。所以在访谈中，梅山上海人常说："我是上海人，不是梅山人。"为了让笔者感觉他们说的是真话，有时他们还会在谈话间不时地夹杂着几句上海话。平时，只要有两个上海人在一起，他们就改说上海话，从另外一个角度来看，梅山上海人最担心的是他们不被居住在上海的上海人所认同。但事实上他们已不被上海人认同，他们本来是上海的主人，回来之后却发现异地生活已经使他们落伍了，上海已经不属于他们了，他们也难以融入上海的日常生活中去了，这就使他们对上海认同产生困惑。此时，他们在上海人的眼里又成为上海的"边缘人"。

三、调适与融合：寻求异质共生

文化的融合是异质文化之间相互接触、彼此交流、不断创新和融会贯通的过程。融合体现了在互补和互惠关系中寻求平衡的倾向，是文化发展演进过程的必然步骤。它不是外来文化和本土文化之间的简单取代，而是通过外来文化与本土文化之间的冲突与调和实施重组，从而产生新型文化。因此，外来文化与本土文化融合的结果，并不是两者二合一，而是通过各自的拓展达到视野上的融合②。作为梅山社区主体文化的上海文化，它与本地文化的融合也只能是两个相交的圆，而不可能重合。梅山文化的演变只是已有的上海文化的变异，而不是产生一种完全独立的、不同于原有文化的全新文化。纵观梅山社区文化的冲突与融合过程，上海文化在社区发展过程中一直占据着强势地位，它在与本地文化的接触中，彼此都表现出对自己核心文化的坚持和对他类文化的排斥，并在各种矛盾的运动中不断调适，从而实现融合的目的。下面着重从社区归属感、价值观念和生活方式等微观方面分析社区文化趋向异质共生、和而不同的局面。

---

① Simmel G. The American Journal of Sociology, Vol. 62, No. 6[M]. Chicago: University of Chicago Press, 1957(5):541-558.

② 陈平. 多元文化的冲突与融合[J]. 东北师大学报(哲学社会科学版)，2004(1)：35-40.

（一）“过客型”向“定居型”的转变

单位制社区的解体是梅山上海人寻求异质共生的根本动力。20世纪90年代末以来，梅山社区从梅山企业中逐渐剥离，企业不再提供各种福利以及免费配套服务，如取消了去上海的免费班车、停止分发各种食品、各种配套设施开始有偿使用等，这对于习惯于依赖企业，享受各种“免费午餐”的梅山上海人来说，冲击力显然很大。梅山社区的属地化意味着上海不再管理梅山社区，梅山的一切管理方式不再是上海管理方式的复制，而是按照南京的管理模式来管理。这里不再是上海人以前所说的“这里（指梅山）只是我们的工作地点，我们的所有管理方式都是上海的，这里跟我们完全无关”。双重的冲击迫使梅山上海人开始思考“我是谁”的问题。确实，对梅山上海人移民的后代而言，这一问题不但具有哲学性，而且更具现实性，因为“身份提供了一种在我们对世界的主体性的经验与这种微妙的主体性由已构成的文化历史设定之间相互作用的理解方式”①，身份确认对他们具有尤为重要的意义。此时，梅山上海人处于两难境地：说自己是上海人，因为自己父母来自上海，而户籍也是上海，这没有错，可他们此时也会讲梅山本地话，他们所居住的梅山社区已不再由上海管辖，而是归属于南京地区管辖；说自己是梅山人，他们生在梅山、长在梅山，对梅山的山山水水都很熟悉，这也没有错，可疑惑的是自己拥有上海文化，拥有上海人的价值理念、生活方式和交往方式，自己究竟是上海人还是梅山人？身份的疑惑使梅山上海人开始关注梅山社区，开始改变他们对梅山社区的看法，增加了他们对梅山的依赖。

由“过客型”向“定居型”转变，梅山上海人对梅山社区归属感日益加强，心里的转变直接影响着梅山上海人的价值理念、生活方式和交往方式。

语言的变化就是一个非常典型的例子。笔者在访谈中发现不少梅山上海人会说几种方言，他们和上海人交流说上海话，跟南京人交流改用普通话或者南京话，与陌生人交流就用普通话。正如YSF（本地人）所说的：“现在的上海人变了，在厂里只要有非上海人，他们就改说普通话，平时对我们也客气多了，不再那么盛气凌人了，在一个小区内，大家能够和平共处了。现在不少回上海养老的上海籍老年人又回到了梅山，他们认为还是梅山适合他们居住。”

可以说，上海人从主动隔离到主动学说本地话，是梅山社区文化变迁使然。这正如美国社会学家高斯席德（Goldscheider）在《发展中国家的城市移民》一书中论述的那样：“移民的适应可以界定为一个过程，在这个过程中，移民对变化了的政治、经济和社会环境做出反应。”②高斯席德强调变化和过程，倾向于把适应理解为行为本身，理解为在变化的环境中移民们所做出的一种不断的行为调整。同样源于梅山上海人的特殊身份，对他们来说，南京郊

① 钱超英．诗人之死：一个时代的隐喻[M]．北京：中国社会科学出版社，2000．

② Goldscheider C. Urban Migrants in Developing Nations[M]. Boulder: Westview Press, 1983.

区厂矿经历是一种过程，在这个过程中，他们必须不断地在工作方式、生活方式、社会交往、社会心理等方面做出种种调节，从而适应他们自身所处的生存环境。

（二）价值理念的趋同性增强

梅山上海人通过自买住房以增加对梅山社区的依赖。20世纪90年代末，梅山企业取消了福利分房，社区房屋全部实行货币化购买，梅山职工需要自己掏钱购买所住房屋。梅山社区的职工在比较上海与梅山两地购房成本与居住环境后，发现上海房价远远高于梅山，而且他们在梅山生活多年，对梅山也很熟悉，于是大部分人纷纷在梅山买房，梅山上海人对家的概念又有了深层次的理解，"过客"的想法慢慢有所变化。1998年，梅山企业与上海宝钢合并，符合规定条件的梅山上海人可以回迁到上海，他们可以在上海找工作。可后来他们发现在上海找工作门槛太高，根本不好找，而且即使找到工作，由于多年客居他乡，已经不能适应上海的高消费、快节奏的生活了，梅山上海人对上海产生了陌生感。而梅山社区优美的人居环境、"旱涝保收"的工作环境、稳定安逸的生活，使得他们中的一部分人放弃了回上海的信念，心理上渐渐地从"过客型"向"定居型"转变，增加了对梅山的依赖。

消费理念趋于一致。从企业剥离后的梅山社区，职工不再享有企业的各种福利制度，面对新制度、新环境，梅山上海人调整了心态，他们开始主动到南京市区购物和消费。此时的南京城已不断向外延伸，带动了梅山周边地区的发展，而属地化管理使梅山社区与当地的联系更加紧密。以前梅山上海人从上海购买的生活必需品现在在梅山也能买到，而且价廉物美；以前在家或到单位食堂宴请，现在社区内就有许多饭店可供选择；就连到南京市区购物也有免费大巴接送，所有这些因素改变了梅山社区上海人的生活，与本地人的互动性加强，当地人的消费观又直接影响着梅山上海人。

职业选择多元化。梅山上海人不再以在梅山集团就业作为自己寻找工作的唯一目标，他们打破职业传承的瓶颈，开始走出梅山，在南京寻求更宽、更广的发展空间。在寻找工作中，梅山上海人与南京接触增多，这也是梅山上海人融入南京的途径之一。近年来，许多梅山上海人子女到南京市区工作，他们在市区购置房屋，成立家庭，这为梅山与南京的互动提供了便利，同时，也为梅山社区文化增添了新的元素。

青少年教育趋同性增强。梅山上海人非常重视子女的教育，建厂初期，他们兴建了中、小学校，成立了技工学校、老年大学、党校等，为职工及其子女提供了良好的教育环境。学校使用上海的教科书，并与上海市教育接轨，良好的教育环境也吸引了大量本地人的子女前来就读。梅山上海人子女与本地人子女在同一所学校上学，在学校，他们一起接受上海文化的熏陶，但同时，周边的环境对他们也有深刻的影响，本地文化无时无刻不在影响着他们的思维，在与本地人子女的接触中，上海人的子女对本地人的风俗习惯也有了一定的了解，本地文化伴随着他们成长。由于这些孩子的价值观念对自己父母的价值观念又进行了"反哺"，此时，孩子成为两种文化进行交融的桥梁。

就价值观念的融合而言，从某种意义上讲，是梅山社区上海人对南京地区的主动适应的渐进过程。这种价值观念的趋同，通常表现为个体价值、集体价值和社会价值之间的相互转化和相互渗透的过程。有人认为，个人价值一般属于私人领域，而集体价值则属于公共领域，价值的趋同一般实现于公共领域。价值的融合是不同类型价值主体的价值观念相互转化的过程，这是动态的，是具有趋势性的。同时，价值观念作为一种社会意识，虽然有一定的稳定性，但也具有一定程度的变化频率，尤其是在多元文化的背景下，变化频率更高。

（三）行为及生活方式趋于一致

经历两年多的梅山社区的实地调查研究，笔者感觉梅山上海人的话语中用的频率最高的就是"磨合""七大姑八大姨""旱涝保收""我们是见过大世面的"等，这些词语正好反映了梅山上海人的文化演变过程。"磨合"的语境很显然是两种文化遭遇后必须要经历的阶段，"七大姑八大姨"则是两种文化中人际关系的交往方面的差异，"旱涝保收"的单位制社会特征使梅山上海人拥有优越的经济条件，从而能够保持其文化的独立性，"见过大世面的"文化自豪感使梅山上海人以对原住地文化的固守作为调适其身份的基本向度。无论原住地文化在文化碰撞中是强势文化还是弱势文化，对移民本身而言都具有最根本的意义，也是其身份确认的基本依托，他们依据自身所拥有的文化，在文化过程中自如地调适自己。

梅山社区经过几个阶段的发展，社会结构、人口组成、人际交往、居住模式等都发生了很大的变化，典型单位制的管理模式已向社区自主管理模式转型，梅山上海人经过"双边缘人"的一段境遇以后，也在寻找着最佳的居住环境和愉悦的生活方式，面对本地文化以及其他异文化，梅山上海人不再完全拒绝和抵制，而是更加理智地对待它们。从人际交往来看，他们打破了同质性交往的瓶颈，开始加强与南京本地人和其他非上海人的交往，尽管彼此之间在心理上还存在一些隔阂，但梅山上海人变得包容多了，在交往过程中，他们与非上海人进行交流时主动使用普通话，拉近了彼此之间的距离。就连平时的人情往来，上海人也不再以"理性消费"为由而拒之，而是尽量适应本地的风俗习惯，最为典型的就是与本地人有姻亲关系的上海人，他们对"七大姑八大姨"的人际关系比较适应了，有时还能从中寻找乐趣。梅山的非上海人也在不断地变化，他们当中有本地人、部队转业军人、全国各地高等院校毕业生等，他们在与梅山上海人交往过程中，一方面保持着自身拥有的文化特质，另一方面又主动适应上海文化，尤其是越来越多的高校毕业生，他们的行为举止和生活习性与上海人有着更多的融合点，这也是上海人改变了对非上海人看法的原因之一。

梅山社区的属地化改变了梅山上海人的居住模式和生活方式，以往梅山上海人习惯居住在一起，而且还根据不同职位、等级享受不同的居住条件，同时享受着单位提供的所有配套的福利待遇。他们往返于工厂与社区之间，过着单调而有规律的生活。但住房制度的改变和社区属地化管理以后，梅山社区上海人的生活受到很大的冲击：一是梅山上海人不再享受特权，在住房条件上与非上海人处于同等地位；二是社区的属地化就意味着梅山上海人不再拥有上海户籍，上海人的身份从此丢失；三是梅山社区不再享受单位提供的各种福利，这就促使上海人改变原有的生活方式，不得不去采购更多的生活用品，从而加强了与本地人的互动；四是梅山社区房屋的货币化改革，让更多非梅山企业职工进入梅山社区，梅山社区非上海人越来越多，上海人在人数上不再占有优势；五是梅山企业文化对梅山社区文化的影响力减弱。上述几方面因素使得梅山上海人的行为和生活方式与非上海人趋于一致，这是客观环境决定的，也是社区属地化的必然结果。但上海文化在梅山社区是根深蒂固的，其地位和影响力也是其他文化不能替代的。尽管梅山上海人的行为和生活方式与非上海人趋于一致，那只是他们彼此之间找到了更多的融合点，并不是梅山的上海人文化转化为其他文化，只能说是梅山上海人文化与非上海人文化处于融合状态。

就梅山社区上海人文化来说，它与本地文化的冲突与融合具有不均衡性，两者冲突程度怎样，融合的程度又如何，这主要看两种文化对梅山社区群体的影响力度来判断，同时还要区分强弱，强者吸取有利于自身的发展因素进行互补，而弱者避免被同化而选择性地吸收异域文化的优点，使不同文化趋向一种“道并行而不悖，万物并育而不相害”的“和而不同”的境界，这样才能实现文化的突围和超越。另外，在梅山文化的冲突与融合中，文化相互的侵蚀都有一定的隐蔽性，它是在潜移默化中互相侵入对方肌体。在梅山，上海文化和本地文化在社区不同人群中存在着，它们相互作用，相互补充，冲突中有融合，在融合中产生新的冲突。

参考文献

[1] 阿兰·库隆. 芝加哥学派[M]. 郑文彬，译. 北京：商务印书馆，2000.

[2] 阿列克斯·英克尔斯，戴维·H. 史密斯. 从传统人到现代人：六个发展中国家中的个人变化[M]. 顾昕，译. 北京：中国人民大学出版社，1992.

[3] 爱德华·W. 萨义德. 东方学[M]. 王宇根，译. 上海：上海三联书店，1999.

[4] 安东尼·吉登斯. 现代性与自我认同：晚期现代中的自我与社会[M]. 赵旭东，译. 上海：上海三联书店，1998.

[5] 北京大学社会学人类学研究所. 社区与功能：派克、布朗社会学文集及学记[M]. 北京：北京大学出版社，2002.

[6] 布赖恩·特纳. Blackwell 社会理论指南（The Blackwell Companion To Social Theory）[M]. 李康，译. 2 版. 上海：上海人民出版社，2003.

[7] 蔡禾主编. 城市社会学：理论与视野[M]. 广州：中山大学出版社，2003.

[8] 曹金波. 社会转型期中介社区发展现状研究——以湘北溪镇和庭场为例[D]. 长沙：中南大学，2004.

[9] 查·索·博尔尼. 民俗学手册[M]. 上海：上海文艺出版社，1988.

[10] 常铁威. 新社区论[M]. 北京：中国社会出版社，2005.

[11] 陈国贲. 城市的内在混合性：一项关于多元文化主义的批评[J]. 江苏社会科学，2005(3)：193-198.

[12] 陈坤宏. 消费文化理论[M]. 台湾：扬智文化事业股份有限公司，1995.

[13] 陈平. 多元文化的冲突与融合[J]. 东北师范大学学报（哲学社会科学版），2004(1)：35-40.

[14] 陈世联. 文化认同、文化和谐与社会和谐[J]. 西南民族大学学报（人文社科版），2006(3)：117-121.

[15] 陈午晴. 海外华人文化认同的建构：一个社会心理分析架构[J]. 社会心理研究，2002(4)：1-4.

[16] 陈向明. 质的研究方法与社会科学研究[M]. 上海：教育科学出版社，2000.

[17] 陈一筠，陆士桢主编. 家庭与下一代——国际学术研讨会文集[M]. 北京：社会科学文献出版社，1996.

[18] 陈映芳主编. 棚户区：记忆中的生活史[M]. 上海：上海古籍出版社，2006.
[19] 陈映芳主编. 移民上海：52 人的口述实录[M]. 上海：学林出版社，2003.
[20] 陈原. 语言与社会生活[M]. 北京：生活·读书·新知三联书店，1999.
[21] 成伯清. 格奥尔格·齐美尔：现代性的诊断[M]. 杭州：杭州大学出版社，1999.
[22] 辞海编辑委员会编. 辞海[M]. 上海：上海辞书出版社，1979.
[23] 崔新建. 文化认同及其根源[J]. 北京师范大学学报（社会科学版），2004（4）：102 - 104.
[24] 戴桂斌. 阶级与阶层：社会分层的两种模式[J]. 宁夏社会科学，2007(1)：48 - 51.
[25] 戴维·波普诺. 社会学[M]. 李强，等译. 10 版. 北京：中国人民大学出版社，1999.
[26] 戴维·莫利，凯文·罗宾斯. 认同的空间——全球媒介、电子世界景观和文化边界[M]. 司艳，译. 南京：南京大学出版社，2001.
[27] 邓伟志，徐榕. 家庭社会学[M]. 北京：中国社会科学出版社，2001.
[28] 刁忠民. 都市“边缘人”[J]. 社会，1999(7)：21，28.
[29] 丁元竹. 社区的基本理论与方法[M]. 北京：北京大学出版社，1995.
[30] 董娣. 亚裔美国人的身份认同[J]. 信阳师范学院学报（哲学社会科学版），2001(3)：98 - 101.
[31] 恩斯特·卡西尔. 人论：人类文化哲学导引[M]. 甘阳，译. 上海：上海译文出版社，2003.
[32] 费孝通. 费孝通论文化与文化自觉[M]. 北京：群言出版社，2007.
[33] 费孝通. 试谈扩展社会学的传统界限[J]. 北京大学学报（哲学社会科学版），2003，40(3)：5 - 16.
[34] 费孝通，王同惠. 花篮瑶社会组织[M]. 南京：江苏人民出版社，1988.
[35] 费孝通. 乡土中国生育制度[M]. 北京：北京大学出版社，1998.
[36] 冯利，等. 当代国外文化学研究[M]. 北京：中央民族学院出版社，1986.
[37] 冯四清. 浅谈居住区中的交往空间[J]. 安徽建筑，1997(2)：21 - 23.
[38] 风笑天. 社会学研究方法[M]. 北京：中国人民大学出版社，2001.
[39] 傅铿. 文化：人类的镜子[M]. 上海：上海人民出版社，1990.
[40] 高鉴国. 社区意识分析的理论建构[J]. 文史哲，2005(5)：129 - 136.
[41] 高小康主编. 城市文化评论[M]. 上海：上海三联书店，2006.
[42] 葛根高娃，乌云巴图. 内蒙古牧区生态移民的概念问题与对策[J]. 内蒙古社会科学，2003，24(2)：118 - 122.
[43] 古德. 家庭[M]. 魏章玲，译. 北京：社会科学文献出版社，1986.
[44] 广田康生. 移民与城市[M]. 马铭，译. 北京：商务印书馆，2005.

[45] 郭星华.社群隔离及其测量[J].广西民族学院学报(哲学社会科学版),2000(6):23-25.

[46] 韩起澜.苏北人在上海(1850—1980)[M].上海:上海古籍出版社,2004.

[47] 何平,陈国贲.全球化时代文化研究若干新概念简析——“文化杂交”与“杂交文化”概念的理论内涵[J].山东社会科学,2005(10):23-28.

[48] 何明生,王雅琳.中国城镇居民的消费生活方式[M].哈尔滨:黑龙江教育出版社,1992.

[49] 贺善侃.当代中国社会转型期社会形态研究[M].上海:学林出版社,2003.

[50] 黄昆章.论华人文化的适应传承与改造[J].华侨华人历史研究,1998(4):28-33.

[51] 黄淑娉,龚佩华.文化人类学理论方法研究[M].广州:广东高等教育出版社,1998.

[52] 黄兆群.熔炉理论与美国的民族同化[J].山东师范大学学报(社会科学版),1990(2):24-30.

[53] J.罗斯·埃什尔曼.家庭导论[M].北京:中国社会科学出版社,1991.

[54] 加里·斯坦利·贝克尔.家庭论[M].王献生,王宇,译.北京:商务印书馆,2005.

[55] 蒋芃.社区在西方:历史理论与现状[J].史学理论研究,1999(1):105-119.

[56] 杰西·洛佩兹,约翰·斯科特.社会结构[M].吉林:吉林人民出版社,2007.

[57] 康少邦,张宁,等编译.城市社会学[M].杭州:浙江人民出版社,1986.

[58] 拉德克利夫布朗.原始社会结构与功能[M].北京:九州出版社,2007.

[59] 赖特·米尔斯.社会学的想象力[M].陈强,张永强,译.北京:生活·读书·新知三联书店,2001.

[60] 李爱慧.论早期东欧犹太移民在美国的文化适应[J].世界民族,2007(1):56-62.

[61] 李汉林.制度规范行为——关于单位的研究与思考[J].社会学研究,2002(5):1-22.

[62] 廷伯根.人口问题与经济成长[M].李洪鳌,译.台北:正中书局,1969.

[63] 李竞能编著.现代西方人口理论[M].上海:复旦大学出版社,2004.

[64] 李其荣.美国爱尔兰人的文化适应与文化冲突[J].华中师范大学学报(人文社会科学版),1998(6):81-87.

[65] 李素华.对认同概念的理论评述[J].兰州学刊,2005(4):201-203.

[66] 李银河,冯小双.对北京市部分离婚者的调查[J].社会学研究,1991(5):93-100.

[67] 李友梅,肖瑛,黄晓春.社会认同——一种结构视野的分析:以美、德、日三国为例[M].上海:上海人民出版社,2007.

[68] 李煜,徐安琪.择偶模式和性别偏向爱好研究——西方理论和本土经验资料的解释[J].青年研究,2004(10):1-11.

[69] 李志刚,吴缚龙,卢汉龙.当代我国大都市的社会空间分异——对上海三个社区的实

证研究[J]. 城市规划,2004,28(6):60-67.
[70] 梁丽萍. 中国人的宗教心理——宗教认同的理论分析与实证研究[M]. 北京:社会科学文献出版社,2004.
[71] 梁茂春. 越南华裔在美国的生存与适应[J]. 华侨华人历史研究,2007(1):32-43.
[72] 林胜. 从择偶的理论到择偶理论——从社会学方法论的争论看择偶研究[J]. 社会,2002(9):47-50.
[73] 林耀华主编. 民族学通论[M]. 北京:中央民族学院出版社,1997:301.
[74] 林英杰,王尔新,蔡辉. 高校新校区建制与校园文化移植[J]. 中国大学教学,2003(2):10-11.
[75] 林玉莲,胡正凡. 环境心理学[M]. 北京:中国建筑工业出版社,2000.
[76] 刘桂云. 社会分层的社会作用分析[J]. 党史博采(理论版),2007(4):17-18.
[77] 刘豪兴,朱少华. 人的社会化[M]. 上海:上海人民出版社, 1993.
[78] 路风. 中国单位体制的起源和形成[J]. 中国社会科学季刊,1993(4):89-92.
[79] 陆学艺主编. 社会学[M]. 北京:知识出版社,1996.
[80] 罗伯特·C. 尤林. 理解文化:从人类学和社会理论视角[M]. 北京:北京大学出版社,2005.
[81] 罗勇. 文化与认同——兼论海外客家人的寻根意识[J]. 西南民族大学学报(人文社科版),2006(2):191-195.
[82] 骆爽. 剖析上海人[M]. 北京:中国社会出版社,1995.
[83] 骆新华. 国际人口迁移的基本理论[J]. 理论月刊,2005(1):42-45.
[84] 马春波,李少文. 农村人情消费状况研究——鄂北大山村调查[J]. 青年研究,2004(12):16-21.
[85] 马珺. 社会稳定的构建:法国的移民融合与启示[D]. 上海:华东师范大学,2007.
[86] 马健雄. 社区认同的塑造:以孟加海"帕西傣"社区为例[J]. 云南民族学院学报(哲学社会科学版),2001,18(6):69-75.
[87] 马凌诺夫斯基. 文化论[M]. 费孝通,译. 北京:华夏出版社,2002.
[88] 马斯洛. 存在心理学探索[M]. 李文湉,译. 昆明:云南人民出版社,1987.
[89] 玛格丽特·米德. 代沟[M]. 曾胡,译. 北京:光明日报出版社,1988.
[90] 玛格丽特·米德. 文化与承诺:一项有关代沟问题的研究[M]. 周晓虹,周怡,译. 石家庄:河北人民出版社,1987.
[91] 曼纽尔·卡斯特. 认同的力量[M]. 夏九铸,黄丽玲,等译. 北京:社会科学文献出版社,2003.
[92] 毛泽东. 在打仗问题上要有两手准备[J]. 党的文献,1995(3):41-43.

[93] 梅山办事处编. 2003梅山社区工作调研报告汇编[G]. 2003.
[94] 梅山冶金公司编. 梅山冶金公司志1969—1988[M]. 上海：上海人民出版社，1989.
[95] 蒙培元. 中国哲学主体思维[M]. 北京：东方出版社，1998.
[96] 孟涛. 礼金、理性与农民随礼行为——一项关于农村随礼现象的实证研究[D]. 济南：山东大学，2006：22.
[97] 苗艳梅. 关于社区及社区类型的研究评述[J]. 湖北广播电视大学学报，2000，17(2)：37-39.
[98] 穆雷，姚锦清. 文化冲突：加拿大的中国移民[J]. 海南大学学报(社会科学版)，1998，16(1)：75-77.
[99] 彭克宏主编. 社会科学大词典[Z]. 北京：中国国际广播出版社，1989.
[100] 潘允康. 家庭社会学[M]. 北京：中国时代经济出版社，2002.
[101] 钱超英. 诗人之死：一个时代的隐喻[M]. 北京：中国社会科学出版社，2000.
[102] 钱穆. 论语新解[M]. 北京：生活·读书·新知三联书店，2005.
[103] 邱国盛. 当代中国逆城市化研究(1949—1978) [J]. 经济史，2006(5)：171-176.
[104] 饶小军，邵晓光. 边缘社区城市族群社会空间透视[J]. 城市规划，2001，25(9)：47-51.
[105] R. E. 帕克. 城市社会学[M]. 宋俊岭，译. 北京：华夏出版社，1987.
[106] 阮西湖，等主编. 都市人类学[M]. 北京：华夏出版社，1991.
[107] 塞缪尔·亨廷顿. 我们是谁？美国国家特性面临的挑战[M]. 程克雄，译. 北京：新华出版社，2005.
[108] 塞缪尔·亨廷顿. 文明的冲突与世界秩序的重建[M]. 北京：新华出版社，1998.
[109] 上海梅山(集团)有限公司编. 梅山集团公司志1989—1998[M]. 上海：上海人民出版社，1999.
[110] 上海梅山有限公司编. 上海梅山鉴2000[M]. 上海：上海人民出版社，2000.
[111] 上海梅山有限公司编. 上海梅山鉴2001[M]. 上海：上海人民出版社，2001.
[112] 上海梅山有限公司编. 上海梅山鉴2002[M]. 上海：上海人民出版社，2002.
[113] 上海梅山有限公司编. 上海梅山鉴2003[M]. 上海：上海人民出版社，2003.
[114] 上海梅山有限公司编. 上海梅山鉴2004[M]. 上海：上海人民出版社，2004.
[115] 上海梅山有限公司编. 上海梅山鉴2005[M]. 上海：上海人民出版社，2005.
[116] 上海证券研究所编. 上海人[M]. 上海：学林出版社，2002.
[117] Sharon Zukin. 城市文化[M]. 张廷佺，杨东霞，谈瀛洲，译. 上海：上海教育出版社，2006.
[118] 胜利油田社区发展研究课题组. 转型期胜利油田工业社区发展研究[J]. 中国石油大学胜利学院学报，2000(1)：46-49.

[119] 施国庆. 移民与社会发展国际研讨会论文集[M]. 南京:河海大学出版社,2002.
[120] 石林,张金峰. 夫妻收入差异与婚姻质量关系的调查研究[J]. 中华女子学院学报,2002,14(3):30-35.
[121] 宋连生. 总路线·大跃进·人民公社化运动始末[M]. 昆明:云南人民出版社,2002.
[122] 苏光. 国企改制背景下的哈尔滨市社区发展问题研究[J]. 黑龙江社会科学,2006(4):161-164.
[123] 苏国勋,张旅平,夏光. 全球化:文化冲突与共生[M]. 北京:社会科学文献出版社,2006.
[124] 孙明浩. 城市社会学的主要理论及其发展[J]. 城市问题,1999(3):5-8.
[125] 孙秋云. 文化人类学教程[M]. 北京:民族出版社,2004.
[126] 唐灿. 中国城乡社会家庭结构与功能的变迁[J]. 浙江学刊,2005(2):201-208.
[127] 唐戈. 文化边缘区·边缘人·双语现象[J]. 哈尔滨学院学报,2005(2):1-5.
[128] 陶东风,周宪主编. 文化研究[M]. 天津:天津社会科学院出版社,2000.
[129] 田毅鹏,漆思. "单位社会"的终结——东北老工业基地"典型单位制"背景下的社区建设[M]. 北京:社会科学文献出版社,2005.
[130] 田毅鹏. 单位制度变迁与集体认同的重构[J]. 江海学刊,2007(1):118-124.
[131] 田毅鹏. "典型单位制"对东北老工业基地社区发展的制约[J]. 吉林大学社会科学学报,2004(4):97-102.
[132] 托马斯,F. 兹纳涅茨基. 身处欧美的波兰农民[M]. 张友云,译. 南京:译林出版社,2000.
[133] 威廉·富特·怀特. 街角社会[M]. 黄育馥,译. 北京:商务印书馆,2005.
[134] 瓦西纳. 文化和人类发展[M]. 孙晓玲,罗萌,译. 上海:华东师范大学出版社,2007.
[135] 王安忆. 69 届初中生[M]. 太原:北岳文艺出版社,2001.
[136] 王赓武. 王赓武自选集[M]. 上海:上海教育出版社,2002.
[137] 王康. 社会学词典[M]. 济南:山东人民山版社,1988.
[138] 王亮. 社区意识——社区共同体的灵魂[J]. 广西社会科学,2006(4):176-178.
[139] 王修荣. 关于企业办社会问题的几点思考[J]. 石油大学学报(社会科学版),1996(3):32-35.
[140] 王颖. 上海城市社区实证研究:社区类型区位结构及变化趋势[J]. 城市规划汇刊,2002(6):33-40.
[141] 王颖. 演化中的三维社区结构[J]. 社会学研究,1992(5):31-37.
[142] 威廉·怀特. 街角社会:一个意大利人贫民区的社会结构[M]. 黄育馥,译. 北京:商务印书馆,2005.

[143] 巫昌祯. 婚姻法教程[M]. 北京：中央广播电视大学出版社，1990.
[144] 吴缚龙. 中国城市社区的类型及其特质[J]. 城市问题，1992(5)：24 - 25.
[145] 吴文澡. 吴文澡人类学社会学研究文集[M]. 北京：民族出版社，1990.
[146] 吴贤义. 从前喻文化、并喻文化到后喻文化：浅析《唐人街》的代际冲突[J]. 东南传播，2007(8)：132 - 133.
[147] 吴艳主编. 老工业基地改造研究[M]. 大连：大连出版社，1997.
[148] 席建国. 论中国企业的社会责任[J]. 王海企业，2005(11)：29 - 30.
[149] 夏国美. 论变迁社会中婚姻幸福的三要素[J]. 上海社会科学院学术期刊，1998(5)：147 - 155.
[150] 夏建中. 现代西方城市社区研究的主要理论与方法[J]. 燕山大学学报(哲学社会科学版)，2000，1(2)：1 - 6.
[151] 熊月之. 略论上海人形成及其认同[J]. 学术月刊，1997(10)：55 - 61.
[152] 徐安琪，叶文振. 中国婚姻质量研究[M]. 北京：中国社会科学出版社，1999.
[153] 徐安琪. 世纪之交中国人的爱情和婚姻[M]. 北京：中国社会科学出版社，1997.
[154] 徐安琪. 有无和好可能：夫妻感情是否破裂的判断标准[J]. 上海社会科学院学术季刊，2000(4)：111 - 120.
[155] 徐安琪. 择偶标准：五十年变迁及其原因分析[J]. 社会学研究，2000(6)：18 - 30.
[156] 徐安琪，叶文振. 婚姻质量：度量指标及其影响因素研究[J]. 中国社会科学，1998(1)：145 - 149.
[157] 徐安琪，叶文振. 婚姻质量：婚姻稳定的主要预测指标[J]. 上海社会科学院学术季刊，2002(4)：103 - 112.
[158] 徐晓军. 城市阶层隔离与社区性格[J]. 社会主义研究，2007(1)：98 - 100.
[159] 许小玲. 从择偶观的变迁看择偶标准的时代性——论中国女性建国至今 50 多年的配偶选择[J]. 武汉理工大学学报(社会科学版)，2004，17(5)：631 - 635.
[160] 许慎. 说文解字[M]. 合肥：黄山书社，1993.
[161] 阎云翔. 礼物的流动：一个中国村庄中的互惠原则和社会网络[M]. 李放春，刘瑜，译. 上海：上海人民出版社，2000.
[162] 杨东平. 代际冲突和独生子女的一代[J]. 青年研究，1997(12)：6 - 9.
[163] 杨小洁. 试论全球化背景下我国企业与社会的关系定位[J]. 新长征，2004(8)：22 - 25.
[164] 姚纪纲. 交往的世界——当代交往理论探索[M]. 北京：人民出版社，2002.
[165] 叶南客. 边际人：大过渡时代的转型人格[M]. 上海：上海人民出版社，1996.
[166] 叶文振，林擎国. 我国家庭关系模式演变及其现代化研究[J]. 厦门大学学报(哲社

版),1995(3):99-103.
[167] 游汝杰.方言和普通话的社会功能与和谐发展[J].修辞学习,2006(1):1-8.
[168] 游汝杰.汉语方言演变的文化原因[M].桂林:广西师范大学出版社,1999.
[169] 于海.西方社会思想史[M].上海:复旦大学出版社,1993.
[170] 袁方主.社会学百科辞典[M].北京:中国广播电视出版社,1990.
[171] 张爱玲.张爱玲散文全编[M].杭州:浙江文艺出版社,1992.
[172] 张大伟.城市文化与“身份认同”[J].甘肃社会科学,2006(2):6-8.
[173] 张德明.多元文化杂交时代的民族文化记忆问题[J].外国文学评论,2001(3):11-16.
[174] 张冠生.乡土先知[M].北京:北京大学出版社,2006.
[175] 庄国土.多元文化或同化:亨廷顿的族群文化观与东南亚华族[J].南洋问题研究,2003(2):1-10.
[176] 张贵良,等.婚姻幸福及其相关因素的研究[J].社会学研究,1997(4):106-116.
[177] 张鸿雁,殷京生.当代中国城市社区社会结构变迁论[J].东南大学学报(哲学社会科学版),2000,2(4):32-41.
[178] 张鸿雁.城市形象与城市文化资本论[M].南京:东南大学出版社,2002.
[179] 张鸿雁.论当代中国城乡多梯度社会文化类型与社会结构变迁——依据“社会事实”对“二元结构”的重新认知[J].南京社会科学,2007(11):74-77.
[180] 张鸿雁.侵入与接替——城市社会结构变迁新论[M].南京:东南大学出版社,2000.
[181] 张怀承.中国的家庭与伦理[M].北京:中国人民大学出版社,1993.
[182] 张继焦.城市的适应:迁移者的就业与创业[M].北京:商务印书馆,2004.
[183] 张小军.理解中国乡村内卷化的机制[J].二十一世纪,1998(2):150-159.
[184] 张文霞,朱异亮.家庭社会工作[M].北京:社会科学文献出版社,2005.
[185] 张咏.认同与发展:一个边疆汉人移民社区的文化研究[D].北京:中央民族大学,2004.
[186] 张志良,张涛,张潜.移民推拉力机制理论及其应用[J].中国人口科学,1997(2):36-42.
[187] 张钟汝,等编著.城市社会学[M].上海:上海大学出版社,2001.
[188] 张中宇.白居易长恨歌研究[M].北京:中华书局,2005.
[189] 庄国土.多元文化或同化:亨廷顿的族群文化观与东南亚华族[J].南洋问题研究,2003(2):1-4.
[190] 曾毅,吴德清.八十年代以来我国离婚水平与年龄分布的变动趋势[J].中国社会科学,1995(6):71-82.

[191] 赵志裕,温静,谭健帮.社会认同的基本心理历程——香港回归中国的研究范例[J].社会学研究,2005(5):202-227.

[192] 郑杭生主编.社会学概论新修[M].3版.北京:中国人民大学出版社,2003.

[193] 中国大百科全书社会学编辑委员会编.中国大百科全书·社会学[M].北京:中国大百科全书出版社,1984.

[194] 中国大百科全书社会学编辑委员会.中国大百科全书·社会学[M].北京:中国大百科全书出版社,1991.

[195] 中国社会科学院文献信息中心国外文化人类学课题组.国外文化人类学新论:碰撞与交融[M].北京:社会科学文献出版社,1996.

[196] 周恩来.关于基本建设的几个问题[J].党的文献,1995(3):39-40.

[197] 周大鸣.论族群与族群关系[J].广西民族学院学报(哲学社会科学版),2001,23(2):13-25.

[198] 周晓虹.文化反哺:变迁社会中的亲子传承[J].社会学研究,2000(2):51-66.

[199] 周晓虹.冲突与认同:全球化背景下的代际关系[J].社会,2008,28(2):20-41.

[200] 周晓虹.认同理论:社会学与心理学的分析路径[J].社会科学,2008(4):46-54.

[201] 周晓虹.试论当代中国青年文化的反哺意义[J].青年研究,1988(11):22-26.

[202] 周晓虹.现代社会心理学[M].南京:江苏人民出版社,1991.

[203] 周怡.代沟现象的社会学研究[J].社会学研究,1994(4):67-69.

[204] 周怡.论"代沟"的未来发展趋势及其跨越[J].江苏社会科学,1995(5):144-146.

[205] 朱孔芳,韩毅.回沪知青子女生活状况研究[J].华东理工大学学报(社会科学版),2007(4):33-42.

[206] 兹比格涅夫·布热津斯基.大失控与大混乱:21世纪前夕的全球混乱[M].潘嘉玢,刘瑞祥,译.北京:中国社会科学出版社,1995.

[207] 佐伊基.社会语言学演讲录[M].刘明霞,等译.北京:北京语言学院出版社,1989.

[208] http://www.baidu.coJ/ baike.baidu.com/[m/OL]

[209] http://www.cuhk.edu.hk/ics/21c[m/Om]

[210] http://www.wanfangdata.com.cn/[m/Om]

[211] HILLMAN A, Keim G. Stakeholder Value, Stakeholder Management, and Social Issue: What's the Bottomline? [J]. Strategic Management Journal, 2001,22(2):125-139.

[212] Berle A. Corporate Powers as Powers in Trust[J]. Harvard Law Review, 1931(4):88.

[213] Dahrendorf R. Essays in the Theory of Society[M]. London: Routledge and Keg-

an Paul,1968.

[214] Davis K. Human Society[M]. New York: Macmillan,1948.

[215] David W,Greer Scott. The Concept of Community[M]. Chicago: Al dine Publishing Company, 1969.

[216] Ficher C. Toward a Subcultural Theory of Urbanism[C]. American Journal of Sociology 80, No. 6, 1975:1319 - 1341.

[217] Frank Parkin. Strategies of Social Closure in Class Formation[M]. London:Tavistock Publication,1974.

[218] Frederick Jackson Turner. The Significance of the Frontier in American History [M]. New York:Henry Holt and Company,1920.

[219] H J. Gans, Urbanism and Suburbanism as Ways of Life: a Re-evaluations of Definitions. [M]. London: Oxford University Press,1977.

[220] Goldscheider C. Urban Migrants in Developing Nations[M]. Boulder: Westview Press,1983.

[221] Kim K C, Hurh W M. Adhesive Sociocultural Adaptation of Korean Immigrants in the U. S.: an Alternative Strategy of Minority Adaptation[M]. The International Migration Review, Vol. 18, No. 2, Sage Publications, Inc. 1984.

[222] Kluckhohn C. Culture and Behavior in G. Lindzey(ed.) Handbook of Social Psychology, Volume2[M]. Cambridge: Addison-Wesley,1954.

[223] M Shelly, M. Winck. Aspects of European Cultural Diversity[M]. London: Routledge,1995.

[224] Marshall Sahlins. Stone Age Economics[M]. London: Tavistock Publications Limited,1972.

[225] Micheal Davern. Social Networks and Economic Sociology: a Proposed Research Agenda for a More Complete Social Science[J]. The American Journal of Economics and Sociology,1997,9(2):56 - 64.

[226] Milton M Gordon. Assimilation in American Life: the Role of Race, Religion and National Origins[M]. New York: Oxford University Press,1964.

[227] Minar, David W. The Concept of Community[M]. Chicago: Aldine Publishing Company,1969.

[228] Oliver M L. The Urban Black Community as Network: toward a Social Network Perspective[J]. The Sociological Quarterly Vol 29,1998(4):15 - 21.

[229] Robert E Park, Ernest W Burgess. Introduction to the Science of Society[M].

Chicago: University of Chicago Press,1967.

[230] Parsons T. The Social System[M]. New York: The Free Press,1951.

[231] Parsons T. Essays in Sociological Theory[M]. New York: The Free Press, 1954.

[232] Pierre Bourdieu. Social Space and Symbolic Power, Sociological Theory Vol. 7, No. 1[M]. Washington D. C. : American Sociological Association,1989.

[233] Pierre Bourdieu. Outline of a Theory of Practice[M]// Translated by Richard Nice. Cambridge: Cambridge University Press, 1977.

[234] Pierre Bourdieu. Distinction: A Social Critique of the Judgment of Taste[M]//Translated by Richard Nice. Cambridge: Harvard University Press, Cambridge, 1984.

[235] Poplin, Dennis E. Communities a Survey of Theories and Methods of Research [M]. New York: Macmillan,1972.

[236] Raha M K. Polyandry in the Global Context: Stasis and Transformation[M]. Calcutta:Indian Science Congress Association,1996.

[237] Robert M Maclver. Community: a Sociological Study[M]. London: Macmillan Company, 1917.

[238] Robert M. Maclver. Society: Its Structure and Changes[M]. New York: R. Long & R. R Smith, Inc,1931.

[239] Simmel G. Fashion[J]. The American Journal of Sociology Vol. 62, No. 6, 1957 (5):541 - 558.

[240] Timms D W G. The Urban Mosaic: towards a Theory of Residential Differentiation[J]. Cambridge Geographical Studies,1971(2):277.

[241] Turner, Hogg J C. Rediscovering the Social Group: a Self-categorization Theory [M]. Oxford: Basil Blackwell,1987.

[242] Warner W L. Structure of American Life[M]. Chicago: University of Chicago Press,1952.

[243] Wellman, Barry. The Community Question: the Intimate Networks of East Yorkers[J]. American Journal of Sociology, 1979(5):1201 - 1231.